面向大数据时代的
数字经济
发展举措研究

成　卓　刘国艳　等◎著

DIGI-
TAL
ECONO-
MY

RESEARCH ON THE
DEVELOPMENT MEASURES OF DIGITAL
ECONOMY IN THE ERA OF BIG DATA

人民出版社

序　言

　　数字经济是数据作为关键生产资源的经济形态。大数据时代，数字经济正开启一次重大的智能化转型，推动体制机制、商务活动等发生全方位、多层次、宽领域的重大创新，正加速重构人类生活、社会生产、经济发展和社会治理模式，将带动人类社会生产方式的变革、生产关系的再造、经济结构的重组、生活方式的巨变。

　　党和国家高度重视数字经济发展。习近平总书记在2019年中国国际数字经济博览会的致贺信中强调"中国高度重视发展数字经济，在创新、协调、绿色、开放、共享的新发展理念指引下，中国正积极推进数字产业化、产业数字化，引导数字经济和实体经济深度融合，推动经济高质量发展"。2017年数字经济首次写入政府工作报告后，历年政府工作报告均对数字经济发展做出部署。2019年政府工作报告中提出"要促进深化大数据、人工智能等研发应用，培育新一代信息技术、高端装备、生物医药、新能源汽车、新材料等新兴产业集群，壮大数字经济"，这为我国数字经济下一步发展指明了新的方向。

　　本书是在国家发改委宏观院2018年重点课题《面向大数据时代的数字经济发展举措研究》的基础上修改而成。课题启动后，由国家发改委经济所牵头，联合国家发改委宏观院、国家发改委市场所、中央党校、中国电子信息产业发展研究院、新兴际华集团的研究人员组成课题组，举行多次座谈会和讨论会，并根据数字经济领域专家的意见进行了多次修改完善。

　　本书以数字经济的关键资源——数据作为研究视角，构建了大数据时代数字经济的分析模型，基于定量测算总结了大数据时代我国数字经济发展主要特征和存在问题，提出了推进数字经济发展的战略时序和"四维动力"型发展引擎，并对大数据时代数字经济核心竞争力、生产效率、数字消费、互联网金融、数据垄断、电子商务等领域发展战略进行了专题研究。研究成果及时报送国家发展改革委及中办、国办、中财办等部门，为相关部门起草数字经济相关文件参阅，部分课题成果在《经济日报》《社会科学报》《中国发展观察》《宏观经济管理》《中国经贸导刊》《人民邮电》《中国计算机》等公开刊物发表文章20余篇，实现了课题成果的及时转化。

为了扩大课题成果的社会影响力，提高公众对大数据时代下数字经济发展的关注度，我们决定将研究成果改编成书出版。成卓、刘国艳负责总体思路拟订、研究框架设计和总论部分主执笔，具体章节执笔人分别为：总论，成卓、刘国艳、张铭慎；第二章，成卓、彭健；第三章，金江军；第四章，孙虎；第五章，姜雪；第六章，曹玉瑾；第七章，刘志成、李清彬；第八章，蒋同明；第九章，刘国艳；附录一，成卓；附录二，刘中显、成卓；附录三，杜秦川。全书由成卓、刘国艳统稿。

本书得到了国家发改委高技术司的指导和支持；国家发改委宏观院院长王昌林、原副院长白合金、首席专家陈东琪研究员、原副院长马晓河，国家发改委经济所俞建国研究员，中国信息协会副会长吴珏，中国电子信息产业发展研究院原研究总监陈新、所长栾群等专家均提出了宝贵意见；人民出版社高晓璐编辑在出书的各环节都付出了辛勤的劳动，在此表示由衷的感谢。由于课题研究时间紧、任务重，本书不妥之处恳请业界同仁不吝赐教。

课题组

二〇二〇年三月三日

目　录

第一章　总论

大数据时代，数字经济正开启一次重大的时代转型，推动体制机制、商务活动等发生全方位、多层次、宽领域的重大创新，正加速重构人类生活、社会生产、经济发展和社会治理模式，将带动人类社会生产方式的变革、生产关系的再造、经济结构的重组、生活方式的巨变。发展数字经济已经成为培育经济增长新动能、推动高质量发展的新路径。

第一节　基本概念与分析框架

一、大数据时代的特征

大数据时代，人们认识世界和改造世界的基本方法发生了根本性变革。麦肯锡、维克托·迈尔舍恩伯格等机构和专家对大数据时代人们的思维变革进行了研究。概括来说，大数据时代颠覆了人们对局部/整体、精确/效率、因果/相关等基本认识和改造世界的方法。

（一）从"根据个体认识整体"转变为"直接认识整体"

随着大数据技术的不断发展，获取、存储、分析数据能力的提高，全量数据获取和分析的难度和成本大大降低。人们研究、认知事物，不用再像以往一样，通过抽样的方式进行，取而代之的是全量数据。在大数据时代，整体和部分终于走向了统一，抽样从一种常用的研究方法逐步退出历史的舞台。

（二）从"精确思维"转变为"效率思维"

在小数据时代，由于收集的样本信息量比较少，所以必须确保记录下来的数据尽量结构化、精确化，否则，分析得出的结论很可能"南辕北辙"，因此，通常十分注重精确思维。然而，在大数据时代，得益于大数据技术的突破，大量的非结构化、异构化的数据能够得到储存和分析，这一方面提升了我们从数据中获取知识和洞见的能力，另一方面也对传统的精确思维造成了挑战。过去不可计量、存储、分析和共享的很多东西都被数据化了，拥有大量的数据和更多不那么精确的数据为我们理解世界打开了一扇新的大门。从关注效率而不是精确度的转变，大数据的这一思维标志着人类在寻求量化和认识世界的道路上前进了一大步。

（三）从"探寻内在因果关系"转变为"依托相关关系预测"

在小数据世界中，人们往往执着于现象背后的因果关系，试图通过有限样本数据来剖析其中的内在机理。而在大数据时代，人们可以通过大数据技术挖掘出事物之间隐蔽的相关关系，获得更多的认知与洞见，运用这些认知与洞见就可以帮助我们捕捉现在和预测未来的形势，而建立在相关关系分析基础上的预测正是大数据的核心议题。大数据的出现，逐渐改变了在科学界普遍追求的因果关系的检验，取而代之的是从相关性的角度，去预测一个持续发展的大方向。

二、数字经济的内涵

在20世纪90年代泰普斯科特（Tapscott）正式提出数字经济概念之前，马克卢普（Machlup，1962）、贝尔（Bell，1973）、波拉特（Porat，1977）等就注意到新兴经济与传统工业经济的巨大差别。数字经济的内涵演变与其发展历程密切相关，总体上呈现从狭义向广义、从个别产业向经济形态演变的趋势。本研究将数字经济定义为数据作为关键生产资源的经济形态。其中，"数据""关键生产资源"和"经济形态"是三个必不可少的核心特征。

专栏 1-1	数字经济相关概念辨析

与数字经济相关的概念包括数据经济、知识经济、信息经济、网络经济、信息社会、智慧经济等。这些概念有相似之处，在政策文件中往往通用或等价。但在较为严格的学术文献中，它们之间仍然存在着一定的区别。例如，OECD 认为知识经济的概念更广并包含信息经济；刘丹（2005）认为，信息经济包含网络经济，网络经济是信息经济的一个层面式表象；周宏仁（2017）认为，信息经济包括数字化的信息经济和非数字化的信息经济（如报纸、图书出版、图书馆等），数字化的信息经济就是数字经济，网络化的数字经济就是网络经济。当前，越来越多的研究倾向认为，尽管侧重点略有不同，但许多相关概念往往是相辅相成、一脉相传，在本质上都有共通之处，统一到数字经济表述上，有利于符合国际社会的共识、符合定义的历史沿革、符合技术经济演进的趋势（何枭吟，2005，2011；李国杰，2016；鲁春丛，2017；中国信息通信研究院，2015，2016，2017，2018）。

（资料来源：根据相关文献整理）

（一）数字化是数字经济最本质的技术特征

数据是事实或观察的结果，是用于表示客观事物的未经加工的原始素材。它可以是连续的值，比如声音、图像等模拟数据，也可以是离散的，如符号、文字等数字数据。数字化是指对数据的数字化，指用模数转换器将任何连续变化的输入转化为一串分离的单元，在计算机中用 0 和 1 表示。历史发展表明，显著且持续的经济增长往往是以一系列通用目的的技术在许多部门广泛且深入的使用为特征（图 1-1）。与以往的通用技术相比，数字化技术影响的深度与广度达到新的高度，数字化数据可以进行深度学习从而使技术从扩展人的力量到延展人的智力（Delong，2000），这与农业经济和工业经济时代有本质区别。

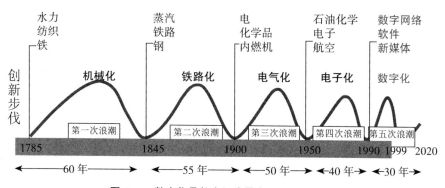

图1-1　数字化是数字经济最本质的技术特征

（二）"关键生产资源"表明数字经济具有门限特征

数字经济中的"数据"仍不是生产要素，其作用仍不能与劳动力、资本、土地相平等。但它是一种生产资源，而且还需要跨过"阈值"门限成为关键生产资源。现实中表现为信息网络技术广泛应用，大量产品和服务数字化，数据驱动成为企业重要发展方式，生产生活经数字化实现高度互联和智能。门限特征不仅说明数据的资源地位从量变到质变，还表明数字经济发展具有阶段性，从农业经济工业经济过渡到数字经济以及数字经济内部不断升级将是一个动态过程（图1-2）。例如，可根据发展水平将数字经济大致划分为三个阶段。其中，数字化是初级阶段，此时数据只是因为数字化技术而大量产生，但未与其他技术和劳动力充分结合；网络化是中级阶段，此时数据开始与技术和劳动力结合，但由于处理能力有限无法完全获得数字化技术带来的红利；智能化是高级阶段，此时由于处理能力大幅提升，数据与技术和劳动力结合深度融合后

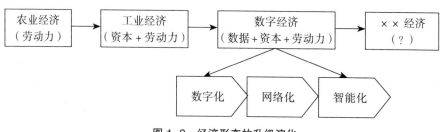

图1-2　经济形态的升级演化

能充分释放数字化技术带来的全部红利。

根据这一理解，本研究将数字经济在微观上界定为：按照价值量计算，研发、生产和销售任何一个环节信息化数字化程度超过 50% 的行业或企业。

（三）"经济形态"表明数字经济不是若干产业之和

经济形态是对代表当前最先进生产力的生产活动的抽象描述。每种经济形态都包括自己独特的通用目的技术、生产要素、生产模式、主导产业、基本结构和基本观念等。数字经济具有独特通用目的技术——数字技术、生产要素——数据、生产模式——数字化生产、主导产业——信息产业、基本结构——平台化生态化、基本观念——开放共享等等。因此，不能将数字经济局限于 ICT 或 TMT 等若干个产业，数字经济还包括其他产业数字化转型的部分，数字经济的核心是 IT 作为通用目的技术促进经济社会发展（表 1-1）。当整个经济社会的数字化转型完成时，数字经济就是整个宏观经济，数字经济的增加值就与 GDP 完全相等，此时数字经济也就应该被更高级的概念所取代。

表 1-1 通用目的技术对英美经济增长的贡献度

通用目的技术（国家）	时期	资本深化	生产方面技术进步	应用方面技术进步	总计
蒸汽机（英国）	1780—1860	0.19	—	0.32	0.51
铁路（英国）	1840—1870	0.13	0.10	—	0.23
	1870—1890	0.14	0.09	—	0.23
铁路（美国）	1839—1870	0.12	0.09	—	0.21
	1870—1890	0.32	0.24	—	0.56
电力（美国）	1899—1919	0.34	0.07	—	0.41
	1919—1929	0.23	0.05	0.70	0.98
IT（美国）	1974—1990	0.52	0.17	—	0.69
	1991—1995	0.55	0.24	—	0.79
	1996—2000	1.36	0.50	—	1.86

注：单位为"个百分点/年"。

资料来源：Crafts N.（2003，2004）和秦海（2010）。

综上，数字经济中数字化广泛渗透于实体经济，提高产品质量和服务档次、优化产业结构；数字经济中数字化使得智慧城市普及，缩小城镇治理的差距；数字经济中数字化催生出"零工经济"，创造更多就业机会，居民的收入空间也将进一步扩大。因此，数字经济是构建现代化经济体系和推动高质量发展的重要基石。

三、数字经济与大数据的关系

（一）大数据作为数字经济关键生产资源的特性

大数据时代，数字经济中的"数据"逐渐汇聚和积累，逐渐向"大数据"转化。但是，成为数字经济关键生产资源的"大数据"，通常会具备一定的特性。

高质量性。数据量的累积很重要，需要内容稳定、连续积累。但绝不能以大为好，也不是越多越好。在采集工具越来越普及的今天，对数据质量的要求会日显重要。质量以数据的有用性和价值含量为核心。数据采集目的性实时性强、数据存储有章法、数据提取和挖掘成本低的大数据，才是具有质量的大数据资源。如果盲目采集，边界不清，重复构建很多数据中心等，则极易导致资源浪费和无效。

价值高复用性。大数据本身只有潜在价值，经挖掘后的数据产品才体现出有用价值，其价值的核心是使经济活动更少受到时间、空间等因素的制约。价值形式多样，可以给大数据平台和产品创造者和所有者带来收益、给用户提供信息服务、推动传统产业链升级延伸等。数据已经成为企业的重要资产，产权清晰是资产价值实现的重要条件。但是数据资产的排他性低，稀缺性也不高，产权界定的难度大，分割界定的维度也会更多。

强渗透性。这一特性主要强调大数据与生产要素的高度关联。第一。它具有信息反映功能，需和生产要素紧密结合，如影随形般存在，准确反映各个要素的静态、动态、趋势等，共同完成价值创造的过程。第二，它不止于被动反映生产要素，而是经过推理运筹后，成为先导性资源，引导生产要素的流动和方向性，推动传统产业业态结构和组织形态的巨大变革。第三，它作为生产资源，具有自我发展、形成（新的）产业闭环的能力，构建自成一体的数字产业（如内容产业），可嵌入国民经济体系，也可催生新业态、新模式。但若不加约束，它也会脱离实体经济发展需求而过度膨胀。

快速流通性。由于传感器等物联网设备大量普及，在大数据资源形成环节，数据采集和存储往往采用自动化方式，具有强制上传的特性。处理不好容易引发隐私权和安全性问题。在数据资源应用环节，受云计算、人工智能等技术推动，可能更多采用主动推送方式。在推送方和接收方利益不一致时，易引发争议冲突。

（二）大数据时代的数字经济处于信息化发展的智能阶段

以前的信息化条件下，信息数量小、密度高、格式化强。大数据时代下，信息化中的信息数量海量、密度低、非结构化，能够解决信息不对称和不确定性的问题，使得人们对世界的认识能力感知能力上达到新水平、对经验和直觉的依赖上升到新水平。在经济层面上，数字经济与大数据联系起来，将知识、经验数字化，并高度简化，从高度不确定中发现相关关系，并将这些相关关系量化，创造了新的经济价值，对经济增长带来巨大的创新空间。

四、分析框架

总结数字经济发展经验和大数据发展的特点，归纳起来，大数据时代影响数字经济发展的主要因素包括以下三个方面。一是数字经济供给过程，包括要素优化配置过程和生产组织效率提高的过程。二是数字经济的需求拉动过程。考虑到数字经济大多以"轻资产"企业为主，因此在需求拉动方面更多地研究新零售、网络约车、网上订餐、电子商务、智能终端等信息消费需求拉动。三是软硬件支撑条件。软件支撑条件指基本经济制度支撑，主要包括数据产权制度，反数据垄断制度等数据治理制度。它是数字经济健康发展的基本保障。硬件支撑条件主要指数字经济核心技术产业，是围绕数据采集、汇聚和分析，相对应的技术产业支撑。它是建设数字强国、应对严峻国际挑战的根本保障。

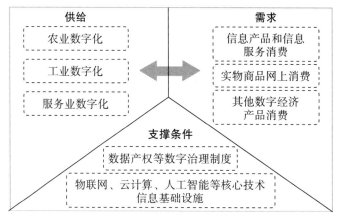

图1-3　数字经济基本分析框架

本书将从我国大数据背景下数字经济发展的探索和实践出发，对我国数字经济的供给、需求和支撑条件等进行分析，进而提出发挥我国数据资源优势，提升数字经济发展水平的路径、模式和方式，以期推进数字经济健康有序发展和数字强国建设。

第二节　面向大数据时代的我国数字经济发展现状

我国大数据产业发展仍大多以大数据中心等基础设施建设为主，大数据应用发展仍处于探索阶段。综合判断，我国离完全进入大数据时代还有一段距离。面向大数据时代的我国数字经济发展现状和问题多表现为一些苗头和亮点。

一、新世纪以来数字经济规模逐渐走向世界前列

改革开放后，我国才真正在半导体和计算机等现代信息技术领域奋

起直追。1997 年我国出台了《国家信息化"九五"规划和 2010 年远景目标》，涌现了一批以 百度、阿里巴巴、腾讯和网易、新浪等为代表的平台型企业，壮大了互联网相关领域的新兴产业集群。我国即时通信、在线旅游、电子商务、社交应用、网络文学、在线游戏、网络视频、网络支付等服务型数字经济迎来了第一波发展浪潮。2006 年，我国发布了《2006—2020 年国家信息化发展战略》，标志着中国数字信息化建设进入了一个崭新的发展阶段。2008 年以后，随着移动互联网的兴起，中国庞大的人口红利开始转变为消费红利，电子商务、O2O、共享经济等领域不断细分，围绕衣、食、住、行等各个消费领域，都涌现了一批独角兽企业，万亿级的消费互联网市场被激活，中国在消费互联网领域第一次实现了赶超和引领。当前，中国在这一轮数字经济的发展浪潮中逐渐走到了世界前列。从已有的关于数字经济规模测度的结果看，我国数字经济增加值占GDP 的比重已经与美国、英国、日本等发达国家相近。

专栏 1-2　　已有关于数字经济规模测度的思路和结果分析

　　关于我国数字经济规模的测算，目前已有研究大体遵循如下五种思路[1]：一是"数字产业化 + 产业数字化"加总，得出数字经济占 GDP 比重为 30%左右，信息化百人会、信通院等机构采取的是这类方法；二是多维度度量数字经济指数并将其与 GDP 回归，得出数字经济占 GDP 比重为 30% 左右，目前腾讯研究院采取的是这类方法；三是通过投入产出表进行计算部分行业的数字化投入水平，财新智库、信通院等报告部分采用了这种方法；四是借用GDP 核算和国民收入账户进行测算，例如从支出法的角度测算互联网相关的消费、投资和净出口加总得到数字经济规模，波士顿咨询公司使用的是这种

---

① 还有一些研究实际上是三种思路的有机结合，如财新智库发布的"中国数字经济指数"。

方法；五是从企业的角度出发，考察技术投资对内部渠道的价值创造以及水平和垂直行业领域的技术溢出，牛津经济研究院主要采取的是这种方法。事实上，除了信通院和腾讯的结论相近外，上述所有方法得到的数字经济规模相差甚大[②]。

2016 年数字经济增加值及贡献度测算对比

	2016 年增加值（元）	占 GDP 比重			
		中国	美国	英国	日本
信息化百人会	22.4 万亿	30.1%	59.2%	54.5%	45.9%
腾讯研究院	22.8 万亿	30.6%	—	—	—
波士顿咨询	—	6.9%	5.4%	12.4%	5.6%
艾瑞咨询	1.1 万亿	1.7%	—	—	—
牛津研究院	1.5 万亿	—	—	—	—
信通院	3.4 万亿美元	30.3%	58.3%	—	—
埃森哲	—	12.5%（2015 年）	—	—	—

资料来源：根据有关报告整理。

二、产业数字化逐渐成为首要驱动力

我们从数字经济的供给、需求和支撑条件等三个方面构建了数字经济发展指标体系，综合反映数字经济发展情况（见分报告一）。从我国数字经济的整体发展态势看，数字经济发展指数增长速度快，2015—2017 年间我国数字经济发展指数从 23.1 增长到了 44.5，2016 年和 2017年的数字经济发展指数增长率分别达到了 40% 和 35%，实现了高速增长。

---

① 为了便于比较，此处仅给出 2016 年数字经济增加值及贡献度测算对比。需要说明的是，信通院和腾讯的测算方法拥有不同的方法论基础，结论相同反而说明两种方法没有互相印证各自结论。

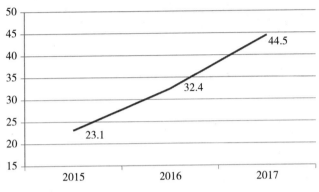

图 1-4　2015—2017 年我国数字经济发展指数趋势图

　　驱动数字经济发展因素按重要程度排列分别为：产业数字化、消费拉动和支撑条件。考虑到权重不一致，经过数据处理后得出近 3 年来三个分指数的对于数字经济发展指数的贡献情况，如图 1-5 所示。一是产业数字化对数字经济发展的贡献最为突出。从 2016 年开始，产业数字化分指数开始攀升至首位，到 2017 年贡献值达到了最高 18.24，占到整个指数值的 2/5，表明了近年来我国数字技术在国民经济各行业和领域中加速渗透后，发挥了明显的提质增效作用，成为当前我国数字经济最重要的驱动因素。二是消费拉动贡献屈居第二但仍保持高速增长。消费拉动体现在信息产品消费、信息服务消费和网上零售等各方面。数字技术加快了通信网络、电子信息产品、新模式新业态的快速迭代，实现了消费增长极的轮动和创新。消费拉动指数仍然处于高速增长阶段，2015—2017 年平均增长率为 38.5%。三是支撑条件分指数贡献度略低。2017 年，支撑条件分指数值为 8.8，在数字经济发展指数中占比不到 20%，相对于其他两个分指数的贡献值偏低。这主要是由于"支撑条件"作为数字经济发展的技术驱动和重要支点，其主要局限在 ICT 单一产业以及变化相对缓慢的制度环境中。但其涵盖的网络基础设施、云计算、物联网等资源和技术却是整个数字经济赖以存在和发展壮大的基石，重要性无可置疑。

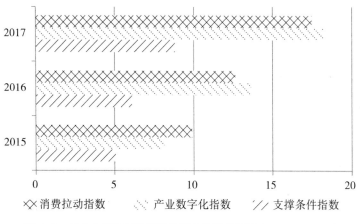

图1-5　三个分指数对数字经济发展指数的贡献（2015—2017）

三、服务业数字化成为主要带动产业

"数据黏性生产率"驱动产业数字化高速发展。数据黏性生产率是指由数据作用于生产要素、生产组织而产生的效率效益。生产效率效益的提高既是产业数字化转型的结果，更是产业数字化转型的根本驱动力。面向大数据时代，数字经济蕴含的数据资源获得了更大幅度的积聚、开放和挖掘利用。在这种条件下，数字经济产生了更多的新产品（服务、模式）、更快捷的供需匹配、更低的要素成本、更高的组织效率，获得了更高的效率效益。例如，作为典型数字经济的电子商务其全员劳动生产率从2012年的426.3万元／人增加到2017年的941.9万元／人，生产效率增长1倍还多。由此，为获得更高的全要素生产率，企业不断加大数字化投入，并推动产业数字化转型快速发展。2015—2017年产业数字化指数平均年增长率高达62.3%。

专栏1-3　面向大数据时代产业数字化的结果及根本驱动力

　　新产品、新模式不断增多。随着大数据应用的普及，数字经济业务领域不断扩展。例如电子商务领域，在支付宝的支持下，电商日益普及，而随着电商网络数据的积累和分析的深入，由于了解其平台下卖家的信息，一些电商平台开始为卖家提供小额贷等金融服务。又如在智能制造领域，新一代数字化工业以大数据、虚拟现实等理念和方法引领，由工业云、工业互联网、移动互联网等新型信息基础设施支撑，可突破传统工业信息化的单个企业封闭性限制，有效地利用企业外部计算、存储等能力，充分吸收企业内外部专业知识技能，生产出了质量更高的产品。

供需匹配更加快捷。供需双方大量分散的位置、空闲状态、偏好等数据得以快速精确地提取、计算和优化匹配。在智能交通领域，出租车供需双方的地理位置信息被智能算法自动匹配。这加速了出租车供需双方的对接，提高了出租车服务效率。在互联网教育领域，视频直播网站通过分析网上学生选课、听课数据优化设计相关课程。这使得更多的优质教育供给与需求（特别是偏远地区需求）得到匹配，实际上创造了新供给和新需求的匹配。

要素成本更加低廉。人工成本得以降低。如新零售领域，人脸识别、标签识别等技术使得用户身份信息、商品信息、资金结算信息等自动关联处理，极大地减少了营业员人工使用，降低了人工成本。又如在数字银行领域，AR、VR 等智能设备开始提取并智能处理用户身份信息、资金账户信息，逐渐具有柜台办理等功能，并开始形成"无人银行"网点，减低了银行网点人工使用。据统计，仅在 2018 年前四个月，全国因"无人银行"关闭的银行营业网点超过 400 家。ICT 资本成本得以降低。随着企业数据量的指数级增长，单个企业需要不断进行 ICT 资本投入才能保持良好的业务运行。但在虚拟化等动态数据资源调配技术支持下，企业用私有云或者上公有云的方式，可以用较少的 ICT 资本投入实现数据的随时调取、分析。

组织效率得以提高。行业间组织效率提高。金融大数据促使互联网金融和新兴数字经济产业结合更加紧密。如阿里银行通过挖掘阿里平台内大数据，熟悉平台企业情况和发展潜力，为平台上的用户提供小额贷款，支持了无人机、智能跑步机等新兴数字经济领域融资发展。行业内组织效率提高。如长虹、海尔、三星、LG 等企业汇聚和对接产业链各方数据资源，推出了智能冰箱等产品，走出了一条"终端＋数据＋内容＋服务"的行业内紧密协同的发展道路。企业内组织效率提高。例如，大数据出现后，凭借其强大的抓取、分析、可视化功能，打通了企业全流程的数字化，对 ERP 中留存的数据进行抽取、挖掘、管理、分析等，将数据转化成为对决策建议，能够极大提高企业的资源使用效率和企业组织效率。

我国农业数字化和服务业数字化表现出了强大的增长势头，而工业数字化则只是微弱增长。原因主要有三方面，一是我国两化融合工作开展多年，经过长期发展和完善，两化融合的理论逐渐成熟，两化融合不断深入。一方面，存量企业两化融合工作已取得阶段性成果，该阶段后续提升空间有限；另一方面，两化融合正迈向智能制造的新阶段，处于起步期，很难在短时间内实现大的突破。二是我国农业一直存在信息网络基础设施薄弱、供需信息获取不及时、交通物流不通畅等问题，近年来在互联网的助力下，尤其是国家电子商务进农村政策的引导下，我国农村电子商务网络和物流体系逐渐完善和普及，形成了当前的"井喷"现象。但也应看到，由于数据获取限制，农业数字化指数的指标为"农

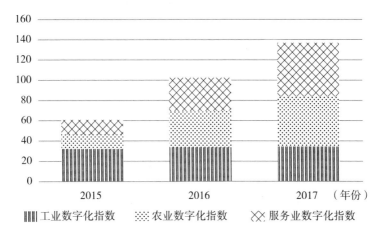

图 1-6　产业数字化指数的内部指标发展情况（2015—2017）

村电商网络零售额"，集中在农产品销售领域。农业生产领域的数字化渗透仍有待于进一步加强。三是服务业领域，数字技术重塑千行百业，催生出众多"互联网+"新业态和新模式，推动电子商务、互联网金融、智慧物流、智慧旅游、分享经济等新服务蓬勃发展，实现了服务业数字化的加速转型升级。

四、信息服务消费成为主要带动领域

消费者"三新"效用驱动数字经济消费快速发展。消费者效用的提高既是数字经济消费的结果，更是数字经济消费的根本驱动力。面向大数据时代，消费者的交易数据、位置数据、偏好信息等被充分汇聚、挖掘和预测。在这种条件下，新的消费领域不断拓展、新的消费体验大幅度提高、新的消费便利性大幅增强等消费者"三新"效用推动消费规模快速扩大。2017年，我国信息消费规模达到4.5万亿元，占最终消费支出比重10%。预计到2020年，信息消费规模达到6万亿元，年均增长11%以上。2015—2017年数字经济消费指数平均年增长率已经达到38.5%。2017年，我国网络零售额超过7万亿元，均位居全球首位。

专栏1-4　　面向大数据时代数字经济消费者的"三新"效用

新的消费领域不断拓展。消费正从购买智能终端、电子商务服务等传统信息消费向全方位生活服务消费扩展。目前，我国拥有9.2亿活跃的移动互联网用户、7.07亿活跃的微信用户、2.72亿活跃的支付宝用户。这些用户不断依托移动互联网在餐饮、零售、住宿、交通、医疗、教育、金融等领域消费。例如，在线医疗通过移动端集成、分析求医者运动数据、问诊数据等，不断丰富服务内容，推动消费规模扩大。目前我国在线医疗消费规模超过200亿元，并以40%左右增速增长。又如在线教育平台通过挖掘课程后台数据，不断优化教学内容，推动在线教育规模扩大。目前我国在线教育渗透率（在线教育

用户数／网民数）已经达到19%。再如，作为电子商务新发展的新零售，其销售的商品正在从生鲜、日用百货等快销品扩展至家具、家电等大件耐用消费品。

新的消费体验大幅度提高。通过"数据—反馈"快速循环往复闭环，以及VR/AR等可视化技术，卖家提高了商品和服务质量，为用户带来更好的消费体验。例如百度搜索将用户搜索关键词存入数据库，建立关联信息计算模型，并将数据整合管理后反馈给用户。百度将这门技术运用到旗下的地图、邮件等各类相关服务中，大大提高了服务水平。又如，新零售利用VR/AR打造了虚拟现实购物环境，为消费者提供了虚拟试衣等商品体验服务、对购物环境的体验服务（新零售与百联集团合作，为消费者提供了上海"十里洋场"的虚拟现实购物环境）。

新的消费便利性大幅增强。大数据时代下，数字经济消费者可以通过更多的途径掌握其消费的产品和服务的信息，真正能够做到货比三家，以最低的成本满足自己的需求，以此缓解普遍存在的信息不对称问题。同时，商家平台可通过用户浏览购买支付信息、商品信息、店铺信息等监测购物习惯，并将消费者可能购买的商品信息进行有效推送，便于消费者选购。例如淘宝网上"猜你喜欢的宝贝"等网络推荐就属于此类。

信息服务消费快速增长，成为推动数字经济消费增长最快的领域。信息产品消费指标增长最为缓慢，从2015年的29.7增长到2017年的37.1，仅增长24.9%。而信息服务消费指标增速最快，从2015年的19.3增长到2017年的51.5，增幅高达166.8%，表明我国信息消费增长热点正从硬件产品消费逐渐切换至包括网络游戏、网络教育、网络医疗等的信息服务消费领域。这一点同样可以从实物商品网上消费在全年网上消费的占比得到交叉验证，该占比从2015年的83.6%滑落到2017年的76.4%。换言之，我国信息服务消费在全年网上消费中的占比从2015年的16.4%上升至2017年的23.6%。

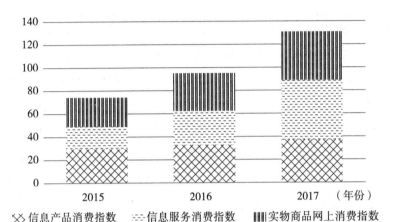

图1-7 数字经济消费指数的内部指标发展情况（2015—2017）

五、支撑条件建设不断夯实，核心技术产业支撑条件建设相对较为突出

制度支撑条件方面，明晰的数据产权可有效激励数据开放共享、推动数据高效利用和深度挖掘，是数字经济健康发展的基本保障。目前我国数据产权制度已经启动发展。硬件支撑条件方面，面向大数据时代，数据对数字经济的作用将越来越显著。因此，数字经济关键技术支撑能力是指围绕数据的采集、汇聚、分析等环节，相应的物联网、云计算、人工智能等技术和产业的发展。目前我国关键技术支撑能力获得较大提升。在软硬件条件建设不断完善下，我国数字经济支撑条件指数2015—2017年年平均增长率为36.6%。

专栏1-5 面向大数据时代数字经济核心技术产业支撑条件的发展

国家高度重视数字经济关键技术支撑能力的建设。《"十三五"国家战略性新兴产业发展规划》《中国制造2025》《国家创新驱动发展战略纲要》等国家产业发展战略，以及《国家集成电路产业发展推进纲要》、"核高基"国家科技重大专项、《关于推进物联网有序健康发展的指导意见》《关于促进云计算创新发展培育信息产业新业态的意见》《新一代人工智能发展规划》等专项规划都对数字经济核心技术产业发展做了部署。

物联网关键技术研发、应用示范推广、产业协调发展和政策环境建设等方面取得了显著成效。一是政策环境不断完善。国务院印发了《关于推进物联网有序健康发展的指导意见》，成立了物联网发展部际联席会议和专家咨询委员会。国家发展改革委等14个部委联合制定了《物联网发展专项行动计划》。二是产业体系初步建成。形成了包括软件、硬件设备、芯片、电子元器件、系统集成、运维、咨询服务等在内的比较完整的产业链条。三是创新成果不断涌现。在传感器、智能终端、应用系统等领域取得了丰硕的研究成果。四是应用示范持续深化。物联网在工业、农业、能源、物流、家居、安防、健康、养老等行业得到广泛应用，促进了传统行业转型升级。

我国云计算产业快速发展。根据运营商世界网发布的研究报告，2017年我国云计算产业规模超过2500亿元，同比增长30%。许多党政机关和大中型企业建立了私有云，成为信息化应用的重要支撑。许多地方建立了公共云，为当地中小企业提供云计算服务。越来越多的地方政府提出实施"企业上云"计划，降低中小企业信息化门槛。目前，云计算服务市场竞争激烈，主要有三大电信运营商、BAT等大型互联网企业和专业云计算服务提供商。

我国在人工智能领域取得重要进展。2017年，我国人工智能产业市场规模达到216.9亿元，比上年增长52.8%。近年来，我国在人工智能科技研发方面取得重要进展，语音识别、视觉识别等技术处于世界领先水平。人工智能技术在中文信息处理、生物特征识别、机器人、无人驾驶等领域得到越来越广泛的应用。

专栏1-6　　　　　　　　　数据产权制度启动发展

绝大多数数据默认为互联网平台所有。cookies辅助数据、网站爬虫数据和旁路采集数据等"元数据"大多由相应的互联网平台使用和挖掘，被默认为互联网平台所有，通常情况下为法院认可。南京朱烨起诉百度公司通过

cookies 追踪其网络行为。2014 年，该案由南京市中级人民法院认定"百度网讯公司的个性化推荐行为不构成侵犯朱烨的隐私权"，事实上认可了百度公司对 cookies 数据的所有权，但有保护个人隐私义务。大量数据通过企业内部机制，在互联网平台关联企业流转而未公开确权，事实上已经为互联网平台所有。以腾讯为例，该公司通过对京东、大众点评、58 同城、滴滴出行等公司并购持股，使得人们的衣食住行数据在"腾讯系"内部流通，并为腾讯公司所实际占有和使用。

已确权数据的规模呈现井喷式增长。大数据交易产业链包括大数据确权、大数据资产评估、大数据撮合、大数据融资、大数据指数等。数据确权是大数据交易产业链的首要核心环节，因此大数据交易规模大体等同于数据确权的规模。近年来，我国大数据交易产业得到了快速发展。根据《2016 年中国大数据交易白皮书》，2016 年全国大数据交易规模 62 亿元，增长 84%。由此推断，2016 年市场价值为 62 亿元的大数据已经得到确权，确权数据的金额增长 84%。同时也应看到，数据确权规模仍较小。经过计算，2016 年已经确权的大数据市场价值仅占当年全部大数据市场价值的 1.4%。

确权主体多元化且为非政府机构。目前大数据确权主体主要由大数据交易所、行业机构、数据服务商、大型互联网企业等非政府机构组成。一是贵阳大数据交易所、长江大数据交易所、东湖大数据交易平台等大数据交易所。该主体在政府指导下建立，其确权在一定程度上有政府背书，具有一定的权威性。二是交通、金融、电商等领域行业机构。例如，中科院深圳先进技术研究院北斗应用技术研究院与华视互联联合成立"交通大数据交易平台"，为平台上交易的交通大数据进行登记确权。三是数据堂、美林数据、爱数据等数据服务商。该主体对大数据进行采集、挖掘生产和销售等"采产销"一体化运营，盈利性较强。四是部分大型互联网企业投资建立的交易平台。该主体以服务大型互联网公司发展战略为目标。如京东建立的京东万象数据服务商城，可为京东云平台上客户交易数据提供确权服务，并主要为京东云平台运营提供支撑。

区块链等技术正被积极应用于大数据确权。区块链具有去中心化等安全度较高的技术信任特性，可以为数据写入唯一的数字摘要码，已经被多家数据交易平台用于数据确权。例如，贵阳大数据交易所会员贵阳银行，采用区块链技术进行数据确权，发放了国内首笔"数据贷"。又如，京东万象数据服务商城运用区块链技术，为每笔数据发放确权证书，实现数据的溯源、确权。在这种情况下，当数据交易没有确权证书，或者证书与区块链确权证书不匹配时，数据供给方可就此为法律依据要求权益保护。

核心技术产业相关指数快速增长，成为带动支撑条件完善的主要因素。面向大数据时代，物联网产生、收集海量的数据存储于云计算平台，通过数据分析和数据挖掘，最终以人工智能的形式为人类生产和生活提供更好的服务。我们认为，物联网、云计算以及人工智之间相互推动和促进，均保持较高增长态势。其中，物联网发展最为迅猛，指数值增长265%，有望成为推动数字经济持续快速发展新一代基础网络。随着2017年6月工信部文件《关于全面推进移动物联网（NB-IoT）建设发展的通知》的出台，我国NB-IoT网络建设全面提速，三大运营商均以建设好覆盖全国的移动物联网，未来物联网将取代互联网和移动互联网的地位。云计

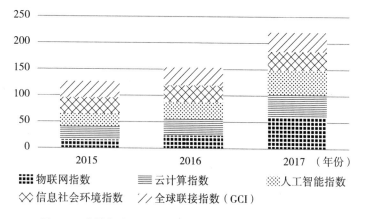

图1-8　支撑条件指数的内部指标发展情况（2015—2017）

算作为数字经济时代的通用技术，在大数据时代，为其他技术和应用的广泛使用提供强大的算力资源，其年均增长速率为41.2%。随着机器学习、深度学习等算法能力的增强，将促进计算机视觉、语音等技术不断突破，另外 AI 芯片将进入大批量商用上市阶段，人工智能产业将继续增长并与垂直行业加深融合，未来前景可期。制度环境建设发展相对缓慢。GCI 和 IDI 指数增长均表现平稳。

第三节　面向大数据时代的我国数字经济发展存在的主要问题

一、数字经济体量小尚不足以支撑高质量发展

一方面，传统产业领域数字经济规模普遍较小。传统产业信息化投入大、投资专用性强、转换成本高，追加信息化投资周期长、见效慢，试错成本和试错风险超出企业承受能力。这导致企业数字化改造动力不足，数字技术难以大规模快速使用。另一方面，新兴产业领域数字经济发展快但体量尚小。平台经济、分享经济等新模式新业态高速发展，但受制于自身规模，对经济高质量发展支撑作用有限。例如，2016 年度阿里巴巴、腾讯、百度营收增速分别高达 33%、49%、6.3%，但营收净利润仅为 383 亿元、400 亿元、116 亿元，BAT 企业营收净利润总和仅为 900 亿元，占当年 GDP 比重不足 0.12%。

二、供给侧发展面临全流程结构性失衡风险

我国产业数字化还存在不匹配、不协同和不对称等问题。一是数字化投入总体不足且结构仍不合理。从总量看，我国企业数字化投资总量总体偏低。从结构来看，数字化投入过于偏重信息系统建设，轻视维护和管理。二是数字转型中存在三种典型结构性矛盾。高端需求和低端供应的不匹配、上下游供应链数字化的不同步和应用端与生产端的非对称

等问题将在较长时间内制约产业转型。三是高质量的数字经济产品服务供给不足。数字经济工农产品供给缺乏。数字经济生产性服务供给不足。

表1-2　我国数字经济供给侧系统性结构性失衡的主要表现

数字经济供给侧的主要环节	主要表现
数字化投入	企业将主要资金和资源投入到信息系统建设，没有安排足够的预算和人力资源用于咨询策划、升级维护、评估改进，无法充分释放数字化的综合效能，同时，企业"重技术、轻管理"的现象普遍存在，在强调技术创新的同时忽视了管理变革的迫切需求，难以适应数字化转型过程中企业边界、组织壁垒、利益关系的变革，管理的短板将极大地削弱数字化转型效应。
数字化转型	企业的数字化水平在行业间和行业内均存在较大差异，同时存在未达到2.0、2.0向3.0过渡、3.0向4.0迈进三种情况。供应链上数字化的不同步会大幅降低企业的数字化收益，影响企业数字转型的能力和意愿。还如，部分企业虽升级了信息技术系统，但很多设备不具备数字接口，即便操作技术系统各部分实现了连通和互操作，但达到信息与操作技术层面的完全整合仍十分困难。
数字经济产品和服务	第一、二产业数字经济则相对滞后。根据有关测算，2016年我国第三产业ICT中间投入占行业中间总投入的比重为10.08%，而第二产业与第一产业该指标数值仅为5.56%和0.44%，工农业数字经济发展滞后导致数字经济工农业产品供给较少。资本大量涌入数字经济生活服务领域，如：2016年在线教育融资8.5亿美元，在线医疗融资12.2亿美元，同比增长超过100%。但数字经济生产性服务领域技术和资源投入仍然不足，距离创新、设计、生产制造等核心环节的需求仍有较大差距。

资料来源：笔者整理。

三、消费进一步拓展面临个人数据安全威胁

一是消费者隐私数据缺乏有效安全保护。在数字经济消费过程中，大数据的应用将搜集包括隐私在内的一系列消费者信息。但总体来看我国缺乏对个人数据安全的法律法规，个人数据安全保护水平较发达国家低。一些不法企业非法买卖个人数据信息。二是大数据"杀熟"阻碍消费者选择数字经济消费模式。部分企业基于用户的购买习惯、对价格的

敏感程度等数据信息，精准评估用户对某种产品或服务的支付意愿，进而为不同群体设定不同价格以获得超额利润。如：近期新闻报道，用户发现在携程网购买机票，同一时间同样产品针对不同群体的价格竟然不同，老会员可能还比新会员支付更高的票价。再如，电信运营商，基于数据信息分析结果，对新用户和老用户，对使用电话办理和去营业厅办理提供不同的套餐选项，针对那些对价格不敏感的用户、针对时间有限不愿去营业厅办理业务的用户提供更少、价格偏高的套餐选项，且在资费下调时不会提供套餐价格变动更新提醒。这种大数据"杀熟"这对于"数字鸿沟"中的弱势群体尤其伤害大。

四、数字治理制度有待进一步完善

数字技术的快速进步使得许多衍生出的经济形态具有"破坏性创新"的影响。因此，制度环境是否包容、市场环境是否公平、政策环境是否审慎，对数字经济的成长壮大具有决定性的影响。当前，我国一是数字经济企业"劣币驱逐良币"问题突出。不正当竞争行为在互联网上快速扩散，侵犯注册商标时有发生，损害竞争对手商业信誉行为屡有显现，恶意复制初创企业经营模式行为不断出现。导致这种现象的原因是数据权属和使用的制度的不健全。二是市场准入机制不健全，数字经济相关的准入门槛要求过高，导致一些要从事互联网新业务企业无法进入，如交通出行领域，将对传统出租车的资质要求延伸到对网约车的管理等。另一方面数字经济相关准入制度缺失，如P2P借贷、虚拟货币等。

专栏1-7	数据权属和使用的制度亟待完善

互联网平台之间数据权属界定不清引发数据滥用。如：百度公司未经授权，超量采集大众点评网的餐馆评价信息，并应用于"百度地图""百度知道"等相关产品中，直接替代大众点评网向用户提供内容并迅速获得用户和流量，对大众点评网造成经济损失。小型企业和云平台之间缺乏产权界定引发数据滥

用。个别工业领域的云平台在未获得企业授权的情况下，私自采集其云平台上企业的数据，并进行分析研发新型解决方案。这会造成小型企业更加担心数据安全，而不愿将数据接入云平台，影响企业的数字化进程。

数据垄断潜在威胁仍客观存在。如在智慧出行领域，打车软件"滴滴"与"优步"的合并，导致消费者福利减少，属于应谨慎审查的垄断行为案例。又如在智能搜索领域，在谷歌退出中国之后，百度在搜索引擎领域一家独大，对搜索数据以及基于搜索数据的广告业务具有一定的市场支配地位。由于缺乏外部竞争压力，百度长期实施较具争议的竞价排名业务模式，贡献大部分收入的医疗广告等业务也广受争议。

五、关键核心技术支撑能力与国外相比仍有较大差距

芯片、基础软件、整机、工业控制技术、网络传输系统等核心环节供给能力与国外发达水平相比仍然具有较大差距，而且目前主要依靠进口，对外依存度高。如：在智能设计环节使用的图形化建模与仿真技术、智能工艺规划技术基本被国外技术或产品垄断。当前，中美加码对 IT 软硬件互征关税对数字化科技企业具有较强冲击。而且，工业控制技术和网络传输技术对外依存度较高，使得我国数字化系统面临较强控制安全和网络安全风险。

我国关键核心技术支撑能力不高的主要原因，一是管理体制机制存在缺陷。虽然各部委投入了大量财政资金，但资金使用分散。许多科技成果的表现形式只是学术论文而不是专利，停留在实验室阶段，科技成果转化率很低。二是技术创新主体存在错位。企业没有真正成为数字经济核心技术创新的主体。以央企为代表的国有企业管理体制机制不够灵活，市场竞争压力小，缺乏技术创新的内在动力。大多数民营企业人员、资金规模普遍较小，创新能力弱，抗风险能力弱，难以承担数字经济核心技术创新的重任。而一些大型民营企业过于追求短期利益，没有真正下决心投入大量资金进行核心技术研发。数字经济核心技术研究经费绝

大多数给了高校和科研院所，企业很难争取到相关科研项目，而高校和科研院所的科技成果转化率较低。

第四节 面向大数据时代我国数字经济发展的总体思路

数字经济发展是多种因素共同作用的结果，任何一个国家和地区的数字经济发展，都不能依靠单一动力，而必须将成长性好、带动作用强的数字经济增长点集聚起来，构建多元融合、协调互动的数字经济发展合力。因此，我们强调供需动力相互配合，既重视通过提高数字经济生产效率增加有效供给，又重视培育信息消费等有效需求；强调新老动力有机融合，既重视智能制造等新动能培育，又重视数字化的生活服务业等老动力挖掘。实现大数据时代数字经济持续发展，关键点和风险点在大数据能否推动数字经济深入渗透至国民经济各个领域当中。

基于以上考虑，以及数字经济发展贡献因素的测算结果，面向大数据时代我国推进数字经济发展的总体思路为：积极迎接大数据时代数字经济发展理念、方法、动力大变革，以我国在网民数量、信息基础设施水平、信息通信产品、网络零售额全球领先为势能优势，顺应大国产业数字化带动数字经济发展的趋势，以激活数据全生命周期使用潜力为主线，以实体产业数字化为主攻方向和主要牵引，通过产业数字化依次赋能数字经济消费升级和核心技术产业突破并相应完善相关数字经济治理制度，坚持挖掘服务业数字化转型等传统动力和培育工业数字化转型等新兴动力并重、以扩大信息消费需求为抓手扩大有效需求，以数字经济生产迈向中高端为方向加快优化供给结构，以提升核心技术创新水平、释放制度红利为路径提高全要素生产率，逐渐形成生产效率提升推动、数字经济消费需求拉动、核心技术产业驱动、治理制度红利带动的"四维动力"型发展引擎，培育国家竞争新优势，为抢占第三世界国家市场并向中高端市场开拓迈进提供战略新支撑。争取在今后的5—10年，到我国基本实现现代化时候，我国初步步入大数据时代，数字经济发展规模和水平均达到世界一流，在工业互联网、智能制造等工业领域以及智慧医疗、智慧教育、智慧交通等公共服务领域应有突破发展。

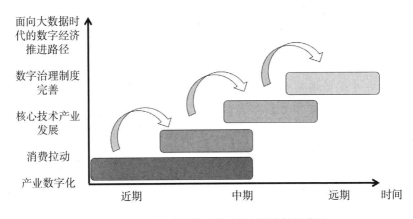

图 1-9　面向大数据时代的数字经济推进路径

生产效率提升推动。数字经济生产效率提升推动是从供给侧提供的数字经济发展动力，特征是在数字经济产业结构调整中体现国家战略导向，目的是实现发展动力从传统生活服务业数字化推动向工业数字化推动转换。建议充分发挥我国数字大国的优势，充分结合我国数字经济由消费领域向生产领域渗透和创新发展需求，以提升管理能力、决策能力和服务理念为目标，不断优化大数据应用环境，加快试点示范，促进大数据在工业数字化转型中的深入使用，不断提高大数据在数字经济中的应用深度和广度。

数字经济消费需求拉动。信息消费需求拉动是从需求侧发展数字经济。信息消费的发展是数字经济发展成熟的重要标志，也是适应我国消费结构升级的客观要求。建议推动"以人为本"的信息消费习惯、能力形成。通过市场推动、政府引导、以点带面、产用结合，以优化信息消费环境为保障，挖掘和关注客户的真实需求，提供有效的服务，以满足人民群众期待为出发点和落脚点,加快信息内容业发展。同时,坚持安全发展,加强网络安全和消费者个人隐私保护。

核心技术产业创新驱动。核心技术产业创新驱动是通过 ICT 领域技术创新为数字经济发展提供坚实的科技产业支撑。提高数字经济核心技术产业创新水平是建设数字经济强国的关键、应对中美贸易战下严峻国际挑战的根本出路。建议以观念创新为先导,强化创新要素的市场化配置和企业在技术创新中的主导作用,加快产学研协同合作,提高科技成果转化率,加快突破核心技术并实现大规模应用,构建开放、协同的数字经济核心技术创新体系,完善产业链,做大平台企业、做强数据分析服务企业。

治理制度红利带动。制度红利带动是从体制机制创新方面发展数字经济,目的是推动数字经济发展方式由市场主导,通过保护数据产权和防止数据垄断激活激发各方活力,最大限度地提高数据市场配置资源的效率,破除制约数字经济持续稳定增长的体制机制障碍,加快释放制度红利,挖掘发展潜力。建议围绕数据采集、存储、加工、报废、共享、分析、传播等全体环节,从基础制度、规则制订等方面对数据产权和数据反垄断优化制度安排,促进数据有序流动和市场主体有序竞争。

第五节 大数据时代我国数字经济发展的战略任务

提前部署、积极应对是我们面对大数据时代数字经济发展的基本策略,尽管中国数字经济发展成熟仍将是长期的历史进程,但是我们需要在一个中长期发展目标的指引下,有计划、分步骤地稳步推进数字经济发展。

一、激活潜力,优先抢位推进产业数字化

发挥我国数字大国的优势,把握大数据应用从消费端向制造端延伸

这一历史机遇，构建基于大数据的产业数字化技术架构、推进模式和人才体系，先后突破"新四基"、消费互联网平台系统等网络数字技术，不断提高大数据在数字经济中的应用深度和广度。

（一）构建大数据驱动产业数字化转型的技术架构

以标准建设为引领，加快软硬件基础设施建设，稳步提升大数据在产业数字化转型中的驱动作用，培育数字经济高质量发展新动能。一是充分集成现有成熟技术，快速优化提升数字化平台支撑技术水平。充分利用各类开源平台服务、大数据处理等技术工具，培育发展平台基础架构技术。中期重点集成工业网关、嵌入式操作系统等成熟产品和解决方案，培育发展数据采集处理技术。依托开源开发工具，培育发展平台应用开发环境搭建技术，近期重点发展互联网消费平台应用系统搭建技术。二是构建顶层架构和标准体系，以产业发展需求为切入点和主导，研究提出面向产业数字化转型的顶层架构和参考模型。研究制定标准化建设指南，有重点、分步骤的开展急用先行的关键标准研制。三是围绕数字经济中数据采集、传送、汇聚和处理等核心环节，重点突破发展感知技术、产业云平台、产业互联网和工业软件等"新四基"技术。

（二）分行业推进大数据应用

分行业及细分领域推进大数据的智能化改造，重点建立大数据应用相关的推广中心。推进场景创新，结合产业集群建设，开展大数据推广应用试点示范。面向细分行业应用，发展企业资源计划、产品数据管理、制造执行、客户关系管理、仓库管理等一批行业软硬件一体化的解决方案。

（三）探索大数据应用的新模式

发展大数据使用安全保险制度，通过设立专项资金以及引入商业保险的方式，为企业上云出现数据泄密提供补偿。借用合同能源管理的模式，推广合同数据管理，推进企业数字化改造成功后再付款模式。加强政策引导，建立形成大数据、云计算、智能制造企业库，重点支持大数据与智能化改造以及云制造结合起来企业和重大项目。

（四）加强复合型人才保障体系建设

加强工业数字化高端人才培养。与高校联合，设立工业数字化专业，培养工业大数据研发型人才。依托工业互联网平台、大型信息技术企业等，建设工业数字化人才培训基地。加强高技能人才保障。与职业技能学校联合，建立人才培养机制，重点培养工业机器人等方向的应用、管理方面人才。加大引进高端人才。吸引发达国家工业数字化应用海归人才，以及外籍的优秀人才。发展一批人才培养第三方机构，为工业企业提供数据架构师、大数据研发工程师和算法工程师等数据分析和数据管理人才。

二、培育动力，错位引导数字经济消费发展

以推进生活服务业数字化转型为契机，引导数据经济消费向普惠和公平方向发展，着力加强满足数字消费便利性的软硬件条件建设，加强诚信体系建设，增强数字经济消费的覆盖面。

（一）加快数字基础设施和普惠性数字终端建设

进一步优化数据中心的区域布局，推动全国一体化的大数据中心建设，全面提升大数据网络服务能力。普及数字终端，支持发展面向低收入人群的经济适用的智能手机、智能电视等信息终端设备，开发面向老年人的健康管理类智能可穿戴设备。推广适合农村及偏远地区的移动应用软件和移动智能终端。开发面向新型农业经营主体的智能终端产品。推动民族语言软件研发，减少少数民族使用移动智能终端和获取信息服务的障碍。

（二）提升消费者信息技能

选择部分地区开展信息技能培训项目，通过多种方式开展宣传引导活动，面向各类消费主体特别是信息知识相对薄弱的农牧民、老年人等群体，普及信息应用、网络支付、风险甄别等相关知识。组织开展信息类职业技能大赛，鼓励企业、行业协会等社会力量开展信息技能培训。

（三）培养数字经济消费习惯

建议开展"信息消费地区行"，通过政策解读、展览展示、互动体验、现场参观等形式，扩大数字经济消费影响力。依托医疗、教育、卫生、养老等服务业数字化转型，支持各地组织数字经济消费体验周、建设信息消费体验馆等各种活动。积极运用虚拟／增强现实等技术，深化用户在应用场景定制、产品功能设计、数字内容提供等方面的协同参与，提高消费便利性，提高消费者满意度，丰富信息消费体验。

三、夯实基础，补位发展突破关键核心技术

把握产业数字化、数字经济消费等巨大内需市场带来的技术路线试错机会，以高技术、高成长和高潜力为三个标尺，加快突破核心技术并实现大规模应用，构建开放、协同的数字经济核心技术创新体系，做大做强数字经济核心技术产业。到 2035 年，数字经济核心技术产业快速发展，对数字经济发展的支撑作用明显增强，数字经济核心技术创新能力处于国际领先水平，成为全球数字经济创新中心。

（一）加强基础核心技术研发

弘扬"两弹一星"精神，采取举国体制，集中力量突破计算机芯片、操作系统、数据库管理系统等核心技术，提升核心元器件研发设计水平和生产工艺，实现大规模商用。加快建设 16/14 纳米工艺产业化和存储器生产线，提升芯片封装、测试技术水平。加快突破主动矩阵有机发光二极管（AMOLED）、超高清（4K/8K）量子点液晶显示、柔性显示等技术。加快推进电力电子、印刷电子、智能传感器、LED 等领域关键技术研发和产业化，保障新型片式元器件、光通信元器件、专用电子材料等原材料供应。

（二）围绕增强企业创新能力推进机制体制创新

深化科技管理体制改革，改变科技创新和产业发展分割管理的格局，深化科技和工业管理体制改革，推进科技创新和产业发展扶持资金分配

统筹，引导物联网、云计算、人工智能等数字经济核心技术产业领域的财政资金向民营企业倾斜，使企业真正成为科技创新的主体。改变科技成果评价机制，从过去以学术论文为主转向以发明专利为主，促进科技成果转化。改变科技创新过度依赖高校和科研院所的局面，鼓励企业承担数字经济核心技术产业领域的国家科技重大专项。加大对企业开展物联网、云计算、人工智能技术创新和产品研发的扶持力度。支持企业建设相关工程技术中心、院士工作站、"千人计划"工作站、博士后工作站等创新载体。

（三）完善产业发展环境

壮大高端人才队伍，大力引进数字经济核心技术产业领域的国外留学生、华人华侨华裔、海外工程师，特别是在国外知名物联网、云计算、人工智能公司担任技术骨干和企业高管的领军人才。支持高校和科研院所的科技工作者按照国家有关规定到企业开展技术创新或创办公司。鼓励企业采取股权分红、收益分成等激励方式调动科研人员的创新积极性。加大政策扶持，发挥国家新兴产业创业投资引导基金的作用，对数字经济核心技术产业进行重点支持。采取 PPP 模式，鼓励民营企业参与数字经济核心技术产业领域重大项目建设。在同等情况下，政府优先采购国产的物联网、云计算和人工智能产品。支持符合条件的数字经济核心技术企业上市、挂牌融资、发行债券融资。

四、环境营造，优化完善数据权属和使用制度

从基础制度、规则制订、反数据垄断执法、跨部门工作协调与国际合作等多方面努力，不断优化数据垄断监管，促进数字经济健康发展。

（一）以明确数据产权和优化价值评估为重点完善基础制度

一是以社会福利最大化为原则明确数据产权，形成一整套完善的数据产权认定、转让、使用、保护等规则。二是建立权威性的数据资产价值评估参考标准，结合数据收集、积累、储存、处理过程的反复性、成

本构成的不确定性、经济效益的未知性以及价值转化或确认过程的风险性等因素，通过市场交易、第三方评估等方式科学确定数据资产价值。三是探索建立数据必要设施相关的规则体系，在考虑数据必要设施界定对相关行业投资和创新影响的基础上，结合公共利益标准、竞争者标准、消费者标准等规则，按照数据对于竞争不可或缺、数据获取具有不可复制性、拒绝开放没有正当理由、数据开放具有可行性等条件加以认定。在认定数据必要设施的前提下，形成更加完善的数据使用规则，防止掌握相关数据的企业滥用市场支配地位。

（二）结合反垄断法修订和补充立法进程加强立法工作

一是加快推动《反垄断法》修订工作，将数据垄断相关内容纳入《反垄断法》，重点研制数据相关的滥用市场支配地位和达成垄断协议相关的法律条文。二是制定完善数字经济领域的反垄断指南，制定涵盖数据经济领域横向并购、纵向并购、纵向约束、滥用市场支配地位、滥用行政权力排除限制竞争等方面的反垄断指南。三是完善反数据垄断实施细则、程序和处罚相关规定，制定数字经济领域垄断协议豁免、横向垄断协议宽大制度、反数据垄断案件经营者承诺指南等规则。完善数字经济相关的经营者集中申报、审查、简易案件、附加限制性条件等方面的规定。完善查处数据垄断协议、数据领域滥用市场支配地位案件的程序规定。

（三）多方面完善反数据垄断执法工作

一是完善数据垄断经济分析的方法论，梳理不同类型数据的竞争规则，区分个人数据与公共数据、企业数据与政府数据、工业数据与服务数据在收集、使用方法的不同特性，结合经济分析方法的差别，区别对待不同类型、不同领域的数据垄断行为。二是结合数据垄断特点反垄断执法新模式，建议对传统执法模式取长补短，充分利用现有规则中与数据经济特点相一致的部分，同时探索适应数据垄断特点的新模式。比如，对于经营者集中审查的门槛问题，考虑到数字行业很多企业实施轻资产经营模式，且在初期大量采取补贴等经营手段，因此，针对一些对资产规模和营业收入不高，但市场估值高、消费者福利影响大的企业并购行为加强审查，修订数字行业并购审查门槛，增强审查力度。

（四）加强反数据垄断与数据领域监管工作的协调

随着数据收集和使用的发展，数据市场变得越来越复杂，数据垄断问题经常与数据隐私、数据产权等问题相互交织。反垄断机构需要与其他执法机构合作，共同追踪有关消费者数据收集和使用的最新发展。不同机构要共同探索确保形成一套协调的执法和监管体系，寻求解决特定问题的最合适的监管方式和手段。部门之间可以通过建立日常工作交流机制、成立部际联系会等方式加强沟通与协作。

第六节　重点工程

集中力量，突出重点，围绕产业数字化、消费拉动、核心技术产业突破、数字治理环境完善，及时部署一批重大工程，为构筑"四维动力"数字经济发展新格局提供战略支撑。

一、传统产业数字化高质量转型工程

（一）农业数字化专项

发展智慧农业。围绕精准农业发展需求，在不同气候带、土壤地带和不同地形地区，推进一批数字果园、数字养殖、数字农田示范区建设，构建"天—地—人—机"一体化的大田物联网测控体系，重点推进测土配方施肥、水肥一体化精准灌溉、航空施药和大型植保机械等智能化技术和装备的应用。探索共享智能机械等协作生产模式。提高养殖业智能化和自动化水平，重点建设数字化精准饲喂管理系统、自动化精准环境控制系统。推进菜篮子工程数字化水平，围绕农产品供需对接优化，重点推进信息监测、电子结算、冷藏保鲜、加工配送等智能化改造。

推进大数据＋农业扶贫和减灾。着力发展贫困地区农业互联网，围

绕贫困地区农作物产、销等环节的全程检索、全程管控、追踪溯源，重点构建大数据物联网可追溯系统。降低农产品系统风险，围绕产前、产中和产后等过程的数字化监控，重点推进天气、水土、市场等数据的大数据分析和预警。发展农村电商交易平台，增加贫困户经营性收入。发展微商平台，重点构建偏远山村农业与都市家庭消费对接渠道。加大防灾减灾方面大数据资源的开放与共享，实现部门之间监测、灾情、人口分布、承灾抗灾能力、应急救援力量等数据信息的共享。

（二）制造业数字化专项

开展企业数字化、自动化、智能化水平专项评测。在重点数字经济行业领域和典型城市，由政府建立专项资金，或由第三方机构按照谁实施、谁收益的市场化模式，对所在城市的行业进行数字化水平摸底，进行数字化问题和瓶颈诊断，为企业数字化、智能化、自动化改造提供前期准备。

推进工业APP创新发展。围绕产业集群生产数字化、可视化和系统化，推进工业数字化集成应用，重点集成工业技术、工艺经验、制造知识和方法。支持第三方机构牵头，汇聚各类资源，建设工业APP公共服务平台，重点提供测评认证、工程咨询、知识产权、投融资等服务。研制工业APP参考框架、数据建模等基础标准和工业APP质量、安全等技术标准。探索建立工业APP数据交易配套制度、信用评价体系、知识产权保护制度以及知识成果认定机制。鼓励发展工业APP"双创"平台，重点支持"众包""众创"等创新创业模式参与工业APP研发，打造工业APP开发、数据流通、应用的新型网络生态系统。

（三）服务业数字化专项

大力推动民生改善和发展社会服务业，在健康、养老、家政服务、教育、环保服务业等领域，全面推进数字化转型。

生活服务业数字化行动。以智慧城市建设为载体，在典型城市加快实现社会公共服务领域的数字化。推进健康养老数字化，建立健康养老大数据创新中心，重点开展智慧医疗也远程诊疗服务。推进教育服务数字化，建立教育资源共享平台，利用现代多媒体和虚拟现实技术等，发展远程网络教育。推进家政服务数字化，建立家政人员信息系统，打造品牌家政 APP，进行网络评级，重点提高人员匹配和再就业培训服务水平。提高数字创意产品质量，支持健康、积极、有益的网络文化产品推广。

生产服务业数字化行动。大力发展大数据＋节能环保服务业，围绕污染监测、预警和治理，构建环境污染地图，重点发展京津冀、长三角、东北、珠三角等地区工业污染排放数据的即时监控服务和预警服务。发展大数据＋科技信息服务业，加强完善大数据服务各地招商引资和扩大利用外资功能，建立区域创新创业资源索引数据库，重点发展基于大数据的检索、文献科技查新服务。

（四）能源数字化专项

发展电动汽车能源互联网。推动电动汽车车联网和物联网融合发展，围绕每辆电动车时时信息、充电桩实时数据的共享与关联，重点推动电动汽车的位置信息、电量信息、充电需求信息等数据，以及充电桩的位置信息、时段信息，供电资源信息、电网阻塞信息等数据时时入网共享和关联。

提高分布式新能源数字化管理效率。提高分布式能源生产效率，围绕分布式风电、光伏发电装备工作状态优化，重点开展气象历史数据、历史运维数据、地形数据等分析和预测。提升分布式能源使用效率，围绕分布式能源供给和需求的精确匹配，建立新能源供需大数据平台，重点引导分布式发电的合理布局和使用。

二、数字经济消费便利化工程

（一）数字经济消费鸿沟跨越专项

开发细分群体的移动终端设备和服务。对接华为、联想等终端厂商社会责任建设，围绕大屏幕、高音量、简洁操作功能等特性，鼓励开发适用于老年人等的智能终端，重点发展导盲眼镜、机器人助理等产品。开发针对"数字鸿沟"中弱势群体的高质量数字服务产品，重点简化挂号、订票、手机银行等服务产品的信息流程。探索建立"数字消费平台用户体验评价体系"，支持和鼓励第三方平台发布"数字消费平台用户评价体系"报告。

提高数字经济消费弱势群体数字技能。提高老年等弱势群体对数字消费和数字环境认知水平，重点推动社区定期举办"老年人电脑培训班""老年人手机培训班"等。鼓励发展针对数字技能较低弱势群体的设施和服务，推动超市、商场、购物中心等可设置老年人、残疾人专用移动终端付款设备，并配备专门服务指导。

（二）数字经济消费者自我维权专项

建立与畅通消费者举报机制，鼓励消费者在遭遇数字消费侵权行为时主动维护自身权益。建立侵害消费者利益的追溯机制和数字消费平台黑名单制度。加强消费者自我保护意识，组织开展数字经济消费法律法规强化活动，重点普及网络支付风险甄别和相关法律法规知识。

三、数字经济核心技术产业培育工程

（一）物联网技术产业强基专项

加强政策引导，围绕物联网核心技术攻关、技术创新应用，制定"物联网技术产业目录"。推动传感器件升级发展，增强传感器的功效、提高传感器的性能。推动仪器仪表等智能发展，重点增强仪器仪表数据传输接口、远程控制功能等。以智慧城市、转型升级、电子政务应用为牵引，推进电子标签封装技术与印刷、造纸、包装等技术融合，重点提高 RFID 技术产品成熟度。做好 IPv6 地址资源申请工作，合理分配 IPv6 地址资源。组织各方力量开展物联网标准研究和制订工作，做好物联网标准宣贯和实施工作。开展物联网信息安全风险评估，及时发现并消除安全隐患。到 2035 年，国产传感器稳定性、可靠性明显提升，市场份额不断扩大，进口替代进程明显加快。传感器研发人才队伍不断壮大，企业成为传感器技术创新主体。

（二）安全可靠的云计算产业体系专项

围绕超大规模分布式存储、计算资源管理等方向，支持发展容器、微内核、超融合等新型虚拟化技术。加快云计算基础软件发展，重点研发云计算操作系统、桌面云操作系统、分布式系统软件、虚拟化软件等。提升核心云基础设备性能，重点推动低能耗新品、高性能服务器、海量存储设备、网络大容器交换机等实现自主可控。完善标准规范，鼓励云计算产业生态各环节企业遵循相关国际标准，参与制定国家标准和行业标准，重点建立和完善云基础标准、云资源标准、云服务标准、云安全标准。保障网络安全，贯彻落实《中华人民共和国网络安全法》，研究制定《中华人民共和国数据保护法》，加强对云计算平台中用户数据的保护。做好关键信息基础设施中的云计算平台网络安全防护工作。支持云计算平台采用自主可控的国产服务器和存储设备。到 2035 年，云计算核心关键技术取得重大突破，云计算服务能力达到国际先进水平，云计算网络安全保障能力显著提高，形成完善的云计算标准体系，云计算中心大范围应用并成为新一代信息基础设施。

（三）人工智能技术转化提升专项

进一步加大人工智能机器人关键零部件的研发力度，集中力量攻克精密减速器、伺服装置、变频装置、高性能控制器、传感器与驱动器等关键零部件及系统集成设计制造等核心技术。发展大型人工智能整机产品，重点开发工业机器人、特种机器人、家庭机器人等产品。加强人工智能技术创新载体和行业公共服务平台建设，建设一批以人工智能产品研发设计、检验测试、推广应用等为主要内容的行业公共服务平台，符合条件的优先推荐认定为各级企业技术中心，享受相关优惠政策。到 2035 年，在类脑智能、自主智能、混合智能和群体智能等领域关键技术取得重大突破，人工智能基础理论研究和技术创新总体达到国际领先水平，形成涵盖核心技术、关键系统、支撑平台和智能应用的完备产业链和产业集群，成为全球主要人工智能创新中心。

四、数据治理制度建设工程

（一）数据产权界定专项

完善个人信息授权制度。要求互联网企业通过单独授权、明示授权等方式切实保护用户权利。支持互联网企业对这部分数据自主使用、共享、开放和交易，同时要求企业采取措施防止脱敏后的数据追溯到用户或者被复原。

加快提升区块链等确权技术成熟度。探索建立区块链技术的国家重点实验室，加强区块链技术基础研究投入，重点加强增强密码学、人工智能、量子计算机等方面基础研究，搭建基础研究和交叉学科研究的创新平台，增强原始创新能力。依托产学研用的自主创新平台，组建区块链技术产业发展和应用的联合组织，在各环节系统地加大区块链关键信息技术的联合研发投入，协同推动科研成果加速转化。依托产业联盟在标准制定推广中的先发优势，先行先试区块链技术的联盟标准。加强区块链技术在大数据确权中试点应用，鼓励大数据交易所作为区块链的主要节点参与数据确权的网络运营。

（二）数据反垄断治理专项

界定数据平台权利义务。明确数据资源所有者身份，数据所有权的界限，数据所有权转移或使用授权的基本规则。对于平台明确拥有产权的数据，明确其可以进一步加工使用数据的范围，规定其在享受数据加工、数据产品开发和使用权的同时，在保障数据资源安全性、可靠性、可用性等方面的责任。明确数据所有者在配合行政机关工作时的数据公开范围和公开义务，以及数据所有者在保护用户隐私方面的责任。

实施反垄断指南制订行动。有效发挥反垄断指南引导政策预期、事前防范垄断行为的积极作用。结合反数据垄断重点工作，制定涵盖数据经济领域横向并购、纵向并购、纵向约束、滥用市场支配地位、滥用行政权力排除限制竞争等方面的反垄断指南。把反数据垄断的基本原则、分析方法、处置措施纳入其中，引导数字经济健康发展。

实施完善反数据垄断实施细则、程序和处罚规定行动。以增强《反垄断法》可操作性为目标，制定数字经济领域垄断协议豁免、横向垄断协议宽大制度、反数据垄断案件经营者承诺指南等规则。完善数字经济相关的经营者集中申报、审查、简易案件、附加限制性条件等方面的规定。完善查处数据垄断协议、数据领域滥用市场支配地位案件的程序规定。

实施平台垄断行为治理专项行动。以维护社会公共利益、切实保护消费者权益和促进行业健康发展为导向，对消费者反响强烈、监管部门收到投诉较多的数据垄断行为开展专项治理。重点对使用数据和算法达成并巩固垄断协议、拒绝竞争对手获取数据资源、基于数据画像实施差别待遇、基于数据占有优势的搭售行为进行查处，重点制止大数据"杀熟"、算法合谋等行为。通过专项治理执法行动积累办案经验，推动监管规则制订和完善，形成行业自律规范和准则。

（三）数据安全防护专项

实施数据反欺诈行动。加强欺诈风险预测，围绕预测风险用户、实时管控风险行为，探索数据欺诈统计特征、多来源潜在关联，重点推进设备指纹、生物探针、机器学习等技术确定风险阈值和规则权重。加强数据异常行为识别，围绕各类垃圾注册以及账户被盗等异常行为识别，重点完善设备追踪识别、IP 地理风险识别、代理检测、高危设备 /IP 黑名单匹配、注册频率检测等识别手段。加强数据使用实时监控和分析，瞄准垃圾注册、账户盗用等数据变化，重点加强用户 IP 等信息与独家拥有黑名单地址相匹配和分析。

加强跨境数据传输管理。在《网络安全法》的框架下，进一步研究数据出境安全评估的主要风险指标、数据属性等特征指标，综合评判出境活动的风险，为国家开展数据出境安全评估审查的工作机制提供标准支撑。完善法规制度建设，在《网络安全法》的基础上，进一步研究完善个人信息保护、数据共享安全、跨境数据传输安全、大数据安全等级保护等领域的法律法规，加强对行业重点信息、个人敏感信息和关键基础设施的保护，建立问责机制，联合司法部门加大对各类违法违规行为的打击力度。

加强与国际标准化组织的沟通。加强与国际标准化组织（ISO）和国际电工委员会（IEC）联合技术委员会（ISO/IEC JTC1）、美国国家标准与技术研究院（NIST）、欧盟数据保护和隐私工作组（CEN/ISSS WS-DPP）等标准化国际组织的交流协作，借鉴其中的成功经验和先进理念，在跨境数据传输安全、大数据技术安全等方面开展风险联防联控，增加国际标准制定的话语权。

强化安全防护意识。通过教育、培训、宣传等手段，普及网络安全防护知识，同时鼓励社会公众对国家网络安全防护的参与和监督。

第二章　面向大数据时代的
数字经济发展的量化分析

当前数字经济正在成为全球经济增长的重要驱动力。一方面数字经济消除了信息流动的障碍，提高了供需匹配的效率，促进了全要素生产力的提升。另一方面，数字经济不断孕育出新模式、新业态，成为培养产业增长点新的力量，拉动了消费。支撑条件、产业数字化以及消费拉动构成了数字经济发展的重要支撑。当然在数字经济发展中也面临网络基础设施需要迭代升级、两化融合进入智能制造新阶段、电子信息产业亟须转型升级等新的挑战，未来应做好三个方面的工作，一是要构建5G产业新生态，激活万物互联新动能；二是要以智能制造为主攻方向，推动两化融合进入新阶段；三是要适应发展新形势，加快电子信息产业转型升级。

在2016年G20杭州峰会上各国就数字经济达成共识，数字经济是指使用数字化的知识和信息作为关键生产要素，数字经济是指以现代信息网络重要作为载体，以信息通信技术的有使用作为效率提升和经济结构优化的一个重要推动力的一系列的经济活动。产业数字化也就是传统产业由于应用了数字技术带来的产能增加和效率提升的部分，所以也称之为数字融合的部分。当前数字经济正成为全球经济增长的重要驱动力。一方面数字经济消除了信息流动的障碍，提高了供需匹配的效率，促进了全要素生产力的提升。另一方面，数字经济不断孕育出新模式、新业态，成为培养产业增长点的新力量，拉动了消费。为了更好地了解我国数字经济发展的现状、存在的问题以及未来的趋势，有必要通过量化的方式进行分析和解读。

第一节　指标体系构建

一、指标体系框架

为了能够相对全面地反映我国大数据时代的数字经济发展的情况，本章分别从支撑条件、产业数字化、消费拉动以及制度环境等 3 个维度来测算和分析，3 个维度下又引入了 11 个细化的二级指标。首先分别测算出三个维度的分指数，然后将这三个维度的分指数组合成一个数字经济发展的综合指数。其中，支撑条件包含两个方面，一方面主要是以云计算、物联网、人工智能等为代表，推动数字经济快速发展的新一代信息技术；另一方面，主要是发展数字经济的网络基础设施建设、ICT 技术使用技能、互联网普及率等方面。产业数字化指数字技术与传统产业融合后，带来的产能增加和效率提升的部分。消费拉动指面向大数据时代的信息消费，主要包括信息产品和信息服务的消费。指标体系框架如表 2-1 所示。

表 2-1　指标体系框架

	一级指标	二级指标	计量单位
数字经济发展指数	支撑条件	蜂窝物联网 M2M 连接数	亿个
		云计算市场规模	亿元
		人工智能市场规模	亿元
		ICT 发展指数（IDI）	无
		全球联接指数（GCI）	无

	一级指标	二级指标	计量单位
数字经济发展指数	产业数字化	全国两化融合发展总指数	无
		农村电商网络零售额	亿元
		数字产业指数	无
	消费拉动	信息产品消费	亿元
		信息服务消费	亿元
		实物商品网上消费	亿元

二、指标的具体说明

（一）支撑条件

对于支撑条件，在核心技术方面，综合分析了物联网、云计算、人工智能等新一代信息技术的发展情况。具体测算中，物联网方面选用了蜂窝物联网 M2M 连接数、云计算方面选用了云计算市场规模、人工智能方面选用了人工智能市场规模作为二级指标。在网络基础设施、ICT 使用技能等方面，主要选用了国际电信联盟（ITU）制定的 ICT 发展指数（IDI）和华为公司制定的全球联接指数（GCI）作为二级指标。其中 IDI 主要针对 ICT 接入、使用和技能进行了统计分析，GCI 能够对国家和行业联接水平进行独特、全面、客观的量化评估。两个指标互有交叉，但各有侧重，能够较好地反映我国数字经济发展中制度环境的情况，具体如表 2-2 所示。

表 2-2　支撑条件指标的具体说明

一级指标	二级指标	指标内容	数据来源
支撑条件	蜂窝物联网 M2M 连接数	主要统计运营商网络覆盖下机器与机器间的连接数量，主要包括 GSM、WCDMA、LTE 等传统蜂窝移动通信网，以及 NB-IoT、eMTC 等新兴广域物联网下的 M2M 连接数	GSMA、中国移动、中国电信、中国联通

一级指标	二级指标	指标内容	数据来源
	云计算市场规模	对 IaaS、PaaS、SaaS 等公有云市场以及私有云市场的测算结果进行加总	中国信通院:《云计算发展白皮书（2018）》
支撑条件	人工智能市场规模	主要对智能机器人、智能驾驶、无人机、AI+（金融、保险、文娱、旅游、物流、网络安全）、大数据及数据服务等行业市场进行测算	中国信通院:《2017年中国人工智能产业数据报告》
	ICT 发展指数（IDI）	全面反映信息化发展水平的 11 个要素合成的一个复合指标，涉及信息化基础设施、信息化使用、知识水平、发展环境与效果和信息消费各个方面	ITU:《衡量信息社会报告》（2015—2017）
	全球联接指数（GCI）	通过四大经济要素和五大使能技术，共 40 个指标，对包含中国在内的多个经济体进行评估、分析、预测	华为：全球联接指数（GCI）（2015—2017）

（二）产业数字化

产业数字化方面主要立足数字技术对我国工业、农业和服务业提质增效的影响，选择两化融合、"互联网＋农业"、数字经济产业为研究对象，全面分析我国产业数字化的发展情况。具体测算中，两化融合方面选用了全国两化融合发展总指数、"互联网＋农业"方面选用了农村电商网络零售额、数字经济产业方面选择了数字经济产业指数作为二级指标[①]，具体如表 2-3 所示。

---

① 根据"数字经济产业指数"的内涵，该指标测算和分析主要涉及的文化娱乐、旅游、餐饮住宿、交通物流、商业服务、生活服务、零售、金融等 12 个细分行业大多为服务业，故可认为该指标与"全国两化融合发展总指数""农村电商网络零售额"一起，从工业、农业和服务业三个维度全面反映我国产业数字化的情况。

表 2-3　产业数字化指标的具体说明

一级指标	二级指标	指标内容	数据来源
产业数字化	全国两化融合发展总指数	依据全国 31 个省份两化融合领域基础数据及 8000 多家企业的信息化应用数据，利用区域两化融合发展水平评估指标体系，对全国以及各省份年度两化融合发展水平进行评估分析	赛迪研究院：《中国信息化与工业化融合发展水平评估报告》
	农村电商网络零售额	指企业及个人通过自建电商平台或依托第三方电商平台面向个人提供商品、服务产生的成交金额总和	商务部：《2017 年全国农村电子商务运行报告》；网络资料整理
	数字产业指数	是对 12 个细分产业业指数的加总，主要涉及医疗、教育、文化娱乐、旅游、餐饮住宿、交通物流、商业服务、生活服务、零售、金融等行业，大多可归为服务业。	腾讯：《中国"互联网 +"数字经济指数》（2016—2018）

（三）消费拉动

产业数字化方面综合分析了信息产品消费、信息服务消费、实物商品网上消费的情况，信息产品消费主要体现电子信息硬件终端和设备的销售情况，信息服务消费主要体现软件服务、信息系统服务、互联网服务等的销售情况，而实物商品网上消费则体现了除信息消费以外的其他实物商品的网络销售情况。具体测算中，信息产品消费方面选用了通讯器材类零售额、信息服务消费方面选用了非实物商品网上零售额作为二级指标，而实物商品网上消费则可根据国家统计局的数据直接得到，具体如表 2-4 所示。

表 2-4　消费拉动指标的具体说明

一级指标	二级指标	指标说明	数据来源
消费拉动	信息产品消费	主要统计以通信器材为代表的电子信息硬件终端和设备的消费情况	国家统计局：《国民经济和社会发展统计公报》（2015、2016、2017）

一级指标	二级指标	指标说明	数据来源
消费拉动	信息服务消费	主要以非实物商品网上零售额为统计口径，反映信息服务的消费情况	国家统计局：《国民经济和社会发展统计公报》（2015、2016、2017）
	实物商品网上消费	我国实物商品网上零售额	国家统计局：《国民经济和社会发展统计公报》（2015、2016、2017）

三、指数测算方法

（一）数据选取

按照 11 个二级指标的数据来源，分别选取 2015—2017 年三年的数据作为测算的原始数据。

（二）数据无量纲化处理

在该指标体系下，各个指标的量纲、经济意义、表现形式以及对总目标的作用趋向各不相同，不具备可比性，必须对其进行无量纲化处理。本书使用的是比重法，即将指标实际值转化为在指标值总和中所占的比重，如公式（1）所示。

$$y_i = x_i / \sum_{i=1}^{n} x_i \qquad (1)$$

（三）指标权重的确定

对于一级指标，"支撑条件"作为数字经济发展的技术、网络、配套设施等整体基础环境，对数字经济发展起到底层支撑作用。"产业数字化"和"消费拉动"这两项指标是在"支撑条件"指标之上的应用和催化，二者带来的经济效益以及相关社会效益肯定要大于"支撑条件"，故本书设定二级指标"支撑条件"的权重为 20%（1/5），而"产业数字化"以及"消费拉动"的权重均设定为 40%（2/5），相当于"支撑条件"指标权重的 2 倍。

对于二级指标，依据指标评价体系，我们向国内信息化、数字化领域的知名专家学者发放了指数权重问卷调查。去掉作废问卷，根据收集到约 50 份有效问卷，汇总各指标的专家意见后，大多数认为一级指标下的各二级指标权重无差别，可采取等权重的方法分配权重，即在某一个一级指标内，其所属二级指标对该一级指标的权重为 1/n（n 为该一级指标下二级指标的个数）。

（四）指数测算及结果

先根据 11 个二级指标的标准量化值（分别转化为相关指数）以及相应的权重，可先计算出核心技术指数、产业数字化指数、消费拉动指数以及制度环境指数三个分指数的数值。然后再根据核心技术指数、产业数字化指数、消费拉动指数的数值和权重，计算出我国数字经济发展指数。最终的计算结果如表 2-5 所示。

表 2-5 面向大数据时代的数字经济发展指数及各指标情况

一级指标		一级权重	标准量化值			二级指标	二级权重	标准量化值		
			2015	2016	2017			2015	2016	2017
数字经济发展指数	支撑条件	1/5	25.4	30.6	44.0	物联网指数	1/5	16.3	24.2	59.5
						云计算指数	1/5	23.9	32.5	43.6
						人工智能指数	1/5	23.9	30.1	46.0
						信息社会环境指数	1/5	31.9	32.7	35.4
						全球联接指数（GCI）	1/5	31.1	33.3	35.6
	产业数字化	2/5	20.3	34.1	45.6	工业数字化指数	1/3	32.1	33.4	34.5
						农业数字化指数	1/3	14.2	35.9	49.9
						服务业数字化指数	1/3	14.6	33.1	52.3
	消费拉动	2/5	24.7	31.6	43.7	信息产品消费指数	1/3	29.7	33.2	37.1
						信息服务消费指数	1/3	19.3	29.2	51.5
						实物商品网上消费指数	1/3	25.1	32.5	42.4
数字经济发展指数	2015					23.1				
	2016					32.4				
	2017					44.5				

第二节　结果分析

从我国数字经济的整体发展态势看，根据表 2-5 和图 2-1 可知，一是数字经济发展指数增长速度快，2015—2017 年间我国数字经济发展指数从 23.1 增长到了 44.5，2016 年和 2017 年的数字经济发展指数增长率分别达到了 40% 和 35%，实现了高速增长。二是我国数字经济的快速发展离不开支撑条件、产业数字化、消费拉动三个维度的强有力支撑。从表 2-5 看到支撑条件、产业数字化、消费拉动三个分指数均快速增长，三者年平均增长率为 36.6%、62.3% 和 38.5%。近年来，网络基础设施演进升级、提速降费扎实推进，电子商务、游戏行业、数字内容、共享经济和新一代信息技术快速发展，成为支撑我国数字经济高速发展的关键要素。而根据本书对数字经济发展的描述，这些关键要素都可归纳在支撑条件、产业数字化、消费拉动三个维度里。

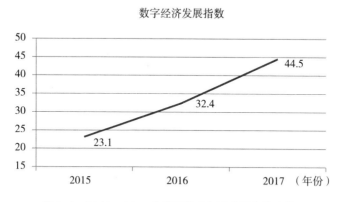

图 2-1　2015—2017 年我国数字经济发展指数趋势图

从三个分指数对我国数字经济发展指数的贡献来看，考虑到权重不一致，经过数据处理后得出近 3 年来三个分指数的对于数字经济发展指数的贡献情况，如图 2-2 所示。一是产业数字化分指数对数字经济发展指数的贡献最为突出。从 2016 年开始，产业数字化分指数开始攀升至首位，到 2017 年贡献值达到了最高 18.24，占到整个指数值的 2/5，表明近年来我国数字技术在国民经济各行业和领域中加速渗透后，发挥了明显的提质增效作用，成为当前我国数字经济最重要的组成部分。二是消费拉动分指数对数字经济发展指数的贡献屈居第二。由数字技术带来的消费拉动体现在信息产品消费、信息服务消费和网上零售等各方面，数字技术加快了通信网络、电子信息产品、新模式新业态的快速迭代，实现了消费增长极的轮动和创新。此外，我国电子商务经济已经形成了从商品交易、资金传输、商务活动、供应链体系建设，到商业发展、产业链体系和产业集群形成的发展模式，目前仍然处于高速增长阶段。三是支撑条件分指数贡献占比不高，但重要性无可替代。2017 年，支撑条件分指数值为 8.8，在数字经济发展指数中占比不到 20%，相对于其他两个分指数的贡献值偏低。但其涵盖的网络基础设施、云计算、物联网等资源和技术却是整个数字经济赖以存在和发展壮大的基石，重要性无可置疑。

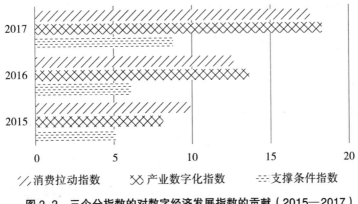

图 2-2　三个分指数的对数字经济发展指数的贡献（2015—2017）

从支撑条件指数的内部指标发展情况来看（见图 2-3），核心技术方面，大数据时代背景下，物联网产生、收集海量的数据存储于云计算平台，通过数据分析和数据挖掘，最终以人工智能的形式为人类生产和生活提供更好的服务。我们认为，物联网、云计算以及人工智之间相互推动和促进，均保持较高增长态势。其中，物联网发展最为迅猛，其指数增长265%，有望成为推动数字经济持续快速发展新一代基础网络。随着2017年6月工信部文件《关于全面推进移动物联网（NB-IoT）建设发展的通知》的出台，我国NB-IoT网络建设全面提速，三大运营商均以建设好覆盖全国的移动物联网，未来物联网将取代互联网和移动互联网的地位。云计算作为数字经济时代的通用技术，在大数据时代，为其他技术和应用的广泛使用提供强大的算力资源，其指数年均增长速率为41.2%。随着机器学习、深度学习等算法能力的增强将促进计算机视觉、语音等技术不断突破，另外AI芯片将进入大批量商用上市阶段，人工智能产业将继续增长并与垂直行业加深融合，未来前景可期。网络基础设施和互联网使用方面，全球联接指数（GCI）和信息社会环境指数增长均表现平稳，表明当前我国的网络基础设施红利和网民数量红利已经得到较为充分的释放。以下数据可基本说明情况：目前我国手机用户数已突破14亿，移动互联网用户数突破13亿，移动宽带用户（即3G和4G用户）总数达13亿户；固定宽带家庭用户数超3.6亿户，普及率为82%。预计在5G大规模建设前，该指标增长空间将进一步压缩，增长速率也将进一步放缓。

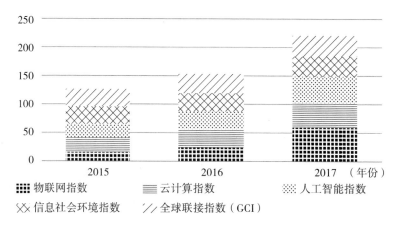

图2-3　支撑条件指数的内部指标发展情况（2015—2017）

从产业数字化指数的内部指标发展情况来看（见图 2-4），2015—2017 年，我国农业数字化指数和服务业数字化指数表现出了强大的增长势头，二者都实现了超过 200% 的快速增长，而工业数字化指数只是微弱增长。原因主要有三方面，一是我国两化融合工作开展多年，经过长期发展和完善，两化融合的理论逐渐成熟，两化融合不断深入。一方面，存量企业两化融合工作已取得阶段性成果，该阶段后续提升空间有限；另一方面，两化融合正迈向智能制造的新阶段，处于起步期，很难在短时间内实现大的突破。二是我国农业一直存在信息网络基础设施薄弱、供需信息获取不及时、交通物流不通畅等问题，近年来在互联网的助力下，尤其是国家电子商务进农村政策的引导下，我国农村电子商务网络和物流体系逐渐完善和普及，形成了当前的"井喷"现象。三是服务业领域，数字技术重塑千行百业，催生出众多"互联网 +"新业态和新模式，推动电子商务、互联网金融、智慧物流、智慧旅游、信息消费、分享经济等新服务蓬勃发展，实现了服务业数字化的加速转型升级。

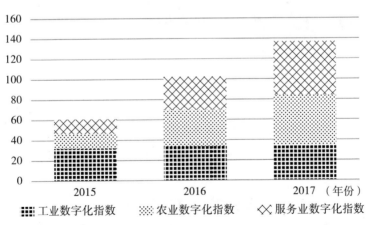

图 2-4　产业数字化指数的内部指标发展情况（2015—2017）

从消费拉动指数的内部指标发展情况来看（见图 2-5），2015—2017 年，信息产品消费指数增长最为缓慢，从 2015 年的 29.7 增长到 2017 年的 37.1，仅增长 24.9%，而信息服务消费指数增速最快，从 2015 年的 19.3 增长到 2017 年的 51.5，增幅高达 166.8%，表明我国信息消费增长热点正从硬件产品消费逐渐切换至包括软件开发、数字内容、IC 设计、整体解决方案等的信息消费领域。这一点同样可以从实物商品网上消费在全年网上消费的占比得到交叉验证，该占比从 2015 年的 83.6% 滑落到 2017 年的 76.4%。换言之，我国信息服务消费在全年网上消费中的占比从 2015 年的 16.4% 上升至 2017 年的 23.6%。此外，我国实物商品网上消费指数实现了 34.4% 较高的年平均增长，表明我国网上消费已经从信息消费领域向各行业全面辐射，通过 O2O 等新模式带动了实物商品消费的快速发展。尤其是近年智能零售发展的内涵不断深化，例如新零售销售的商品正在从生鲜、日用百货等快销品扩展至家具、家电等大件耐用消费品。

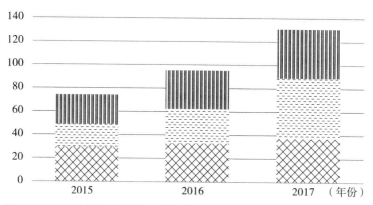

图 2-5　消费拉动指数的内部指标发展情况（2015—2017）

第三节　有关建议

一、构建 5G 产业新生态，激活万物互联新动能

一是创新驱动，推动移动通信产业持续健康发展。在完成 5G 技术研发试验的基础上，以 IMT-2020（5G）推进组为主要载体，加强 5G 与大

数据、区块链、AI 等新一代信息技术的融合创新，通过融入新兴的 IT 技术，全面实现 5G 时代从"互联"到"智联"的飞跃，促进 5G 产业持续健康发展。二是合作共赢，打造移动通信产业全球协同发展新格局。开展政府间高层次 5G 领域对话，依托中国—欧盟领导人会晤、金砖国家峰会、中日韩峰会、中国—中东欧国家领导人会晤和中国—东盟领导人会议等高层平台，建立 5G 领域对话和合作机制，助推我国与全球各区域国家在 5G 产业发展方面达成共识，建立国际化的 5G 产业体系，形成共建共享共用的 5G 发展生态。三是应用为本，拓展 5G 赋能垂直行业的边界。在加快 5G 网络建设的同时，支持企业积极探索 5G 与垂直行业的融合应用，共同培育 5G 与车联网、智能制造等垂直行业深度融合的新产品、新业态、新模式，实现 5G 与实体经济的高度融合，促进数字经济繁荣发展。

二、以智能制造为主攻方向，推动两化融合进入新阶段

一是加快发展工业互联网，协同推进网络、平台和安全三大功能体系建设，研发适用于工业互联网体系的工业设备和系统。面向智能制造的需求，按照行业、区域精准推进工业云计算、大数据服务平台的建设。针对工业互联网信息安全，要建立工业互联网领域的信息安全检查及风险评估机制，通过增强安全防护意识、提升安全防护技术水平、加大人才培养力度等措施，补齐工业互联网发展短板。二是促进中小企业智能化改造，培育智能制造生态体系。积极引导有基础、有条件的中小企业推进生产线自动化改造。加快建立龙头企业引领带动中小企业推进自动化、信息化的发展机制。推动装备、自动化、软件、信息技术等不同领域企业紧密合作、协同创新，推动产业链各环节企业分工协作、共同发展。

三、适应发展新形势，加快电子信息产业转型升级

一是内需挖潜与外需拓展相结合。国内市场，一方面要注重培育新的电子新产业热点，汽车电子、工业电子领域有望成为电子信息产业新

的发展热点；另一方面，在 5G、物联网等网络基础设施加快升级的趋势下，消费者对于数字内容和服务的质量将有更高的要求，产业链各环节需要重点关注面向下一代网络的高清化、数字化、智能化内容和服务，并提前布局终端产品的换代升级。外需市场，要以"一带一路"倡议为契机，推动我国与沿线国家和地区在电子信息产业方面加强国际产能合作，实现产业发展各要素的最优化配置。二是为产业发展营造良好环境。建议根据行业发展的实际开展差别税率的探索，对我国大力支持发展的基础材料、集成电路、基础软件等领域施行减税、免税等措施。要进一步研究 PPP、产业投资基金、科技投资保险、金融租赁等投融资新模式，吸纳社会资本，建立公平的投资环境，优化电子信息产业投融资环境。

第三章　大数据时代提高
数字经济发展核心竞争力研究

大力发展数字经济，是加快新旧动能转换、建设现代化经济体系、推动高质量发展的重要举措。数字经济发展核心竞争力主要体现为数字经济关键技术产业。数字经济是以数据为关键要素的经济形态。大数据时代下，数据对数字经济的作用将越来越显著。因此，数字经济关键技术产业是指围绕数据的采集、汇聚、分析、反馈等环节，相应的物联网、云计算、人工智能等技术和产业。

第一节　提高核心竞争力是大数据时代
我国数字经济发展的战略选择

一、提高核心竞争力是建设数字强国的关键

党的十九大提出建设数字中国。简单地说，数字中国就是建设信息化中国，即信息通信技术（ICT）在我国各行各业、各个领域的广泛应用，包括数字政府、数字经济、数字社会等领域。从全球来看，信息化发展水平已经成为衡量一个国家和地区现代化程度的重要标志。建设数字中国离不开数字经济关键技术产业的支撑。我国数字经济核心技术和关键设备受制于人，对国家安全构成了严重威胁。例如，我国虽然也研制出了芯片（CPU）、操作系统、数据库管理系统（DBMS）等，

但在性能、功能等方面与美国等西方发达国家存在巨大差距，多停留在实验室或小范围应用阶段。进口的软硬件设备和电子元器件许多都有"后门"。因此，必须掌握核心技术，发展自主可控的数字经济核心技术产业。

二、提高核心竞争力是应对严峻国际挑战的根本出路

目前，我国经济社会发展面临复杂严峻的国际形势。随着中国的崛起，以美国为首的西方国家试图压制中国的发展。在中美贸易摩擦背景下发生的中兴通讯芯片事件就暴露出我国发展数字经济的软肋。一旦美国政府禁止中兴通讯公司向美国企业购买敏感产品，中兴通讯公司的主要经营活动就无法进行。芯片已经成为我国第一大进口货物。如果美国政府禁止所有中国企业向美国企业购买芯片，不但中国的信息产业会遭受毁灭性打击，而且整个经济社会都无法正常运转，金融、电信、电力等关系国计民生的行业都在使用美国的芯片。因此，迫切需要改变受制于人的局面，以应对严峻的国际挑战。

三、提高核心竞争力是抓住新科技革命和产业变革机遇的有效手段

当今世界，信息技术、生物医药、新能源、新材料等领域的科技革命日新月异，并推动工业、农业、服务业等传统产业转型升级。数字经济和实体经济呈现融合发展态势。数字经济是第三次工业革命的核心内容。大力发展物联网、云计算、人工智能、自动化等数字经济核心技术产业，不但可以推动数字经济的发展，而且可以催生新模式、新业态，改造提升传统产业。因此，大力发展数字经济核心技术产业，是抓住新科技革命和产业变革机遇的有效手段。

第二节　大数据时代下我国数字经济核心竞争力现状分析

一、我国数字经济核心竞争力获得较大提升

（一）政策密集发力

党中央、国务院高度重视数字经济的发展。《国家数字经济发展战略纲要》《"十三五"国家战略性新兴产业发展规划》《中国制造2025》《国家创新驱动发展战略纲要》《国家集成电路产业发展推进纲要》等文件都对数字经济核心技术产业发展做了部署。

1. 国家综合性战略的支持情况

《"十三五"国家战略性新兴产业发展规划》提出做强信息技术核心产业，发展人工智能，推动物联网、云计算和人工智能等技术向各行业全面融合渗透。推进移动互联网、云计算、物联网等技术与农业、能源、金融、商务、物流快递等深度融合。组织开展物联网重大应用示范，推进基于云计算的信息服务公共平台建设。加强云计算、物联网、工业互联网、智能硬件等领域操作系统研发和应用。加快人工智能支撑体系建设，推动人工智能技术在各领域应用，实施人工智能创新工程。

《中国制造2025》提出加快开展物联网技术研发和应用示范，培育智能监测、远程诊断管理、全产业链追溯等工业互联网新应用。实施工业云及工业大数据创新应用试点，建设一批高质量的工业云服务和工业大数据平台，推动软件与服务、设计与制造资源、关键技术与标准的开放共享。促进工业互联网、云计算、大数据在企业研发设计、生产制造、经营管理、销售服务等全流程和全产业链的综合集成应用。

《国家创新驱动发展战略纲要》提出推动宽带移动互联网、云计算、物联网、大数据、高性能计算、移动智能终端等技术研发和综合应用。加快网络化制造技术、云计算、大数据等在制造业中的深度应用。建设超算中心和云计算平台等数字化基础设施。

2. 国家专项支持情况

国务院相继出台了《国家集成电路产业发展推进纲要》《关于推进物联网有序健康发展的指导意见》《关于促进云计算创新发展培育信息产业新业态的意见》《新一代人工智能发展规划》等政策文件。

《国家集成电路产业发展推进纲要》提出加快云计算、物联网、大数据等新兴领域核心技术研发，开发基于新业态、新应用的信息处理、传感器、新型存储等关键芯片及云操作系统等基础软件。面向移动互联网、云计算、物联网、大数据等新兴应用领域，加快构建标准体系，支撑安全可靠软硬件开发与应用。核高基重大专项对物联网、云计算、自动化、人工智能产业核心电子器件、高端通用芯片及基础软件产品研发进行了重点支持。

国家发展改革委印发了《"互联网＋"人工智能三年行动实施方案》，组织实施了"互联网＋"、人工智能创新发展和数字经济试点重大工程。

工业和信息化部印发了《机器人产业发展规划（2016－2020年）》《云计算发展三年行动计划（2017－2019年）》《促进新一代人工智能产业发展三年行动计划》《关于加快推进虚拟现实产业发展的指导意见》等政策文件。

（二）数字经济发展现状

数字经济规模不断扩大。根据中国信息通信研究院发布的《中国数字经济发展与就业白皮书（2019年）》，2018年我国数字经济规模达到31.3万亿元，同比增长20.9%，占GDP比重为34.8%。

数字经济促进了社会就业。根据中国信息通信研究院发布的《中国数字经济发展与就业白皮书（2019年）》，2018年，我国数字经济领域就业人数达1.91亿人，占当年总就业人数的24.6%，同比增长11.5%。

中国数字经济在某些领域处于全球领先水平。中国电子商务多项指标全球第一。2018年，中国电子商务交易额占全球电子商务交易总额的比重超过一半。2018年，中国电子商务交易总额达31.63万亿元，同比增长8.5%，B2C电子商务交易额和网购消费者人数均排名全球第一。中国移动支付市场规模全球第一。2018 年，中国移动支付交易额是美国的十多倍。中国独角兽企业数量全球第一。在全球 260 多家估值超过 10 亿美元的独角兽企业中，中国企业数量约占 1/3。此外，中国在虚拟现实、无人驾驶汽车、3D 打印、工业机器人、无人机、人工智能等多个数字经济领域的风险投资规模均位列全球前三名。

二、重点领域发展情况

（一）物联网产业发展情况

近年来，我国物联网技术创新能力明显提升，产业规模不断扩大，特别是传感器产业发展取得了长足进步。

1. 创新能力明显提升。许多高校开设了物联网相关专业，成立了物联网实验室、研究院、研究中心等创新载体。许多科研院所积极开展物联网技术攻关，在传感器、智能终端、应用系统等领域取得了丰硕的研究成果。其中光纤传感器、红外传感器等技术达到国际先进水平，超高频智能卡、微波无源无线 RFID、北斗芯片等技术水平大幅提高，MEMS 传感器实现批量生产，中间件平台、智能终端研发取得重大突破。

2. 产业体系初步形成。2018 年，我国物联网产业规模突破 1.2 万亿元，形成了包括软件、硬件设备、芯片、电子元器件、系统集成、运维、咨询服务等在内的比较完整的产业链条，出现了京津冀、长三角、珠三角、成渝经济区四大物联网产业聚集地，涌现出一批物联网领军企业，建成了一批物联网产业公共服务平台，成立了一批物联网产业联盟。物联网标准体系不断完善。

3. 政策环境不断完善。国务院印发了《关于推进物联网有序健康发展的指导意见》，成立了物联网发展部际联席会议和专家咨询委员会。国家发展改革委等 14 个部委联合制定了《物联网发展专项行动计划》，工信部发布了《信息通信行业发展规划物联网分册（2016—2020 年）》，中央财政安排了物联网发展专项资金，物联网被纳入高新技术企业认定和支持范围。

（二）云计算产业发展情况

近年来，我国云计算产业快速发展，产业规模不断扩大，市场竞争激烈，技术水平不断提升。

1. 产业规模快速增长。根据中国信息通信研究院发布的《云计算发展白皮书（2019年）》，2018年，我国云计算产业规模达到962.8亿元。目前，云计算服务提供商众多，主要有中国移动、中国电信、中国联通等基础电信运营商，BAT等大型互联网企业以及浪潮、曙光等专业云计算服务提供商，市场竞争较为激烈。

2. 技术创新能力明显增强。云计算平台大规模资源管理与调度、运行监控与安全保障等关键技术研发取得突破，云计算相关软硬件产品研发及产业化水平明显提升。

3. 云计算应用深入推进。许多政府部门建立了"政务云"，许多大中型企业建立了私有云，成为信息化应用的重要支撑。许多地方政府提出实施"企业上云"计划，由云平台为当地中小企业提供云计算服务，降低了中小企业信息化门槛。

（三）人工智能产业发展情况

近年来，我国人工智能产业飞速发展，科技成果不断涌现，促进了智能经济发展。

1. 产业规模飞速增长。根据清华大学中国科技政策研究中心发布的《中国人工智能发展报告2018》，2017年，我国人工智能产业市场规模达到237亿元，同比增长67%。2018年中国机器人市场规模达73.7亿美元，其中工业机器人占1/3，成为世界第一大市场。

2. 科技成果不断涌现。近年来，我国在人工智能技术研发方面取得重要进展，语音识别、视觉识别等技术处于世界领先水平。例如，科大迅飞的语音识别和语音合成技术研发水平走在世界前列，眼擎科技公司发布了全球首个人工智能视觉成像芯片。百度的无人驾驶平台、阿里云的智慧城市平台、腾讯的医疗人工智能平台、科大讯飞的智能语音系统平台成为国家级人工智能开放创新平台。根据科技部新一代人工智能发展研究中心、中国科学技术发展战略研究院联合发布的《中国新一代人工智能发展报告 2019》，2013—2018 年，全球人工智能领域的论文文献产出共 30.5 万篇，其中中国发表 7.4 万篇，位居全球首位。

3. 智能经济快速发展。人工智能技术在工业、交通、家居、安防等领域得到越来越广泛的应用。人脸识别在抓捕逃犯方面成效明显，"刷脸"支付普及率快速提高。我国东南沿海地区面临"招工难""招工贵"问题，越来越多的企业推行"机器换人"。国产工业机器人已服务于国民经济 37 个行业大类、102 个行业中类，以机器人产业为代表的智能经济迅速发展。

三、我国数字经济核心竞争力仍有较大差距

（一）总体差距

在物联网、云计算、大数据、人工智能等数字经济核心技术产业领域，中国与西方发达国家的最大差距是缺乏核心技术。2014 年以来，芯片已经超过石油成为我国第一大进口货物。2018 年，我国芯片进口额达3120.58 亿美元。与欧美、日本等发达国家相比，我国数字经济核心技术产业企业的研发投入少，缺乏高端人才，技术创新能力弱，绝大多数企业处于产业链中低端。以数据库管理系统（DBMS）为例，美国甲骨文（Oracle）公司每年研发投入达 10 多亿美元，而北京人大金仓信息技术股份有限公司（简称"人大金仓"）等国产数据库企业每年研发投入只有几千万元人民币。甲骨文公司的研发人员多达上千人，而人大金仓等国产数据库企业的研发人员不到 100 人。此外，数字经济核心技术产业链不完善，产业链上下游企业缺乏协同。

（二）重点领域差距

1. 物联网产业差距

（1）国产传感器性能较差。与西方发达国家传感器产品相比，国产

传感器产品往往不成系列，在测量精度、温度特性、稳定性、响应时间、可靠性等方面有较大差距，特别是稳定性、可靠性。许多国产传感器寿命短、故障率高、技术产量低、产品附加值低，处于产业链中低端。

（2）缺乏高端传感器人才。国产传感器企业高端人才匮乏，技术和产品创新能力弱，特别是传感器设计技术、封装技术、装备技术等与国外存在较大差距。国内传感器研发人才主要集中在高校和科研院所，民营企业难以吸引到优秀人才。

（3）物联网标准体系不健全。物联网标准化滞后，缺乏相关国家标准和行业标准。由于利益纷争，难以形成各个企业都认同的物联网标准。标准不统一，限制了物联网系统的互联互通，增加了用户应用物联网的成本。

2. 云计算产业差距

（1）核心设备和元器件国产化率低。目前，我国许多云计算平台的核心设备——服务器都采用 IBM、戴尔、惠普等国外厂商的产品，国产化程度较低。国产服务器的核心器件——芯片依赖进口，网络安全存在隐患。

（2）产业规模小，技术产品服务能力弱。中国在全球云计算市场份额的比例不足 5%。国内云计算产业总体能力与国际水平相比还有一定差距，部分关键行业还没有形成成熟的解决方案，产业供给能力有待提升。国内云计算企业规模普遍较小，提供的服务种类有限，缺少综合性的大型云计算服务提供商。

（3）产业生态体系不完善。云计算产业发展"重硬轻软"，云计算生态系统有待进一步完善。国内提供服务器、存储设备等硬件设备的厂商很多，而应用开发、系统迁移、标准认证、安全测试等与云计算配套的软件和信息服务业发展滞后，亟待建立技术、应用、产业、安全等协调发展、良性互动的产业生态体系。

3. 人工智能产业差距

（1）基础研究比较落后。我国人工智能产业基础研究、前沿研究与发达国家相比存在较大差距。人工智能学术研究以跟踪、模仿、改进为主，缺少重大原创性成果。人工智能基础理论、核心算法、前沿技术等方面的研究滞后，核心芯片、高端软件等尚未取得重大突破，许多国产人工智能产品智能化程度较低。

（2）核心技术受制于人。工业机器人的伺服电机等核心零部件依赖进口。国产机器人以组装为主，性能与国外同类产品相比差距较大。面向工业领域的人工智能技术和产品少，智能制造装备产业发展滞后。以中低档数控机床为主，缺乏高档工业机器人。

（3）产业环境有待改善。人工智能产业还处于起步阶段，标准、数据、人才等方面都存在问题。人工智能相关标准规范不健全。以医疗人工智能为例，虽然许多巨头进军医疗人工智能领域，但医疗图像的病灶标注方式缺乏标准，即使同一个科室的医生也可能有不同的标注方式。医院信息化建设各自为政，医疗信息系统缺乏数据共享，患者的电子病历数据很难完全准确同步。我国人工智能产业从业人员不足 5 万人，每年高校培养的人工智能相关专业学生不足 2000 人。美国人工智能产业从业人员拥有 10 年以上工作经验的约占一半，而中国不到 1/4。

四、我国数字经济核心竞争力不高的主要原因

（一）总体原因

造成我国数字经济核心竞争力不高的原因很多，归结起来主要是科技管理体制机制僵化，技术创新主体错位。

1. 科技管理体制僵化

我国对数字经济核心技术产业相关基础理论研究和核心技术研发不够重视。虽然科技部的国家科技重大专项、工业和信息化部的"核高基"专项等投入了大量财政资金，但资金使用分散，没有形成合力，核心技术依然受制于人。许多科技成果的表现形式只是学术论文而不是专利，停留在实验室阶段，科技成果转化率低。

2.技术创新主体错位

企业没有真正成为数字经济核心技术创新的主体。以央企为代表的国有企业管理体制机制不够灵活，市场竞争压力小，缺乏技术创新的内在动力。大多数民营企业人员、资金规模普遍较小，创新能力弱，抗风险能力弱，难以承担数字经济核心技术创新的重任。而一些大型民营企业过于追求短期利益，没有真正下决心投入大量资金进行核心技术研发。数字经济核心技术研究经费绝大多数给了高校和科研院所，企业很难争取到相关科研项目，而高校和科研院所的科技成果转化率极低。

（二）重点领域竞争力分析

波特认为，可以从"生产要素""市场需求""相关产业发展状况""企业战略、结构和竞争对手""政府行为"和"机遇"等六个方面评价某个产业的国际竞争力，其中前四个是内部因素，后两个是外部因素。

1.物联网产业竞争力分析

（1）**生产要素**。从人才要素来看，我国大学教育和市场实际需求相脱节，缺乏物联网专业技术人才，特别是高端人才匮乏。从资本要素来看，我国物联网企业研发投入少，上市的物联网企业少。从技术要素来看，我国物联网企业自主创新能力弱。核心、高端的传感器依赖进口，或由国外厂商在中国生产。

（2）**市场需求**。国产传感器产品市场竞争能力弱，难以满足高端用户需求。我国普通传感器生产能力强，特种传感器生产能力弱。低端传感器产品多，高端传感器产品少。

（3）**相关产业发展状况**。传感器是物联网的核心部件。我国传感器工业基础薄弱，制约了国产物联网产业的发展。网络带宽不足，网速慢，制约了物联网技术应用。物联网系统集成、运维、咨询、培训等配套软件和信息服务业不发达。

（4）**企业战略、结构和竞争对手**。我国物联网企业存在"小、散、弱"问题，缺乏龙头企业，商业模式有待创新。许多物联网企业是从传感器厂商转变过来的，有的只是改了个名字。物联网产业同质化严重，存在低水平竞争问题。国内物联网企业之间存在低价恶性竞争，但无法与国外物联网企业竞争。全球物联网企业100强中，81个在北美，18个在欧洲，中国一个没有。

（5）**政府行为**。国家重视物联网产业发展。2013年2月，国务院印发了《关于推进物联网有序健康发展的指导意见》。2017年6月，工业和信息化部办公厅印发了《关于全面推进移动物联网（NB-IoT）建设发展的通知》。杭州、厦门、威海等一些地方政府专门编制了物联网产业发展规划。许多地方政府出台扶持政策，但扶持方式比较单一，以让企业申报财政资金项目为主。

（6）**机遇**。党的十九大提出建设数字中国、智慧社会，我国物联网产业发展面临重大机遇。物联网是智慧城市关键技术之一。许多地方提出建设新型智慧城市，物联网产品需求旺盛。

2. 云计算产业竞争力分析

（1）**生产要素**。从人才要素来看，目前开设云计算专业的高校数量不多，师资不足，难以满足企业用人需求。从资本要素来看，电信运营商、BAT等互联网企业资金雄厚，但其他云计算服务提供商资金规模普遍较小。从技术要素来看，超大规模分布式存储、计算资源管理等关键技术有待突破，服务器等核心设备、计算机芯片等核心元器件依赖进口，能够真正掌握核心技术的云计算公司很少。

（2）**市场需求**。中国云计算市场需求尚未充分释放。美国54%的企业在使用云计算，其中互联网企业应用云计算的比例高达90%以上，许多政府机构、NGO也在积极使用云计算。而国内许多企业对应用云计算服务平台存在顾虑。出于数据安全性、平台可靠性和应用系统可迁移性等考虑，一些企业仍旧采用自建模式开展信息化建设。党政、金融等部门采购云服务还面临政策、标准等方面的障碍。

（3）**相关产业发展状况**。目前市场上的服务器等产品大多是面向普通用户的传统产品，无法满足构建云计算服务平台的需要。云计算对网络带宽要求较高，而我国宽带网络普及率低，接入速率不高，电信资费偏高。

（4）企业战略、结构和竞争对手。许多云计算服务提供商都脱胎于互联网数据中心（IDC），有的只是改个名字，规模小、能耗高、服务水平低。国内云计算企业规模偏小，难以承载大型应用。提供 IaaS 服务的云计算企业多，能够提供 PaaS 服务的云计算企业很少。

（5）政府行为。2015 年 1 月，国务院印发了《关于促进云计算创新发展培育信息产业新业态的意见》。2017 年 3 月，工业和信息化部印发了《云计算发展三年行动计划（2017—2019 年）》。许多地方政府正在建设政务云，实施"企业上云"计划。

（6）机遇。云计算平台是信息社会的计算基础设施，可以促进信息化建设集约化，降低基层政府和中小企业信息化门槛。越来越多的地方政府提出建设政务云、实施"企业上云"计划，云计算产业发展面临重大机遇。

3. 人工智能产业竞争力分析

（1）生产要素。从人才要素来看，人工智能学科发展缓慢，很多高校在很长时间内没有开设人工智能专业，人工智能专业技术人才储备不足。美国有 7.8 万名人工智能专业技术人才，而中国只有 3.9 万名人工智能专业技术人才。从资本要素来看，许多投资者看好人工智能产业发展前景，越来越多的社会资本进入人工智能产业，但资金多而项目少，周期长而营收难。从技术要素来看，相关高校和科研院所偏重学术研究，研究成果以学术论文为主，缺乏可以转化为现实生产力的人工智能科技成果。

（2）市场需求。构建智慧城市，发展智能制造、智慧农业、智慧旅游、智慧社区、智慧家居等都需要人工智能产品。特别是随着人口出生率下降、人口老龄化，企业招工难、招工贵对工业机器人市场需求强烈，老人陪伴、看护，对生活机器人市场需求强烈。

（3）相关产业发展状况。人工智能建立在海量数据基础之上，但我国大数据产业刚起步，数据不足问题突出。人工智能和实体经济融合存在"两张皮"问题。虽然许多行业需要应用人工智能技术和产品，但建立专业模型、开发专业算法需要行业经验。人工智能产品评测、咨询、培训等配套产业发展滞后。

（4）企业战略、结构和竞争对手。人工智能产业链不健全，产业链上下游企业缺乏协同，产业生态圈尚未形成。高端人工智能产品少，基础、关键、核心技术产品依赖进口。截至 2017 年 6 月，全球人工智能企业有 2542 家，其中美国 1078 家，占 42%；中国有 592 家，占 23%。与美国相比，中国 77.7% 的人工智能企业分布在应用层，而基础层和技术层企业偏少。

（5）政府行为。2017 年 7 月，国务院印发了《新一代人工智能发展规划》，对人工智能产业发展作了部署。国家发展改革委组织实施了"互联网 +"、人工智能创新发展和数字经济试点重大工程。2017 年 12 月，工业和信息化部印发了《促进新一代人工智能产业发展三年行动计划（2018—2020 年）》。浙江等一些地方政府正在推行"机器换人"。

（6）机遇。党的十九大提出推动互联网、大数据、人工智能和实体经济深度融合，提高社会治理社会化、法治化、智能化、专业化水平。人工智能技术在语音识别、图像识别、机器人、智能家居、智能制造、汽车、船舶、航空航天等领域都具有很高的应用价值，人工智能产业发展前景广阔。

第三节　大数据时代下提高
我国数字经济核心竞争力的目标

一、总体目标

到 2035 年，数字经济核心技术产业快速发展，对数字经济发展的支撑作用明显增强，数字经济核心技术创新能力处于国际领先水平，成为全球数字经济创新中心。

二、分项目标

（一）物联网产业发展目标

国产传感器稳定性、可靠性明显提升，市场份额不断扩大，进口替代进程明显加快。传感器研发人才队伍不断壮大，企业成为传感器技术创新主体。

（二）云计算产业发展目标

云计算核心关键技术取得重大突破，云计算服务能力达到国际先进水平，云计算网络安全保障能力显著提高，形成完善的云计算标准体系，云计算中心成为新一代信息基础设施。

（三）人工智能产业发展目标

在类脑智能、自主智能、混合智能和群体智能等领域关键技术取得重大突破，人工智能基础理论研究和技术创新总体达到国际领先水平，形成涵盖核心技术、关键系统、支撑平台和智能应用的完备产业链和产业集群，成为全球主要人工智能创新中心。

第四节　大数据时代下提高
我国数字经济核心竞争力的主要任务

一、总体任务

加快突破核心技术并实现大规模应用，构建开放、协同的数字经济核心技术创新体系，推进军民融合，完善产业链，做大做强数字经济核心技术产业。

（一）加强核心技术研发

弘扬"两弹一星"精神，采取举国体制，集中力量突破计算机芯片、操作系统、数据库管理系统等核心技术，提升核心元器件研发设计水平和生产工艺，实现大规模商用。加快建设16/14纳米工艺产业化和存储器生产线，提升芯片封装、测试技术水平。加快突破主动矩阵有机发光二极管（AMOLED）、超高清（4K/8K）量子点液晶显示、柔性显示等技术。加快推进电力电子、印刷电子、智能传感器、LED、惯导等领域关键技术研发和产业化，保障新型片式元器件、光通信元器件、专用电子材料等原材料供应。

（二）增强企业创新能力

深化科技管理体制改革，使企业真正成为科技创新的主体。改变科技创新过度依赖高校和科研院所的局面，鼓励企业承担数字经济核心技术产业领域的国家科技重大专项。加大对企业开展物联网、云计算、人工智能技术创新和产品研发的扶持力度。支持企业建设相关工程技术中心、院士工作站、"千人计划"工作站、博士后工作站等创新载体。

（三）加强军民融合

扎实推进数字经济核心技术产业领域军民融合，打通"军转民""民参军"双向通道，培育一批军民融合龙头企业。支持军工企业建设民用物联网、云计算、人工智能产品研发和生产基地，促进相关军用技术成果民用化。支持数字经济核心技术产业领域的民营企业参与相关军品开发和生产。

（四）完善产业链

实施数字经济核心技术产业"建链、补链、强链"工程，完善产业链条，提高产业链协同水平。鼓励数字经济核心技术产业链上下游企业组建产业联盟，加强业务协同、交流与合作，抱团发展，提升产业链整体竞争力。

二、重点领域任务

（一）物联网产业发展主要任务

1. 消除物联网发展的制约因素

当前，制约物联网发展的主要因素是核心技术、IPv6地址资源、标准规范和信息安全等。要消除这些制约因素，应通过财政资金支持、税收优惠等政策措施支持有关企业联合高校和科研院所开展物联网核心技术攻关。做好 IPv6 地址资源申请工作，合理分配 IPv6 地址资源。组织各方力量开展物联网标准研究和制订工作，做好物联网标准宣贯和实施工作。开展物联网信息安全风险评估，及时发现并消除安全隐患。

2. 大力发展工业物联网

运用物联网提高产品智能化水平。鼓励企业将物联网技术嵌入到工业产品中，提高产品网络化、智能化程度。重点在汽车、船舶、机械装备、家电等行业推广物联网技术，推动智慧汽车、智能家电、车联网、船联网等的发展。推进电子标签封装技术与印刷、造纸、包装等技术融合，使 RFID 嵌入到工业产品中。

运用物联网发展智能制造。通过进料设备、生产设备、包装设备等的联网，发展具有协作能力的工业机器人群，建设无人工厂，提高企业产能和生产效率。在供应链管理、车间管理等管理领域推广物联网技术，提高企业管理效率和智能化水平。

运用物联网促进节能减排和安全生产。利用物联网技术对企业能耗、污染物排放情况进行实时监测，对能耗、COD、SO_2 等数据进行分析，以便优化工艺流程，采取必要的措施。利用物联网技术对工矿企业作业设备、作业环境、作业人员进行实时监测，对温度、压力、瓦斯浓度等数据进行分析，当数据超标时自动报警，以便有关人员及时采取措施；或者自动停机、切断电源、加大排风功率等，以避免重大安全生产事故发生。

3. 推进物联网技术在政府部门的深度应用

物联网技术是"智慧政府"的关键技术之一。有关政府部门应结合自身业务特点，大力开展物联网技术应用试点示范工作，提高行政管理和公共服务的自动化、智能化水平，促进行政管理和公共服务模式创新，实现从"电子政府"到"智慧政府"的转变。

对传统传感器、RFID 应用系统进行升级改造，实现数据的自动采集、处理和分析，更好地支撑本部门的业务。把物联网技术与云计算、大数据、移动互联网等技术进行集成应用。例如，利用云计算和大数据技术对物联网采集上来的大量数据进行处理、分析；开发物联网应用系统客户端 APP，方便手机用户应用。国家部委可以把物联网技术应用于数据大集中工作，基层数据直报给国家部委，以加强中央对生态环境、国土资源等领域的管控能力。

4. 夯实产业基础，完善产业链。

推动传感器件、仪器仪表等传统行业转型升级。增强传感器的功能，提高传感器的性能，将单一功能的传感器升级为多功能传感器。通过增加物联网数据传输接口、远程控制功能等，实现传统仪器仪表向智能仪器仪表的转变，提高产品技术含量和附加值。

（二）云计算产业发展主要任务

1. 加强云计算技术研发和产业化

支持发展容器、微内核、超融合等新型虚拟化技术，研发突破超大规模分布式存储、计算资源管理等方向理论基础与关键技术。加快研发云计算操作系统、桌面云操作系统、分布式系统软件、虚拟化软件等基础软件，推动低能耗新品、高性能服务器、海量存储设备、网络大容器交换机等核心云基础设备的研发和产业化。大力发展自主可控的国产服务器、国产存储设备。推动与云计算配套的软件和信息服务业发展，完善云计算产业生态体系。

2. 加快政务云建设

实施"政府上云"计划，把政府部门部署在自己机房的政务信息系统逐步迁移到政务云平台。考虑到网络安全问题，视频系统、音频系统、三级等保系统和涉密系统暂不上云。摸清政府部门对云计算资源的需求，研究制定政务云平台资源管理和服务规范。考虑规模效益和专业人才，在省级政府建制市一级政府建设政务云，区县一级政府一般不需要建设政务云，由所在地级市或设区市统一建设。

3. 积极发展工业云

实施"企业上云"计划。引进云计算服务提供商，在工业设计、企业管理、电子商务等方面为中小企业提供云服务，降低中小企业信息化成本和门槛。通过政府购买服务、财政资金补贴等方式，支持中小企业应用云服务。鼓励云计算服务提供商创新商业模式，促进云计算服务提供商与中小企业的对接。

推进云计算技术在研发设计领域的应用。鼓励企业在工业设计、工业仿真等方面应用云计算技术，以提高研发设计效率，降低研发设计成本。鼓励研发设计软件提供商、第三方服务机构搭建面向中小企业的研发设计云服务平台，提高中小企业研发设计水平。鼓励在高新技术产业园、新型工业化基地、工业园区、产业集群等建设市场化运作的研发设计云服务平台。

推进云计算技术在企业管理领域的应用。鼓励第三方 SaaS 平台运营商向云服务平台运营商转型，支持一批优秀的管理软件提供商建设云服务平台，为中小企业应用在线管理软件提供服务，降低中小企业信息化门槛，提升中小企业管理水平。

推进大型企业建设基于云计算的新一代大数据中心。鼓励中央企业、大型民营企业集团对数据中心进行升级改造，为企业信息化规模扩展和应用深化提供支撑，减少企业数据中心机房能耗，降低企业数据中心运行维护成本，促进企业数据中心智能化、低碳化。把云计算技术应用于企业大数据中心建设，建设企业数据云。

（三）人工智能产业发展主要任务

1. 大力发展机器人产业

进一步加大机器人关键零部件的研发力度，夯实中国机器人产业的基础。集中力量攻克精密减速器、伺服装置、变频装置、高性能控制器、传感器与驱动器等关键零部件及系统集成设计制造等核心技术，开发工业机器人、特种机器人、家庭机器人、军用机器人等产品。规划建设一批机器人产业园区，促进机器人产业集聚发展。

2. 加快发展智能汽车产业

加大智能汽车研发力度，推进无人驾驶汽车研发生产，推动泊车辅助、并线辅助、距离控制、自适应悬挂等先进技术研究和应用，提高汽车智能化水平。对现有交通基础设施进行升级改造，发展车联网、智慧高速公路等，以适应智能汽车的推广普及。

3. 推进人工智能与实体经济融合

实施以人工智能为引领的创新驱动发展战略，发展智能经济。重点发展智能制造、智慧农业、智慧交通、智慧旅游、智慧社区等。引导企业采用智能装备，建设智能工厂，研制智能产品，提高研发设计、生产制造、经营管理、市场营销等关键环节的智能化水平。实施"机器换人"计划。制定融资租赁、财政补贴等方面的政策，支持企业应用工业机器人。

第五节　大数据时代下提高我国数字经济核心竞争力的战略举措

一、总体战略举措

通过创新体制机制，壮大人才队伍，加大政策扶持，营造良好的数字经济核心技术产业发展环境。

（一）创新体制机制

改变科技创新和产业发展分割管理的格局，深化科技和工业管理体制改革，推进技术和产业融合发展。改变科技创新和产业发展扶持资金分配格局，物联网、云计算、人工智能等数字经济核心技术产业领域的财政资金重点向民营企业倾斜。改变科技成果评价机制，从过去以学术论文为主转向以发明专利为主，从过去实验样品为主转向以批量生产为主，促进科技成果转化。

（二）壮大人才队伍

大力引进数字经济核心技术产业领域的国外留学生、华人华侨华裔、海外工程师，特别是在国外知名物联网、云计算、人工智能公司担任技术骨干和企业高管的领军人才。推进产教融合，深化校企合作，支持企业和高校联合成立实验室、研究中心、工程技术中心、研究所、研究院等科技创新载体，联合培养数字经济核心技术产业领域的专业技术人才。支持高校和科研院所的科技工作者按照国家有关规定到企业开展技术创新或创办公司。鼓励企业采取股权分红、收益分成等激励方式调动科研人员的创新积极性。

（三）加大政策扶持

发挥国家新兴产业创业投资引导基金的作用，对数字经济核心技术产业进行重点支持。采取 PPP 模式，鼓励民营企业参与数字经济核心技术产业领域重大项目建设。在同等情况下，政府优先采购国产的物联网、云计算和人工智能产品。支持符合条件的数字经济核心技术企业上市、挂牌融资、发行债券融资。

二、重点领域战略举措

（一）物联网产业发展战略举措

1.加强政策引导

发展物联网要与建设新型智慧城市、推进政府数字化转型、促进工业转型升级等工作相结合。目前，我国许多城市在开展智慧城市建设工作。物联网是智慧城市的关键技术之一，应把发展物联网作为建设新型智慧城市、发展智慧工业、构建智慧政府和智慧企业的重要内容。

2.加大资金扶持

通过政府采购，开展物联网示范应用，带动企业乃至全社会的物联网应用。制定《物联网产业引导和扶持方向目录》，对物联网核心技术攻关、物联网技术创新应用等方面进行资金支持。工业转型升级资金应对预期效益好、带动面广的物联网项目进行重点支持。

3. 加快人才培养

与物联网有关的专业包括计算机科学、电子工程、自动化、通信工程、机电工程、管理科学与工程、企业管理等。有关高校应及时调整专业和课程设置，开设跨院系、跨专业的物联网通选课，培养复合型人才。积极探索、建立校企合作培养物联网人才的新模式。

（二）云计算产业发展战略举措

1. 完善标准规范

研究制定云计算的相关标准和行业规范，做好云计算标准化工作，进一步规范云计算服务市场。建立和完善云基础标准、云资源标准、云服务标准、云安全标准。鼓励云计算服务提供商遵循相关国际标准，参与制定云计算领域的国家标准和行业标准，建立领先于同行的企业标准。

2. 加强人才培养

鼓励高校、科研院所、专业培训机构等加强对云计算专业型、创新型、复合型人才的培养。建立人才引进、培养和激励机制，营造有利于云计算专业技术人才发展的良好环境。积极推进云计算领域的国际交流与合作，引进云计算国际顶尖人才团队，培养国际化云计算人才。引导企业与国际领先企业加强关键技术、产品的研发合作，支持龙头企业参与全球云计算市场竞争。

3. 保障网络安全

贯彻落实《中华人民共和国网络安全法》，研究制定《中华人民共和国数据保护法》，加强对云计算平台中用户数据的保护。进一步提高云计算平台的信息安全水平和应用的可靠性，让用户用得放心。做好关键信息基础设施中的云计算平台网络安全防护工作。支持云计算平台采用自主可控的国产服务器和存储设备。

（三）人工智能产业发展战略举措

1. 加大扶持力度

进一步完善人工智能产业发展扶持政策，加大资金扶持力度，加强对人工智能的知识产权保护，优化人工智能产业发展环境。有条件的省市可以设立人工智能专项资金，重点支持人工智能技术攻关、人才培养和应用推广等。鼓励对人工智能应用系统进行软件产品登记，登记后享受相关税收优惠政策。

2. 建设公共平台

加强人工智能技术创新载体和行业公共服务平台建设。建立面向行业的人工智能工程中心，符合条件的优先推荐认定为各级企业技术中心，享受相关优惠政策。建设一批以人工智能产品研发设计、检验测试、推广应用等为主要内容的行业公共服务平台，完善人工智能产业链。鼓励建立由骨干企业、专业机构、行业协会、产业园区、重点高校、科研院所多方参与组建资源共享、优势互补的人工智能产业联盟，围绕产业重点，开展人工智能标准规范研究、核心关键技术攻关和产业化推广。

3. 促进供需对接

促进人工智能技术、产品和解决方案提供商与企业的供需对接，以应用促发展。促进从事人工智能研发的科研院所与投资机构的对接，推进人工智能产业化。促进人工智能企业与高校的对接，联合培养人工智能专门人才。鼓励企业应用人工智能来提高产品信息技术含量和自身信息化水平。鼓励科研院所开展人工智能技术攻关，打破国外技术垄断。人工智能企业要抓住传统产业升级改造对人工智能的迫切需求，贴近用户实际需求，推出实用的人工智能技术产品和行业解决方案，完善售后服务体系，提高市场竞争力。

第六节　我国数字经济核心竞争力"五大工程"

一、数字经济核心技术攻关工程

借鉴"两弹一星"工程的成功经验，采用举国体制，组建专门机构，集中全国人力、物力和财力，在短时间内突破计算机芯片、操作系统和数据库管理系统等数字经济领域的核心技术并实现大规模商用，构建全球领先、安全可控的核心技术体系。通过政府采购、财政补贴等方式支持国产软硬件设备的推广应用，在应用中不断迭代升级产品。重点研制低成本、低功耗、高精度、高可靠、智能化传感器，发展容器、微内核、超融合等新型虚拟化技术，攻克知识计算引擎与知识服务技术、跨媒体分析推理技术、群体智能关键技术、混合增强智能新架构和新技术、自主无人系统的智能技术、虚拟现实智能建模技术、智能计算芯片与系统、自然语言处理技术等人工智能关键共性技术。

二、新一代信息技术创新应用工程

在党政部门推广应用物联网、云计算、大数据、人工智能等新一代信息技术，发展智慧党建，构建智慧政府。在工业、农业以及商贸流通、文化旅游、卫生健康、物流、金融等服务业推广新一代信息技术，发展智慧工业、智慧农业、智慧旅游、智慧医疗、智慧物流、智慧金融等。推进物联网技术在设施农业、智能制造、产品信息化、节能减排、安全生产、智能交通等领域的应用，发展车联网、船联网等。实施"企业上云"行动计划、"政府上云"行动计划，加快建设工业云、政务云、党建云等。建设政务信息资源共享平台，支持民生领域的大数据应用。推进人工智能技术在图像识别与合成、语言识别与合成、智能家居、智能终端、智能汽车、机器人等领域的应用。实施"机器换人"行动计划，大力发展工业机器人、特种机器人、生活机器人、军用机器人等。

三、数字经济技术产业培育工程

加快培育物联网产业、云计算产业、大数据产业、人工智能产业、虚拟现实产业等数字经济核心技术产业。加强商贸流通、卫生健康、金融、教育、征信等领域信息资源共享相关技术研究和产业化。尽快制定网络数据采集、传输、存储、使用、管理等方面的标准规范，开展数据确权、数据保护、数据开放、数据共享等方面的立法工作。支持电信运营商等建设政务数据存储中心和异地灾备中心。加大对数字内容服务、信息技术服务、电子商务服务等高技术服务业以及共享经济、新零售、工业互联网等新业态的支持力度。

四、数字经济基础设施共享工程

完善网络基础设施、计算基础设施、数据基础设施、安全基础设施等信息基础设施，夯实数字经济发展基础。落实"宽带中国"战略，加快构建高速、移动、安全、泛在的新一代网络基础设施。统筹网络基础设施规划、建设、管理和维护，形成网络基础设施共建共享机制。整合现有政府机房，建设政务云。新建信息系统部署在云平台，已建信息系统向云平台迁移。加快建设人口基础信息库、法人单位基础信息库、自然资源和地理空间基础信息库、宏观经济基础信息库、电子证照库、社会信用数据库。整合现有数据中心，建设大数据中心。建立政务数据资源目录和交换体系，编制政务数据共享需求清单，推进政府部门之间的信息共享和业务协同。加强公钥基础设施（PKI）、CA认证体系等信息安全基础设施建设，做好关键信息基础设施网络安全防护工作。

五、数字经济专业人才培养工程

加快推进面向数字经济的新工科建设，扩大物联网、云计算、大数据和人工智能等数字经济人才培养规模。加强物联网、云计算、大数据、人工智能等新一代信息技术学科、专业、课程、教材、师资建设。鼓励有条件的高校组建人工智能学院等新一代信息技术相关院系，成立物联网技术研究中心、大数据研究院等相关科研机构，与企业联合申办数字经济协同创新中心。支持高校开展新一代信息技术领域"一流大学、一流学科"建设，引进有实际工作经验的优秀人才、领军人物，开设相关专业和课程，编写相关教材。深化产教融合，鼓励校企合作，推进企业、高校、科研院所、行业协会等协同培养数字经济专业人才。深化"引企入教"改革，支持企业与高校合作建立新一代信息技术实训基地。支持商业化的培训机构开展物联网、云计算和人工智能技术研发和应用方面的职业技能培训。办好数字经济领域的网络教育，培养大批应用型人才。支持各级党校和行政学院落实《2018—2022 年全国干部教育培训规划》，面向领导干部开展互联网、大数据、云计算、人工智能等新知识新技能学习培训。各级人力资源和社会保障部门要把新一代信息技术纳入专业技术人员的公需科目。

第四章　大数据提高数字经济发展效率研究

  大数据在数字经济中的应用越来越广泛，对数字经济水平的提高具有越来越关键的作用，不但孕育了一批新的数字经济产业，也提高了原有的数字经济发展质量。从各行业、各领域应用现状来看，大数据确实优化了数字经济生产要素的配置，提高了数字经济的生产组织效率。未来随着与ICT技术的结合，随着我国数字经济发展生态环境的优化，大数据还将继续提升数字经济的效率。当然，在其发展中也存在数据安全、人才匮乏、制度障碍等问题，未来应做好四个方面的工作，一是要继续探索大数据应用新模式，二是要重视在工业、农业、服务业、能源等行业中推进大数据的应用，三是要建立大数据人才保障体系，四是要营造产业发展的新生态环境。

  大数据是数字经济的灵魂。多年以来，技术进步和创新推动了数字经济的快速发展，这些技术和创新主要包括机器人技术、人工智能、物联网、云计算、3D打印和大数据分析技术。大数据作为诸多技术的一种，在企业层面能够使企业降低成本，简化供应链，更方便地向全球提供商品和服务。在数字经济中大数据是诸多技术中最根本和最重要的一个，其发展速度和规模也越来越大，据统计，目前我国大数据产业规模约5000亿元，增长约30%，预计2020年我国大数据市场规模将达到1万亿元。大数据产业和自身技术的快速发展，极大推动了数字经济效率的不断提升。

第一节　大数据提高数字经济发展效率的现状

从大数据作用数字经济的案例来看，其主要通过利用数据资源以及建立开放的数据生态体系等，促使得数字价值得以货币化实现，其不但培育了新市场和产业新增长点，还驱动了数字经济不断转型升级和提升发展效率。例如在电商领域，通过挖掘用户的 web 数据，可以改善用户体验，改良市场营销，管理商品库存，通过这一途径，作为典型数字经济的电子商务其全员劳动生产率得以大幅度提高，从 2012 年的 426.3 万元 / 人增加到 2017 年的 941.9 万元 / 人，效率增长 1 倍还要多。

一、大数据优化了数字经济生产要素配置，降低了企业成本

（一）大数据为数字经济带来新的生产模式和产品

大数据为数字经济拓展了新的业务领域。在电子商务领域，在支付宝的支持下，电商日益普及，而随着电商 web 数据的积累和分析的深入，由于了解其平台下卖家的信息，一些电商平台开始为卖家提供小额贷等金融服务；大数据改变了数字经济生产的模式。在网络制造领域，卖家试单难、翻单难，开发难，纵然也可以找代工，但无法进行个性化定制。为了解决这一瓶颈，阿里巴巴创办了阿里淘工厂，借助大数据，淘工厂可以把商家生产需求与工厂生产能力进行快速精准的匹配。这种定制化的生产可以更加符合淘宝上各种各样卖家的需求，作为淘宝卖家，之前无法实现的小批量试单和并快速翻单成为可能，进而个性化定制成为可能。大数据提高了企业服务的质量。国内融资租赁业务近年来一直在走信息化改造的道路，目的是实现资金流、业务流和信息流的统一，降低融资租赁风险，提高租赁效益。近来，随着远程监控技术的发展，像三一重工这类企业，可以通过远程监测租赁机器的位置和状态等数据，对其进行远程管理和维护，从而提高了行业的服务质量和智能化水平。

（二）大数据对分散化的资源能够更快捷地进行供需匹配

由于能够掌握供需双方信息，大数据可以通过对分散资源的快速配置来提高数字经济运营效率。首先，供需快速匹配提高了用户体验。以共享单车为例，大数据可以分析单车供需双方的位置信息，并通过算法提供快速匹配，从而大数据可以改善用户体验，提高共享单车供需匹配，也可以提高共享单车使用的频次。近来，随着个人信息数据挖掘的深入，摩拜等共享单车也取消了之前的押金，给用户带来了更好的使用体验。大数据在共享医疗领域，可以进行远程体检和线上咨询，在此之前，虽然也可以进行电话咨询，但客户体验比较差，例如好大夫在线，近年来利用现代通信技术，开发专用 APP，患者可以第一时间影像信息传输到网上，医患之间的沟通反馈更加方便。网络挂号也是如此，之前通过 114 挂号，患者对就诊信息获取的并不充分，网上预约挂号之后，医生和患者获得对方的数据信息更加充分，医患对接更加高效，时间节约更加明显。供需匹配还体现在电商经济中，电商平台的消费数据驱动企业生产更加符合消费者的个性化产品。其次，大数据能够挖掘出更多的有效需求和闲置资源。在网上教育和共享教室领域，通过大数据可以实现视频直播，让偏远地区获得优质教育，而网上教育的开设是与高效的大数据传输分不开的，也得益于越来越便捷越来越廉价的视频直播资源。在北京、上海等一线城市，培训教室昂贵，从而出现了共享教室，通过专业的 APP 把闲置的教室资源分享出去，无形中提高了教育的供给效率。再次，大数据还改变了供需对接的习惯。例如一些大众点评网，能够及时快速地反馈各种商品、服务的消费体验，对提高供需匹配度具有正面作用，微信出现后，这种情况更甚，朋友圈推荐极大影响消费选择。其他像货车帮，其通过大数据、云计算、移动互联网等新一代信息技术工具，解决了"企业找车难，司机找货难"的难题，对之前的信息化物流是一种改进。

（三）大数据节约了数字经济中的要素成本

我国传统的要素驱动经济发展模式正在式微，成本（包括机会成本）

越来越高，而大数据对于要素成本的节约非常有效。首先，大数据节约了用户的时间成本。在新零售领域，得益于人脸识别机器人视觉技术的提高，以及智能化水平的提高，即图像数据挖掘和分析水平提高，新零售的无人商店正在提高用户体验，正在经历自主办理向自动办理转变。其次，大数据节约了人工成本。当前银行自动办理业务在大数据及相关技术的支持下，正在加快推进其向无人银行业务转变。2018 年 4 月 9 日，位于上海九江路的建设银行九江路支行，通过数字化和智能化改造，这家银行成为国内第一家"无人银行"网点。通过使用柜员机、VTM 机、外汇兑换机以及 AR、VR 等智能设备，90% 以上传统网点的现金和非现金服务可以实现无人化办公。同样在银行领域，随着支付宝、微信支付等这些新的数字载体和数字技术的发展，很多银行的营业网点正在关闭，据统计，仅仅在 2018 年前四个月，全国诸如此类的银行营业网点就关闭了超过 400 家，这无疑节约了全社会的支付交易成本。再次，大数据节约了信息化成本。企业数据存储的需求越来越高，但成本一直非常高。近年来大数据技术进步让存储和数据迁移的成本越来越低，如 2018 年阿里云完成了有史以来最大数据迁移上云项目，将 115 科技的所有数据搬迁到阿里云上，数据迁移规模超过 100PB，但是整个迁移工作耗时仅 45 天。在电商领域，企业通过使用大数据可以大幅节约成本，如老干妈大数据中心正式运营之后，通过对原材料的监控，能减少 15% 左右的开支。

（四）大数促使要素流动到数字经济中收益最高的领域

大数据最能优化要素资源配置，在数字经济时代，大数据更能分析哪些领域要素收益率更高。首先，大数据能够优化金融资本配置。大数据能够极大降低互联网金融的不良贷款率，从而优化金融资本的配置。互联网金融发展越来越快，让资金流动更加顺畅，但看不见的风险倍增，大数据正在成为风控的新渠道。目前大数据参与风控主要有两个途径，一是阿里的风控模式，自身掌握大量交易、信用数据；二是众多互联网金融公司通过共享数据，委托一个中间征信机构分享客户数据。无论何种模式，大数据让资金流入高收入、"低风险"新兴数字经济成为可能，如流入各类 APP 创业领域等。其次，大数据能够优化劳动力在数字经济中的配置。当前在 IC 行业当中，整个人才培养模式、供给模式都在发生深刻变化，特别是云计算、物联网、人工智能领域，需要新的复合型人才。这种情况下，一些猎头平台（如脉脉等）利用大数据，快速匹配供需双方，让双方信息更加透明，优化了人才配置。再次，大数据能够优化信息资源配置。当前虽然企业智能化、信息化、自动化水平层次不低，信息化硬件、软件成本高，管理成本高，专业人才成本高，建了信息化不使用浪费资源的现象时有发生。这种背景下，工业云服务利用大数据、云计算、人工智能技术，可以让企业信息化水平大幅提高，并降低企业信息化成本，节约了信息化设备重复购买与建设，优化了信息资源配置。

二、大数据提高了数字经济生产组织效率

大数据提高了数字经济组织间的沟通效率，无论是在行业间、行业内，还是在企业内，大数据的使用，都更容易实现精准化的管理和高效的协作分工。

（一）大数据提升了行业间的组织效率

首先，大数据促进了产融之间的结合。特别是在互联网金融和新兴产业之间，当前在金融大数据的支持下，创业公司的信息更加透明，使得一些科技型中小企业因此获得了贷款，如阿里银行因为熟悉阿里商户的经营情况，愿意为其电商平台的用户提供小额贷款等。同样在众筹领域，无论是债券众筹、股权众筹、回报众筹还是一般众筹，在第三方支付、二维码支付以及大数据风控管理下，诸如无人机、智能跑步机等科技型创业产业得以融资发展。其次，大数据推动了产教融合。目前教育与数字经济产业脱节问题比较突出，在国外，为配合工业 4.0 发展，发达国家推出了人才 4.0，而在我国，人才与数字经济不匹配的现象非常突出。大数据产生之后，可以将国内外分散的教育资源进行整合，可以

打破原来的用人信息孤岛，通过大数据分析，捕捉网络关键词条，可以让教育的供需双方更好地知悉对方，培养更符合企业需求的人才。再次，大数据推动了制造业服务化。例如在冰箱制造领域，很多品牌商早已实现了产业链条诸环节的自动化和数字化，近来，长虹、海尔、三星、LG等企业也已相继推出了智能冰箱，走上了"终端＋数据＋内容＋服务"行业发展道路，未来冰箱制造业可以通过大数据采集挖掘用户需求，从而为其提供一些增值服务，实现制造业服务化。

（二）提升行业内的组织效率

第一，通过大数据实现了异地化生产。在长三角、珠三角和京津冀地区，借助新一代通信技术产生的数字链接，虚拟生产的水平越来越高。特别是在移动终端方面，例如小米的总部在北京，但其生产采用代工模式，由河北、江苏等地的富士康、英华达等工厂来生产，其依靠的正是生产的大数据采集、大数据传输，以及客户大数据分析，通过大数据小米可以进行远程管理，可以进行饥渴营销。第二，发展大数据有利于研发与生产之间的衔接。在江苏，出现了一些数据分析公司，主要服务于企业的研发和投产环节。当投产后产品与研发设计出来的产品其规格参数不一致时，传统情况下需要进行产品的再设计，过程非常繁杂，既浪费了时间成本也浪费了资金。而大数据公司参与后，通过增加研发环节的数据采集点，以及检查生产控制程序数据，很快就发现了问题所在。第三，大数据还提升了上下游行业之间的研发协同。在大数据的支持下，如汽车材料设计、装饰件设计等，要与整车设计之间进行协同，得益于现代便捷的数据传输技术和专业化的设计软件，上下游企业可以实现异地研发协同。

（三）提升企业内的组织效率

在大数据支持下，传统的自动化信息化管理软件焕发了新的生命，为提高企业内的组织效率提供了技术支持。首先，大数据让 ERP 重现生命力。之前由于存在信息孤岛，很多企业的 ERP 建了不用的现象非常突出，业界一直有种论调，叫作"不上 ERP 等死，上 ERP 找死"，甚至有人认为"ERP 已死"。其实 ERP 建了不用的真实原因是其不能分析其数据背后的人流、物流、资金流和信息流。而大数据出现后，凭借其强大的抓取、分析、可视化功能，打通了全流程的数字化，对 ERP 中留存的数据进行抽取、挖掘、管理、分析等，将数据转化成为对决策建议，能够极大提高企业的资源使用效率和企业组织效率。其次，大数据结合人工智能让 MES 效率更高。大数据还能使生产变得越来越智能，目前 MES 已经从专用功能系统发展到了数据、网络、应用的集成系统，即 I-MES，企业的生产组织开始从自动化向智能化转变，效率得以提升。再次，大数据通借助云服务的方式帮助企业提高生产智能化水平。大数据能够打破了生产管理中原有的数据孤岛现象，大数据与工业云服务结合以后，紫光、阿里正在打造工业云平台，基于云平台，企业的生产和管理组织活动变得更加高效。以物流云为例，京东也在江苏等地发展云服务，通过数据传感采集和云端分析，物流业的无人化智能化水平大幅提高。

第二节　我国大数据提高数字经济效率的机遇和挑战

我国大数据发展机遇与挑战并存，一方面，大数据及其相关技术快速发展，为发展新的数字经济和提升原有数字经济创造了条件，另一方面，大数据发展尚处在"躁动期"，各种问题、瓶颈、技术问题随着应用的深入会纷至沓来，处理不好会影响市场需求者的信心，会影响大数据产业投资者的预期。

一、机遇

当前新一代信息技术日新月异的进步、我国巨大的应用需求市场，以及我国宽松的政策环境，都对我国提高数字经济中运行效率具有利好作用。

（一）当前大数据正在与其他 ICT 结合，正在衍生出更多的新兴数字经济产业

人工智能与大数据结合助推新兴数字经济产业发展。阿里巴巴、亚马逊、苹果、脸书、谷歌、微软、SAP 等公司的平台，已经融合了大数据和人工智能技术，而这些正是它们商业模式的核心。这种融合让平台的分析能力得到极大的增强。以聊天机器人为例，早先这种机器人经常被方言俚语甚至简单的词汇困扰，因此这类产业和产品一度跌入低谷，而当大数据与人工智能融合应用到机器人之后，机器人可以对各种俚语数据进行深度学习，机器人智能化水平显著提高，行业发展也得到很大改善。目前像国内的小 i 机器人等，已经能够和多人进行同时对话聊天。5G 融合大数据将带来更多新业态。大数据的发展强烈依赖于数据传输技术的进步。5G 在大数据中运用对于发展一批新业态至关重要。目前 5G 技术的日渐成熟，我国的 5G 技术研发试验和产品研发试验均进展顺利，已经走在了世界的前沿，2018 世界移动大会上，提出在 2020 年实现 5G 正式商用。5G 商用之后，与大数据相关的物联网、人工智能、无人驾驶、车联网等数字产业必然会实现大的飞跃发展。之前无人驾驶、工业互联网之所以推行缓慢，且存在各种事故和弊端，一个很大的原因是数据传输网络速度慢，时间延迟长，5G 运行后，这些数字经济相关行业预计将会实现爆发增长。其他像云计算技术、超算技术等都会推动大数据深入应用到数字经济当中。

（二）我国具有世界最大的数字市场，为发展数字经济提供实验试错场

目前我国数字经济占 GDP 的比重超过 30%，预计 2020 年将提高到 35%，2030 年将超过 50%。我国数字经济规模正在呈现飞速发展态势。消费服务类数字经济规模宏大，将推动大数据技术和大数据产业不断创新发展。例如我国国产手机在国内市场占有率已达 90%，2016 年 70%—80% 的可穿戴智能手表产自中国。巨大的消费端数字市场必然为大数据的应用带来发展机遇。我国数字经济从消费端向生产制造端延伸，未来

数字经济必然更上台阶。目前应用主要集中在生活服务业，但在生产性服务业、制造业领域应用较弱。《2018 年中国大数据产业发展水平评估报告》显示，大数据应用水平从高到低的排序为：金融、电信、政务、交通、商贸、医疗、工业、教育、旅游、农业，事实上，受大数据自身原因和工业行业特定要求的影响，我国大数据在制造业领域的应用还非常不充分。当前我国制造业转型升级非常迫切，而制造业领域的自动化、信息化、数字化和智能化是未来转型发展的重要方向，目前很多制造业企业尚处在数字化的中低发展阶段，市场前景非常广阔，一旦解决安全技术、成本问题、可靠性问题等，这一领域预计会出现爆发式增长，这也预示着制造业数字经济发展的规模和效率会大幅提升。大数据资源越来越多，将加快在广度和深度上与数字经济融合发展。大数据的存量越来越多，据统计每过去 2 年，世界数字存量就翻倍，这些巨额的数字资源会极大推动各种大数据相关技术的发展。以人工智能为例，深度学习是发展人工智能的条件，深度学习需要提供训练数据，我国数字经济产生的大量数据必能为各领域人工智能发展提供试错的机会。而人工智能发展又会与大数据融合，提高数字经济发展的效率。

（三）我国具有宽松的政策环境，为大数据和数字经济高速发展提供了生态保障

为支持新兴技术和产业率先发展，中国政府一直采用"有所为有所不为"的监管策略，很多新的技术和商业模式是往往都是采用"先试水、后监管"的管理模式。首先，政府鼓励大数据"先试水"。我国政府往往会发布一系列配套政策，支持和倡议发展一些新科技、新产品，例如，为发展数字经济和大数据，中央政府和地方政府持续出台了一系列的支持政策，包括国务院的《促进大数据发展行动纲要》、工信部的《国家大数据产业发展规划》等，地方上像贵州等地，也在密集出台支持大数据发展的政策。为配合政策落实，截至目前，我国成立了 8 个大数据综合试验区，以开展数据资源共享开放试验、数据中心整合利用试验、大数

据创新应用试验、大数据产业聚集试验等。其次，后续"治乱"管理更具有针对性。产业一旦试水成功，往往会面临很多发展的乱象，此时政府才会根据试水出现的问题，有针对性地予以解决。例如，在2015年出台《促进大数据发展行动纲要》后，针对医疗出现的情况，2016年国务院办公厅出台了《关于促进和规范健康医疗大数据应用发展的指导意见》（国办发〔2016〕47号）等。事实上，正是这种先试水、后监管的产业发展政策，为我国很多新兴产业带来了宽松的发展环境，极大地提高了我国产业的国际竞争力。大数据领域由于政府的宽松政策，中国的互联网巨头可以相对自由地测试和推广产品和服务，并获得可观的市场占有率，这种情况下，我国的数字化企业往往呈现指数级增长，同时，上述企业中的佼佼者，还在加快向海外拓展其商业模式，比如摩拜、抖音、快手等。

二、挑战

我国大数据行业刚刚起步，对于这种新事物，在数字经济的应用过程中难免带来一些制度、认识和大数据自身发展上的挑战。

（一）监管的滞后带来产业发展同时也带来了巨大市场风险

在新兴产业方面，上述我国实行的先放后管的管理模式，也会带来行业风险，而这些负面的风险通过媒体的发酵，会进而影响社会舆论。例如在网约车方面，之前出现过多起人身安全事件。而在个人信息方面，个人信息被贩卖现象非常严重。国际上，2018年Facebook数据信息泄露事件造成的影响不断被发酵。该起泄露事件并不是孤立事件，《数据泄露水平指数调查报告》显示，近两年全球每年信息泄露的数量高达约40亿条。有报告显示，目前各种手机APP安装过程中，往往同时获取个人信息，这种情况在国内已经越来越普遍，据称，有高达96%以上的Android应用会获取用户的手机隐私权限。25%以上的Android应用甚至存在越界获取用户手机隐私权限的情况。以上监管上的滞后，为大数据在数字经济中的深入应用带来了非常大的发展隐患。

（二）行业发展良莠不齐带来发展混乱

当前大数据行业仍处于快速发展阶段，在"大众创业、万众创新"的大环境下，大量的大数据企业不断涌现，但企业发展良莠不齐，一拥而上，带来统计的混乱。目前很多省市均将大数据作为产业发展重点，制定产业支撑政策，事实上形成了地方保护。未来可以预见，受地方政府支持影响，大数据或许会像当年的光伏、风电一样，会出现大起大落。很多地方发展的所谓大数据及其应用统计非常不规范。由于统计和内涵界定不清晰，在产业政策制定方面也缺少针对性。

（三）成本高获得感不强限制新技术的应用

当前大数据技术成熟度还不是很高，在一些领域由于需要进行定制化的服务，因此大数据及其相关的智能化服务的成本非常高。而我国又存在大量的中小企业，从实际调研来看，由于大数据及相关设备成本高，企业一次性投入太多，国有企业成本约束刚性小，投入尚可，在民营企业中投入比较犹豫。以发展云服务为例，工业云服务是基于大数据应用的高科技产业，在为制造业智能化改造、节能降耗等方面，具有突出的作用，特别是其可以大幅度降低智能制造服务产品价格的价格，因此，很多大企业包括阿里云、紫光云等，都在深耕这一领域，但从对苏州等地实地调研来看，企业认为其并不能很好解决企业发展痛点，因此应用积极性并不太高。

第三节　大数据提高数字经济效率的障碍

大数据是一种工具，这种工具在数字经济中发挥作用不但要看自身的发展情况，也要看应用场景的情况，包括制度方面的情况、相关技术的发展水平情况、通信基础设施情况等，这些领域往往存在一些障碍，限制大数据在数字经济中的应用和效率提高。

一、大数据自身存在的一些突出问题

新兴产业的培育需要一个过程，大数据自身存在的发展问题，一直是其提高数字经济效率的一个重大障碍。

（一）大数据技术水平与国外尚有差距

我国大数据技术水平还在快速追赶当中，《大数据产业发展规划（2016—2020年）》指出，我国在新型计算平台、分布式计算架构、大数据处理、分析和呈现方面与国外仍存在较大差距，对开源技术和相关生态系统影响力弱。中国科学院院士、大数据专家徐宗本认为，挑战来自三个方面，一是数据分析基础需要满足工业需要，要融合统计学和计算理论、逻辑基础；二是计算技术需要革新，包括储存、计算语言、计算方法都要针对工业行业进行再开发；三是大数据结论的验证。大数据结论是否正确，目前没有办法大规模验证，而工业又是一个非常依靠科学实践的领域。事实上现在很多大数据只是看上去比较完美，距离工业应用和带来切实的价值还有很多挑战。

（二）数据安全缺少保护

总体来看我国的数据安全和保护水平较发达国家低。在美国诚信体系建设比较完善，几十年来，相关立法可以让个人隐私得到很好的保护。目前，我国大数据还处在起步阶段，尚未进行立法监管。存在可观的利润空间，就可能出现泄密、买卖信息。事实上，大数据更容易被网络黑客攻击。一方面，大数据对黑客来说具有更大的吸引力，因为其有商业价值，数据量比较大，较为敏感，因此会吸引更多的潜在攻击者。与此同时，大数据集中在云端或者汇集在某一介质上，使得黑客成功攻击一次就能获得更多数据，黑客对大数据进攻攻击成本更低，收益率更高。

（三）数据源获取容易受到网络安全的过度限制

自大数据产生之日起，相关部委就非常重视信息安全问题。这是其发展的保障，但也容易被过度解读。当前相关部委要求建立健全网络数据管理体系，严厉打击非法泄露和出卖个人数据的行为，维护网络空间数据安全以及网络数据的完整性、安全性、可靠性，强化数据资源采集存储、应用和开放等环节的安全保护；不断提升网络数据技术的防护能力，加强大数据防泄密、防篡改、关键数据审计，加快数据的开发和部署；建立健全个人信息保护、数据安全防护等制度。基于以上政策环境，有大数据企业反映，目前数据获取越来越困难，防网站数据挖掘已经变成一种生意，大数据的获取成本会越来越高。同时企业获取数据的成本和门槛差别也非常大，后进入者面临市场排挤。特别是在政府大数据资源方面，受大数据安全顾虑的影响，对普通大数据企业的开放有待提高。

（四）大数据产业投资体制还不健全

目前受地方政策影响，我国大数据投资应用体制并不完善。主要表现在：一是区域发展不均衡，会造成未来的数字鸿沟，进而影响数字经济和区域经济。二是政府投资过多，很难衡量企业的真实盈利能力。例如在 2017 年，广东、北京两地政府投资的项目数量占了 1/3。三是重硬件缺软件，目前投资项目中超过 7 成为大数据平台及基础设施建设类，应用层面的软件开发不足 5%，重建设轻应用的问题比较明显。受上述投资状况的影响，据 Garnter 调查，未来投资大数据的潜在公司数目正在不断减少，原因是对大数据的应用问题比较突出。受政府投资主导的影响，目前大部分大数据项目没有明确的可以预先确定的投资回报。企业方面，之前也更多的是进行技术尝试，没有明确的商业回报预期。目前来看，即使在大数据发展较好的互联网、电信企业中，大数据也主要用来支撑现行的公司运营，如人员组织与管理等，其只是企业 IT 系统的补充，所谓的巨大行业改变能力并未出现。Garnter 统计显示，大约只有 12% 的大数据项目取得了可衡量的成果。

（五）大数据人才培育体系相对滞后

人才缺乏是制约大数据应用到数字经济发展的瓶颈。传统企业没有数据分析管理和智能管理部门，只有网络和信息化管理部门，很多企业只有所谓的网络管理员，期望这些传统的职能部门来推进大数据在企业的应用，显然不太现实，因此大数据人才的匮乏对企业使用大数据无疑是一种制约。据中国商业联合会数据分析专业委员会统计，我国未来基础性数据分析人才缺口将达 1400 万；而在 BAT 企业招聘职位里，60% 以上都在找大数据人才。特别是既熟悉大数据又熟悉行业的人才比较缺乏。懂数据分析的人往往不知道怎么用数据支持公司经营。这也是当前大数据应用层面问题多的原因之一。因此对于大数据应用而言，对行业的研究和理解往往比数据处理技术更为重要。

（六）大数据发展缺乏行业统一标准

2014 年 12 月 2 日，全国信息安全标准化技术委员会大数据标准工作组（以下简称"工作组"）正式成立。2016 年 4 月，全国信标委大数据安全标准特别工作组正式成立。由于各地发展大数据产业各有特色，上海市、广东省、湖北省、山东省、贵州省、四川省、陕西省、江苏省、内蒙古自治区等地方形成 30 余项地方标准，主要集中于资源开放共享、政务大数据领域、重点行业等。总体来看，目前大数据来源于不同的部门、企业、单位，从各自管理经营的需要考虑，标准、分类、代码都不统一。以上情况造成开发中存在一些困难，大数据标准的缺乏，一定程度上也阻碍了我国大数据技术的创新与进步。未来应从基础标准、数据标准、技术标准、平台工具标准、管理标准、隐私安全标准、行业应用标准七个方面，建立统一的国家标准。

二、大数据应用中存在的制度障碍

在制度方面大数据在数字经济中的应用障碍主要包括两个方面，一是大数据对传统人们经济社会活动的冲击，这本身需要一个适应过程；二是与传统区域经济发展制度的适应，需要在政策上予以保障。

（一）原有的制度和习惯需要大数据行业予以适应

大数据为线下经济活动及社会活动带来不安定因素，影响人们日常生活。这需要大数据通过创新再适应，也需要对传统制度进行革新。例如在共享单车领域，单车随意停放带来交通堵塞；在共享汽车方面，由于占地面积大，如何发展还需要在城市规划等方面做不断的调整和尝试。在共享医疗领域，网上诊疗代替网上咨询服务，带来安全隐患，与国家医疗法律不符合。未来需要对其服务范围进行新的界定，给出法律支持，如此才能推动其发展。在民宿领域的大数据存在安全隐患，公安登记不完备。为发展数字经济，需要制定相应的法规。互联网金融领域也是如此，目前关于风险监管的政策逐渐增多。在无人驾驶领域，也需要技术、安全、产业和法律等多方面的考虑。

（二）大数据应用容易遭遇地方保护主义

地方保护主义一定程度上限制了大数据在数字经济中的应用。在传统区域经济竞争当中，我国往往会采用土地、财税等工具形成对投资的吸引效应，或者采用行政垄断的模式，设置区域进入壁垒以限制竞争。与大数据密切相关的新兴产业对传统要素的依附性并不太大，因此地方往往采用行政垄断的方式予以保护。以网约车为例，很多地方政府要求在当地设立公司，为地方带来税收；同时，为平衡出租车的利益，对网约车提出过高门槛，比如要求轴距多少，排量多少，户口如何等。

（三）大数据真正发挥作用需要更多制度改变

大数据只是工具和手段，在管理领域，即便大数据能够应用到具体的管理当中，但真正达到预先设定的目标往往不是大数据应用与否的问题，而是其他后续管理的问题。以土地监管为例，为了保护18亿亩耕地红线，卫星动态监测早就应用到土地动态监管之中了，因此基本农田的占用一定会被很快获悉，但是农田的占用还是时有发生，事实上，问题的关键并不是大数据没有应用，而是后续管理问题。在我国占用500亩耕地需要国务院审批，一些省份要求占用400亩就需省里审批，造成的结果是很多农村基本农田被占为养殖用地等，因其规模小于500亩，不需要国务院审批。

第四节　大数据提高数字经济效率的战略任务

要充分发挥我国数字大国的优势，把握大数据应用从消费端向制造端延伸这一发展趋势，加快破解制度难题，不断优化大数据产业发展环境；加快试点示范，促进大数据在行业中的深入使用，不断提高大数据在数字经济中的应用深度和广度；加强要素保障，为提高大数据在数字经济中的运营效率创造条件。

一、探索大数据应用的新模式

大数据在数字经济中深入应用还需要探索更多的发展模式，企业层面的可以由企业自己来探索，由于市场自身的缺陷，也需要由政府引导来发展一些应用新模式，主要包括：一是发展大数据使用安全方面的保险制度。一旦该制度建立，例如企业上云出现数据泄密，就可以为企业提供补偿，打消其发展大数据业务的顾虑；具体实施上，可通过设立专项资金的形式，或通过引入商业保险的方式，在具体的重点行业领域实施大数据安全保险制度，对于潜在的大数据泄密风险予以补偿。从而鼓励企业积极使用与大数据相关的新技术和新产品，如鼓励工业企业上云等。二是可借用合同能源管理的模式，在大数据提高数字经济领域，推广合同数据管理模式，改造成功后再收益。当前大数据相关改造成本高，如果能够采用先改造，收益后再付款的方式，企业的改造积极性会得到很大提高。三是把大数据与智能化改造以及云制造结合起来，倒逼企业提高大数据使用水平。地方政府可以形成大数据、云计算、智能制造企业库，形成网上云制造服务平台，并给予政策鼓励，倒逼数字经济企业深化使用大数据及其相关技术。

二、在工业中分行业建立大数据推广应用中心

工业行业领域是当前大数据应用的薄弱环节，也是未来我国产业经济转型升级的重点领域，未来应着重提高其大数据应用水平。工业领域内，大数据应用中成本高企的重要原因是定制化服务成本高。因此可以剖析行业特征，特别是细分领域的特征，进行标准化和数字化，建立应用示范试点。特别是在工业领域，行业门类非常多，即使在同一个行业内，由于所处的产业链环节不同，工艺不同等，因此，其大数据相关的智能化改造、节能环保改造等设备和服务的要求也不一样，造成的结果是，一方面我国工业经济迫切需要不断深化信息化和数字化生产，实现工业不断向 2.0、3.0、4.0 转变，但与此同时，智能化设备的个性化定制造成企业负担不起高昂的成本。为了解决这种矛盾，迫切需要分行业在服务业和制造业各细分领域内，建立大数据应用相关的推广应用中心。重点要结合产业集群建设，开展大数据推广应用试点示范。未来要在工业细分领域内，新建或提升一批关键技术和拳头产品，包括 ERP（企业资源计划系统）、PDM（产品数据管理系统）、DNC（分布式数控系统）、MDC（制造数据采集管理系统）、MES（制造执行系统）、CRM（客户关系管理系统）、WMS（仓库管理系统）等应用系统。

三、建立大数据人才保障体系

大数据提升数字经济效率，各行各业大数据使用水平越来越高，对劳动力的数字素养提出了更高的要求。数字素养正被越来越多的国家纳入其国民教育课程的体系之中。未来一是要加强高端人才培养。与高校联合，设立大数据专业，培养大数据方面的研发型人才。目前已经有一些高校在设置这个专业，应该按照行业特征，建立产学研用一体化培养的人才供给体系。二是提高高技能人才保障。与职业技能学校联合，建立人才培养机制，培养适合大数据应用、管理方面的人才，例如在工业机器人领域，与国内外高等职业院校合作，分区域建立人才培养基地。

三是加大引进高端人才，在全球范围内，吸引大数据及大数据行业应用方面的海归人才，以及国外的优秀人才。四是发展一批人才培养第三方机构，为企业提供大数据分析和大数据管理人才，特别是数据架构师、大数据研发工程师和算法工程师。五是应妥善解决制造业数字化带来的失业问题，做好分流再就业工作。

四、优化大数据产业发展环境

一是要建立公平的投资环境。摒弃地方保护主义，设定大数据共有技术目录，进一步发挥市场的主导作用，在安全的前提下，政务数据向企业公平公开。二是加大基础设施建设，特别是 5G 和人工智能标准的建设和基础设施的建设，探索基于 5G 的行业应用场景，为大数据投入这些应用场景提供政策支持。三是加快大数据应用方面的相关立法。大数据的信息安全问题、使用道德问题（如大数据"杀熟"）等，加快大数据立法，分门别类地对数据应用安全进行管理。原则是既不打击大数据应用的积极性，又不让大数据应用"裸奔"，保护广大消费者和科研人员的个人隐私和知识产权。四是加强各方交流，形成全社会使用、交流、推广、革新的良好氛围。鉴于数字经济的巨大影响，无论发达地区还是发展中地区，都会致力于发展大数据，并制定相关政策，这其中必然会做很多不必要的重复性工作。因此各地要加大合作，交流经验。五是鼓励地方政府成立相关机构，重点解决大数据发展中存在的数据内容问题、数据技术问题、数据应用问题，以及数据产业化问题等。

第五节　传统产业数字化转型工程

为破解发展瓶颈，落实重点任务，形成试点示范，可在农业、制造业、服务业以及能源等重要领域，开展数字化改造工程，形成点面结合，重点突破，以推进我国大数据应用向更广、更深方向发展。

一、农业数字化工程

以大数据应用为抓手，推进农业现代化，为农业提供生产性服务，大力发展精准农业、订单农业、智慧农业等，利用大数据为农业提供减灾防灾等服务。

（一）智慧农业推进工程

在不同气候带、土壤地带和不同地形地区，开展试点示范，分别构建"天—地—人—机"一体化的大田物联网测控体系，加快发展精准农业，发展农业大数据，推进一批数字果园、数字养殖、数字农田示范区建设。提高测土配方施肥、水肥一体化精准灌溉、航空施药和大型植保机械等智能化技术和装备的普及率。统筹使用国家支农、惠农资金，探索共享智能机械等协作生产模式，加快智能机械在农业种植、养护、收藏中的使用率。提高养殖业智能化和自动化水平，建设数字化精准饲喂管理系统，建设自动化精准环境控制系统。推进菜篮子工程数字化水平，在信息监测、电子结算、冷藏保鲜、加工配送等方面加大智能化和信息化水平，利用大数据优化供需对接。

（二）大数据＋精准扶贫工程

以农业为抓手，利用大数据帮助精准扶贫。利用大数据分析天气数据、水土数据、市场数据等，推动发展农业保险，利用科技的力量不断降低农业生产经营的不确定性，提高农民经营效益，降低农业产前、产中、产后风险；发展农村电商交易平台，提高农产品流通效率，促进农业提质增效，增加贫困户经营性收入。利用微商平台，搭建偏远山村农业与都市家庭消费的桥梁，提高特色农产品营销成功率；构建大数据物联网可追溯系统，及时掌握贫困地区农作物生长情况，实现产、销等环节的全程检索、全程管控、追踪溯源，使产品百分之百实现生产有规程、过程有记录，为精准扶贫及后效评价提供数据支持。

（三）大数据减灾防灾工程

建立农业减灾防灾大数据应用中心，建立统一的大数据平台、加强顶层设计。利用卫星遥感技术，帮助农业减灾防灾，评估旱灾范围及受灾损失评估，进行农业病虫害防灾和受灾评估，进行低温冻害预防与受灾评估，进行农业雨量监测与评估等。加大防灾减灾方面大数据资源的开放与共享，实现部门之间监测、灾情、人口分布、承灾抗灾能力、应急救援力量等数据信息的共享。

二、制造业数字化工程

以大数据、移动互联网、智能化、云计算为载体，提高大数据及其相关技术在工业企业内的应用水平，大力发展制造业大规模定制化，发展云制造服务。提高制造企业全要素生产率，提升工业企业盈利水平和资本回报率，资本脱离实体经济。

（一）开展企业数字化、自动化、智能化水平专项评测

在重点数字经济行业领域和典型城市，由政府建立专项资金，或由第三方机构按照谁实施、谁收益的市场化模式，对所在城市的行业进行数字化水平摸底，进行数字化问题和瓶颈诊断，为企业数字化、智能化、自动化改造提供前期准备。

（二）探索制造业数字化应用新模式

实施信息安全补偿。在各行各业内，切实解决企业的数据应用的信息安全顾虑，实施知识产权保护专项行动，打击云应用过程中的信息窃取行为，对于知识产权泄密的顾虑，建立专项资金予以风险补偿。建立数字化企业联盟。建立地方行业企业大数据应用联盟，对进行大数据相关的智能化改造工作，政府予以鼓励和奖励，对于联盟内的生产和服务行为提供税收、用地、用水、用电方面的优惠。探索先改造后收益的数字化模式。采用合同能源管理的方式，成立第三方机构，设立专项资金，进行先改造，后收益，帮助企业降低大数据应用成本，提高企业数字化改造的积极性。

（三）提高产业集群中大数据应用水平

选择产业集群，在细分领域开展大数据应用推广工作。应分行业主

抓行业 APP，特别是针对特殊行业的 APP，这种使工业技术、工艺经验、制造知识和方法通过软件实现显性化、数字化和系统化的过程，是提高行业大数据应用效率的关键抓手，目前我国非常缺少。未来应支持第三方机构牵头，汇聚各类资源，建设工业 APP 公共服务平台，提供测评认证、工程咨询、知识产权、投融资等服务。应建立工业 APP 交易配套制度、信用评价体系、知识产权保护制度以及知识成果认定机制，保障 APP 交易生态的顺利运行。应制定工业 APP 参考框架、数据建模等基础标准和工业 APP 质量、安全等技术标准。建设工业 APP "双创" 平台，支持 "众包" "众创" 等创新创业模式参与工业 APP 研发，形成工业 APP 开发、流通、应用的新型网络生态系统。

（四）优化组织领导和考核机制

大数据横跨多个部门，鼓励地方建立由地方一把手领导，同时发改、工信、科技、财税、金融机构广泛参与的大数据推进和督导小组，对特定的行业、特殊的情况实时进行工作推进和成效评估，将全要素劳动生产率作为考核的重要目标，把大数据应用水平作为工业产业集群发展的重要衡量指标。建立考核和奖惩机制，提高大数据在数字经济中的应用水平。

三、服务业数字化工程

在健康养老、家政服务、教育服务业等领域，全面推进数字化，运用大数据，加快民生改善和社会服务等转变，推动形成数字与实体深度交融、物质与信息融合驱动的新型发展模式。

（一）生活服务业数字化工程

重点推动数字化健康养老工程、数字化教育服务工程和家政数字化工程，提高大数据在民生领域的渗透。以智慧城市建设为载体，在典型城市加快实现生活服务业数字化。目前大数据在电商平台、餐饮出行领域已经得到充分利用，未来应加快社会公共服务领域的数字化，提高大数据应用水平。健康养老方面，建立健康养老大数据创新中心，重点开展智慧医疗和远程诊疗服务；推广智慧医疗产品应用，发展智慧养老服务业。大数据＋教育服务方面，发展共享经济，建立教育资源共享平台，利用现代多媒体和虚拟现实技术等，发展远程网络教育；家政服务数字化方面，建立家政人员信息系统，打造品牌家政APP，进行网络评级，为数以千万计的家庭，提供人员匹配服务和再就业培训服务等。

（二）生产服务业数字化工程

发展生产性服务业，用大数据实现该类服务业数字化，通过数字化，加快服务的个性化定制和对制造业需求的快速响应。重点包括：推进大数据在企业投融资方面的应用，特别是鼓励行业中的龙头企业根据行业上下游关系，使用其掌握的数据资源，为其他企业提供融资租赁服务。大数据＋信息服务业。成立信息化服务业企业，开展市场服务，重点发展各种云平台，发展工业互联网服务。通过边缘层的数据采集和IaaS层面的数据存储，为工业PaaS以及工业APP等，提供个性化的服务。大数据＋节能环保服务业。发展环境污染地图，提供实时监控工业污染排放数据，实时污染监测、预警及治理，在京津冀、长三角、东北、珠三角等地区开展节能环保服务。大数据＋科技服务业。大数据＋科技信息服务业。建立基于大数据的检索、文献科技查新服务，建立区域创新创业资源索引数据库，为各地招商引资和扩大利用外资等，提高数据支撑服务。

（三）实施管理机制改革

一是着力解决政府的缺位和错位的问题。在共享经济领域，包括远程医疗、共享单车、共享出行、民宿等，以及工业互联网等领域，要加大政府引导和管制，"一脚踩油门，一脚踩刹车。"重在鼓励发展。二是解决企业的越位问题。特别是在大数据信息安全问题，涉及公共安全和个人隐私问题，应在全国范围内，对共享信息平台开展拉网式安全审查行动，在不影响企业积极性的情况下，加强对企业管理。三是解决行业协会的不作为问题。行业协会是联系政府与企业的纽带，通晓管理与业务。应建立新的激励方式，如采用出资参股的方式，激励协会协助政府和企业守住中国大数据行业发展的阵地。

四、能源数字化工程

推动电动汽车发展，发展行业大数据，加快产业协同。发展可再生能源供需大数据平台，实现分布式可再生能源供需对接，推进智能家居工程，加快建立智能家居大数据产业链。

（一）推进能源互联网电动汽车项目

选择典型城市，建立区域互联网电动汽车应用系统，发展电动汽车大数据。融合车联网和物联网，把电动汽车的实时信息，包括位置信息、电量信息、充电需求数据等，全部实时上传至互联网。实现充电桩实时数据与每辆电动车实施信息共享与关联。包括充电桩的位置数据、时段数据，供电资源情况以及电网阻塞情况等，全部要与电动车用户共享。为推动电动汽车的使用与普及，城市市政上要对电动汽车充电桩建设进行规划和支持。为支持电动车在中小城市普及，要采用倒逼和引导两个途径。倒逼方面，要严格执行低速电动车管理政策，从引导来看，要为电动车普及提供方便，包括停车方便、税费减免等。条件较差的城市和地区，可从市政用车方面着手，推动电动汽车与充电站数据信息互联，推动能源互联网电动汽车发展。

（二）实时新能源互联互通项目

首先，在分布式能源领域融入大数据和云计算，提高能源生产效率。建立类似于 Vestas 类似的风电大数据，通过采集气象历史数据、历史运维数据、地形数据等，分析预测和优化风机工作状态，提高能源产生效率。其次，把分布式能源的信息与汽车、电池等分布式能源应用的数据信息结合起来，互联互通，发展新能源供需大数据平台。可重点包括两个部分，一是要与换电式汽车发展结合起来，目前浙江等地在发展换电式汽车项目，应结合项目建设，合理布局风力发电和光伏发电，实现二者数据和供需方面的实时匹配；二是要把风电、光伏信息与燃料电池发展结合起来，实现数据实时共享。利用这些新能源电解水，获得氢气，发展加氢装置和氢燃料电池。

（三）推进智能家居绿色节能工程

以海尔、美的、小米等大型龙头企业为抓手，大力发展智能家居产品，促进智慧家电产品走进千家万户，进而利用大数据推进节能降耗。加大居民家庭用电、用气、用水的数字化改造，既能方便居民生活，又能实现节能降耗。如：可以发展应用一些 APP，用来及时掌控电器开闭状态，既能对电网削峰填谷，降低电网负担，又能及时做到节能降耗。在建筑节能方面，鼓励发展第三方机构，通过建筑大数据，分析不同地区、不同建筑与节能降耗的关系，为大型公共场所提供节能方案。

第五章　大数据培育数字经济消费的对策研究

数字经济消费是指以数字经济为依托产生的消费，随着科技水平的不断提升，大数据在培育数字消费方面发挥越来越重要的作用，一是大数据成为数字经济消费内容的主要驱动力，二是大数据削弱了数字经济消费主体之间的信息不对称程度，三是增强了数字经济消费客体之间的相关性，四是有效降低了数字经济消费的交易成本。近年来，国内外的数字经济消费在大数据的推动下得到了长足的发展，国外在大数据培育数字经济发展方面主要采取加强大数据基础设施建设政策及法规、提高大数据和和数字经济的应用及技能、增强大数据技术应用创新以及强化个人信息安全保障等。我国在数字规模不断扩大以及消费领域不断扩张的同时也面临一系列的制度障碍和技术障碍。未来，我国应该不断破除大数据培育数字消费的体制机制障碍及技术障碍，加快企业和市场使用大数据的步伐，优化数字经济消费环境。

第一节　基本概念与分析框架

一、数字经济消费的内涵

（一）数字经济消费的定义

数字经济是指以使用数字化的知识和信息作为关键生产要素、以现代信息网络作为重要载体、以信息通信技术的有效使用作为效率提升和结构优化的重要推动力的一系列经济活动。数字经济消费则是指以数字经济为依托产生的消费，包括传统服务业的数字化转型、互联网的新兴服务业等部分，因此，从这一点来讲，数字经济消费更多地是指信息服务消费，如共享单车、网约车等智慧交通服务；传统电子商务和新零售等新兴电子商务模式；微信、微博等社交网络服务；数字阅读、在线教育、在线医疗等数字内容服务以及互联网航旅预定等。

（二）数字经济消费的特征

1. 数字经济消费打破传统消费边界

数字经济消费通过互联网这一媒介，打破传统消费的地理空间、时间等边界限制，能够实现无边界、全时态、全渠道的消费。企业基于互联网、云平台直接与消费者互联，不仅能够有效降低中间环节的成本，而且能够通过大数据进行个性化制造，满足消费者的不同需求；线上线下的融合发展，使得消费者足不出户即可满足很多日常消费需求。以京东无人超市为例，目前超市只有一名店员，提供引导服务，通过大数据分析、辅助运营手段、"刷脸"进店、智能进店、优惠更新、自动结算等方式，实现了无边界、全时态的购物体验。

2. 数字经济消费理念加速变革

一方面，共享模式快速兴起，在"互联网＋""双创"的推动下，共享单车、分时租赁、在线短租等共享经济新业态、新模式快速兴起，颠覆了传统消费方式，"使用而不购买"的新消费观念被广泛接受；另一方面，付费习惯日渐成型，随着支付手段的成熟，版权保护技术的完善以及对个性化服务的追求，越来越多的消费者愿意为优质个性的网络资源付费。调查数据显示，2017年，国内网络视频用户付费比例达到42.9%，付费意愿显著增强。

3. 数字经济消费边界不断拓展

线上线下融合业务创新活跃。网络约车、上门服务、在线短租等新模式迅速崛起，移动电商、社交电商等新应用快速发展，在线医疗、在线教育等民生类信息消费持续扩大，有效满足了居民品质化、多层次消费需求。2017年，全国网上零售额7.18万亿元，同比增长32.2%。

4. 数字经济消费群体持续扩张

在网络提速降费行动的持续推动下，我国网络支撑能力不断提升，资费水平稳步下降，促进信息消费群体持续扩大。截至 2018 年 5 月，固定宽带用户超 3.7 亿，家庭宽带普及率超过 79%，较五年前实现翻番。移动互联网用户发展迅猛，总数突破 11.3 亿，人口普及率达 95.8%。4G 用户达 10.9 亿户，渗透率达 73.0%，农村网民规模突破 2 亿。新生代信息消费群体不断壮大，80 后、90 后在网络购物用户中占比超过 65%，成为网络零售消费的中坚力量，带动信息消费向个性化、品质化方向升级。

二、大数据对数字经济消费影响作用分析

（一）大数据是数字经济消费内容的主要驱动力

数字经济消费是依靠买卖双方之间的信息建立起来的关系，而数据是信息的基础，当数据被赋予一定的背景之后就会转变为信息。在市场上，信息经过一系列的方法进行提炼之后，就会变为知识，而知识能够带来价值，产生利润，大数据向规模性、多样性、实时性发展的结果就是催生出大量多样且更新速度快的数据，进而利用大数据技术发掘出具有消费价值的大量信息，从而驱动数字经济消费。大数据可以被称为一种数据资产，在这个时代，几乎所有企业都会面对庞大的数据资产，而大数据技术作为对于数据信息进行采集、分析、挖掘、预测的工具，会成为数字经济消费的主要驱动力。

同时，买卖双方可以通过数据—反馈形成闭环，在提高卖家商品和服务质量的同时，为用户带来更好的体验。以谷歌为例，由于门户特征集中于搜索领域，五花八门的数据碎片都将进入谷歌的数据库中，面对如此繁杂数据的筛选、整理，谷歌建立起一套有效的关联信息碎片化的计算模型，并将数据整合管理后反馈给用户，谷歌将这项技术运用到旗下的地图、邮件等各类相关社区中，这大大提高了谷歌所提供的产品和服务水平，同时也培养了一批忠实的数字经济消费群体。

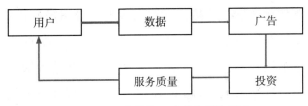

图 5-1　大数据——消费者反馈闭环

（二）大数据时代削弱了数字经济消费主体信息不对称的程度

数字经济消费的主体是数字经济的实施者。大数据时代下，数字经济消费者可以通过更多的途径掌握其消费的产品和服务的信息，真正能够做到货比三家，以最低的成本满足自己的需求，以此缓解普遍存在的信息不对称问题，并为消费者提供重要的参考。例如，对消费者而言，通过大数据，网络销售平台可以依据消费者的个人信息推荐适合消费者的产品。

（三）大数据增强了数字经济消费客体之间的相关性

从数字经济消费的客体上看，消费主体的消费内容主要是指对信息服务的消费，既包括对信息服务本身的消费，也包括信息服务的生产、交换、送达过程等各类设施及网络的占用。在大数据时代，产品边界开始变得模糊化，互联网巨头不断扩大自己的业务，加强自己信息服务的相关性，建立起以自己为核心的生态体系，最大化地优化资源配置，增强其产品的相关性，通过增值服务内容的丰富和优化以吸引客户，提高用户粘性。

（四）大数据有效降低了数字经济消费者的交易成本

在传统经济时代，消费者对商品的选择不仅非常有限，而且交易成本非常高。而在大数据时代，尤其是在电商数据上，例如亚马逊、阿里巴巴等可以监视你的购物习惯，所拥有的数据包括用户浏览购买支付信息、商品信息、店铺信息等，基于电商数据，可以进一步挖掘用户今后可能购买的商品，辅助店铺或者品牌厂商分析其消费者属性、了解消费者需求等，例如淘宝网上"猜你喜欢的宝贝"等网络推荐就属于此类。在搜索数据上，例如谷歌、百度等搜索引擎可以监视你的购物习惯，所拥有的数据包括用户的搜索串和点击行为、web网站数据等，基于搜索数据，可以进一步挖掘用户的实时需求、兴趣爱好和行为规律、当前社会热点、web网站流量等，与社交网站类似，谷歌、百度等通过"前向免费圈数据，后向收费"的商业模式，利用搜索引擎聚集了大量的用户，沉淀了海量的数据，然后通过后向广告获得收入。基于数据价值的信息服务，强调的就是数据本身的价值，利用的是大数据规模性的特点，电商数据和搜索数据等这些数据的本身价值的利用主要集中在定向广告推送方面，掌握大量的客户信息本身对广告商具有极强的吸引力，社交网站和搜索引擎等通过向消费者提供免费的社交服务和搜索服务，进而圈住了大量的免费客户数据，后向定向推动广告获取广告收入，电商数据也是如此，利用自己沉淀的大量销售数据，定向为消费者推送广告获取收入。

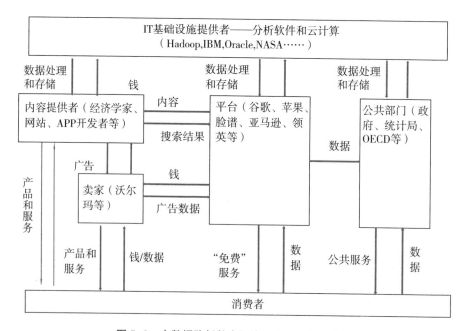

图 5-2　大数据降低数字经济消费者的交易成本

第二节　国外大数据培育数字经济消费发展动向与趋势

一、国外大数据培育数字经济消费发展现状

信息技术的快速发展推动大数据技术水平的不断提升，大数据的发展带动数字经济的快速发展。根据监测统计，2011 年全球数据总量已经达到 0.7ZB（1ZB 等于 1 万亿 GB，0.7ZB 也就相当于 7 亿个 1TB 的移动硬盘），而这个数值还在以每年翻一番的速度增长，2017 年全球的数据总量为 21.6ZN，目前全球数据的增长速度在每年 40% 左右，预计到 2020 年全球的数据总量将达到 40ZB。从全球大数据市场规模来看，预计 2018 年将达到 454 亿美元，2022 年达到 800 亿美元，实现年均 15.37% 的增长。

PC、手机、车载设备等生产或传播数据载体不断增多，全球数据总量中以电子商务为代表的交易数据、以社交网络为代表的交互数据、以移动终端数据为代表的传感数据三类占主导的非结构化类型的数据将占据总数据量的 80%—90%，而这些数据无不与个人、企业有着紧密的联系，通过对这类数据的分析，可以分析消费者的消费偏好、倾向以及预测消费趋势。这些具体的分析则离不开大数据应用和技术水平的不断提升，因此，随着未来大数据解决方案不断成熟，大数据逐渐成为全球 IT 和经济增长的新增长点，这必将推动消费不断增长。具体到软件领域，数据科学工具链、机器学习应用将是最具想象空间的领域。相关数据显示，2016 年全球大数据软件中应用数据库、分析数据库、在线选择、物联网应用、数据科学工具链、机器学习应用的产值分别为 26 亿美元、25 亿美元、17 亿美元、12 亿美元、2 亿美元和 9 亿美元，未来将会有更大的增长空间。在欧盟，适用于计算的企业占的比重也越来越大，以比利时为例，比利时在 2014 年使用云计算技术的企业仅为 21%，到 2017 年，这一比重则增加到 40%。因此，可以预计，这样庞大的大数据发展规模将会带动更大规模的数字经济消费。

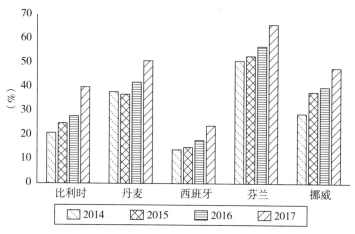

图 5-3　各国使用云计算应用的企业①占比

资料来源：OECD 国家数据库。

2016 年，全球 ICT 服务业出口达到 14212 亿美元。相关数据显示，随着大数据的快速发展，从 2015 年到 2021 年，电子零售占全球零售总额的比重将快速增长，2017 年这一比重为 10.2%，预计 2021 年将达到 17.5%。网上购物是全球最受欢迎的在线活动之一，2017 年全球电子零售额达到 2.3 万亿美元，随着亚太地区大数据及数字技术的迅猛发展，网络零售市场增长更为迅猛②。在欧盟，调查显示，2017 年有 68% 的人口参与到网络购物，在 2007 年这一数据仅为 50%。

在美国，利用电子健康账户作为大数据在医疗健康行业有着非常广泛的应用，可以减少医疗事故、提高诊断率、提高管理和定价效率、促进研发以及获得其他应用成果，这些预计到 2020 年可以形成 3000 亿美元的收益。根据尼尔森发布的美国消费者报告，线上渠道为美国快速消费品市场增长贡献了近 90%，87% 的在线订单是通过送货上门完成的，而不是通过店内或路边提货。从消费结构而言，保健和个人护理产品是

① 这里的企业指的是 10 人以上的企业数。

② https：//www.statista.com/statistics/534123/e-commerce-share-of-retail-sales-worldwide/。

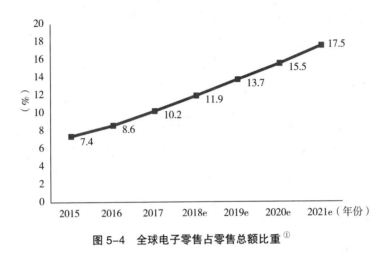

图 5-4　全球电子零售占零售总额比重 [①]

在线购买的最受欢迎的快速消费品，59% 的消费者在网上购买过保健产品，紧随其后的是个人护理产品（57%）和家居产品（51%）。在智能交通出行方面，美国也得到了快速的发展，Uber 数据显示，2017 年 Uber 全美用户达到 40000 万次每月。如果将美国打车市场分为租车、出租车和 Uber，2014 年第一季度，Uber 的市场份额仅为 9%，普通出租车的市场份额则为 52%，而 2015 年第一季度，Uber 的市场份额则增加到 29%，普通出租车市场份额降低到 35%，租车市场则从 39% 下降到 36%。

　　具体到企业而言，大数据及相关技术的迅速发展，使得数字经济消费的平台企业得到快速发展，表 5-1 反映了 1995 年和 2017 年全球 15 大平台公司情况，从 5-1 中不难看出，1995 年到 2017 年平台公司的资产总额不仅翻番，主要产品和服务内容也日新月异，从 1995 年以软件、硬件为主，发展到 2017 年电子商务、电子支付、交通出行、在线预订等各种服务，这反映出大数据和信息技术的快速发展扩大了数字经济消费的外延，使得数字经济消费内容更加多元化，由此才能够诞生出这些不同

　　① https：//www.statista.com/statistics/534123/e-commerce-share-of-retail-sales-worldwide/。

服务内容的企业，同时也使得这些企业的资产总额不断增加，全球最大的 15 家平台公司的资产合计实现了 22 年间增加了 213 倍。

　　沃尔玛每小时可以收集到 2.5 拍字节的数据，通过对这些数据的分析可以提高沃尔玛网上销售收入 10 到 15 个百分点（Dezyre，2015）。沃尔玛搜集的数据主要包括消费者历史购物数据、居住地点、在网站点击及输入的关键词，同时也包括一些社交网络的信息，通过对这些数据进行分析，可以提高产品的预测分析能力、开发新的产品以及提供个性化的推荐等。通过分析顾客的相关数据，沃尔玛实现了营业收入增速从 10% 提高到 15%。

表 5-1　全球 15 大互联网平台企业资产（1995 年，2017 年）

1995	主要产品	资产总额 （十亿美元）	2017	主要产品	资产总额 （十亿美元）
Netscape	软件	5.42	Apple	硬件、软件、服务	801
Apple	硬件	3.92	Google	信息搜寻和其他	680
Axel Springer	媒体、出版	2.32	Amazon	电子商务、服务、媒体	476
RentPath	媒体、租赁	1.56	Facebook	信息、社交	441
Web.com	网络服务	0.98	腾讯	信息、社交、其他	335
PSINet	互联网服务提供商	0.74	阿里巴巴	电子商务、电子支付、其他	314
Netcom On-Line	互联网服务提供商	0.4	Priceline	在线预订服务	92
IAC	媒体	0.33	Uber	交通出行服务	70
Copart	车辆拍卖	0.33	Netflix	媒体	70
Wavo	媒体	0.2	百度中国	信息搜寻服务	66
iStar	互联网服务	0.17	Salesforce	服务	65
Firefox	互联网服务、软件	0.16	Paypal	电子支付	61

1995	主要产品	资产总额 （十亿美元）	2017	主要产品	资产总额 （十亿美元）
Storage Computer Corp	数据存储软件	0.1	蚂蚁金服	电子支付	60
Live Microsystems	硬件和软件	0.09	京东	电子商务	58
iLive	媒体	0.06	滴滴快车	交通出行服务	50
合计		17	合计		3639

资料来源：OECD 国家数据库。

二、国外大数据培育数字经济消费举措

大数据培育数字经济消费的发展首先离不开大数据基础设施、人才、技术和平台等方面的建设，其次需要依托于各市场主体如何在数字经济消费领域利用大数据，这主要依赖于两方面：一方面政府如何制定政策支持大数据培育数字经济消费，另一方面则主要依赖于数字经济消费的供给方和需求方如何主动利用大数据促进数字经济消费发展。

从目前已有研究和相关国家已经采取的措施来看，国外在大数据培育数字经济消费方面主要从大数据基础设施建设、人才培养、技术支持、平台建设等方面着手。具体到各市场主体，对于数字经济消费的供给者而言，主要包括主动适应大数据技术的快速发展，拥抱大数据，将大数据分析应用到本企业的产品和服务商；对于消费者而言，则是主动加入到数字经济消费群体中，这样，供给商可以通过消费者的相关数据进行分析，从而为消费者提供更好的产品和服务。

（一）加强大数据基础设施建设政策及法规

大数据以及数字经济的发展有赖于相关基础设施和服务的建设。基于此，很多国家在促进大数据及数字经济发展的同时不断促进基础设施的完善，在此期间，各国通信和宽带网络之间的基础设施差距不断缩小，

尤其在 OECD 国家之间，各国通信基础设施共享机制不断建立和完善，由此也给各国的监管和政策带来了一定的挑战和影响。因此，各国政府也在出台各种政策措施，保证 ICT 行业的发展，同时鼓励中小企业在 ICT 行业的创新，以此支持和推动大数据的发展，从而促进数字经济消费。

在固定基础通信市场，瑞士于 2017 年通过向公众咨询部分地修订和完善其电信法案，主要包括一是确保不断增强通信市场中消费者的地位，尤其是更好地保护青年群体，二是限制国际漫游费，三是让消费者更加灵活地使用不同的波段，四是减少电信运营商的运营成本，五是提高不同市场主体使用网络基础设施的便利性。英国政府也出台类似的法案保证所有的电信公司如果想要在英国运营，必须保证能够满足英国民众的需求，以此使得消费者的消费更加简单、清晰和透明。欧盟于 2016 年修改了其电信法案——欧洲电子通信规范，旨在提高欧盟各国联网速度和覆盖面，包括提高欧盟电信服务标准、OTT 服务等。为了进一步促进竞争并降低成本，许多国家开始致力于基础设施共享措施。2014 年，欧盟便规定其成员国必须将欧盟宽带成本降低指导意见变为国家法律。

在移动通信市场，OECD 国家继续放开其 700 兆频宽带，智利于 2016 年 5 月份开通了商业 LTE（一种高速移动通信标准）频段，获得频谱许可证的三家运营商必须能够覆盖 1281 个地方以及 820 公里长的 13 条高速公路，2017 年澳大利亚在 700 兆频宽带的基础上额外多拍卖了 30 兆频宽带。芬兰也于 2016 年 11 月份进行了 700 兆频宽带的拍卖，墨西哥在 4G 移动批发接入网络的背景下授权了 700 兆频宽带，这种网络在经历商业化运营之后能够随时更新技术适应新的市场需求，包括 5G。英国政府计划在 2022 年全国接入 700 兆频宽带网络，欧盟则计划在 2020 年实现 700 兆频宽带的无线网络正式投入使用。

信息技术的快速发展使得电信和广播之间的界限变得越来越模糊，很多即时互联网平台同时提供音频和视频内容，但是大多数的国家在这方面并没有相关的法律或者政策进行规制。因此，为了保护消费者，促进数字经济消费，欧盟委员会于 2016 年 5 月份修订了欧洲视听和媒体服务相关法令。

在 ICT 领域，大部分 OECD 国家均采取各种政策措施支持信息通信领域基础设施建设及创新，这些措施通常包括税收鼓励、贷款支持、研发补贴、出口补贴、区块链补贴、教育培训项目等。在支持 ICT 行业发展得最为广泛的政策措施是补贴，包括对 ICT 基础设施投入或者研发投入的支持、鼓励企业出口的补贴等。澳大利亚、墨西哥和土耳其等国家均有这方面的补贴，以鼓励中小企业在 ICT 领域热点问题的研究或者相关应用的研究。政府支持的培训项目也非常常见，这些项目用以鼓励在 ICT 领域的专家进行相关的研究，从而促进创新，支持大数据培育数字经济消费的发展。例如，英国政府会为 ICT 行业的销售部门提供相关的学习材料以帮助这些部门提高销售技巧。

另外还有很多国家通过鼓励孵化 ICT 相关企业，加拿大政府投入 8000 万美元鼓励 ICT 领域的孵化器和加速器建设，立陶宛和挪威成立了相关的项目来保证中小企业在初创阶段的资金，捷克、法国、意大利、拉脱维亚和墨西哥则为相关企业提供无息或者低息贷款。

在税收支持大数据基础设施建设方面，巴西对用于建设宽带基础设施融资的贷款提供减税优惠。意大利则提供相应的税收减免。

所有上述举措都在很大程度上促进大数据基础设施建设，在促进大数据技术和产业发展的同时，也为大数据支持数字经济消费发展提供了坚实的物质保障。以英国为例，英国的互联网使用率从 2000 年的 26.8% 增加到 2016 年的 94.8%。互联网使用率的提升离不开大数据基础设施建设的快速发展，这又为数字经济消费的快速发展奠定了基础，2017 年，英国有 88% 的人口使用过互联网购物，而且这其中有超过 52% 的消费者使用移动户手机购物，2015 年至 2016 年，英国线上消费数额上涨了 28%，其中 23% 的服装消费，61% 的电影、剧院、演出等方面的消费和 67% 的演唱会门票消费都是在线上完成的。另外，旅行中每 10 英镑消费就有 1 英镑是在线上支付，54% 的机票是在线购买的。

（二）提高大数据和数字经济的应用及技能

很多国家，尤其是发达国家，通过鼓励个人、企业和政府夯实信息通信技术的技能而不断提高大数据培育数字经济消费的能力。对于企业而言，信息通信技术的使用能够使得其业务与全球价值链相联系，同时也能够为其产品在全球销售提供一个平台，这能够使得企业的规模迅速扩大。另外，在很多农村地区，实体店的交易成本会远远大于城市，此时，通过互联网平台，企业能够将其产品销售到更为广阔的农村地区，减少其产品销售的障碍。

很多国家的政府部门通过电子政务、培训项目和补贴提高市场主体使用信息通信技术的能力和范围。在电子政务方面，很多国家通过电子 ID 和电子授权等服务形式为个人和企业提供服务，韩国甚至将其政府网站设置为多国语言以为在其境内居住的外国居民提供便利。在提高企业信息通信技术使用和技能方面，政府提供无纸化办公和一站式服务，以此减少管理企业的行政成本。为提高数据利用率，政府还提供开放的数据平台，政府对相关数据实时更新，使用者可以非常方便地使用这些数据。例如，在捷克有电子图书馆，居民和企业可以非常方便地在网上查询相应的政策文件、监督相关的评论以及保障数据存储安全。大约有 60% 的国家能够实现不同政府部门之间的信息和数据共享。

通过制定政策鼓励提高居民的信息通信技能和数字技能是大多数国家采取的政策措施，尤其是鼓励那些数字素养较低的人群提高数字技能、使用信息通信技术。例如巴西和以色列提供培训以提高低收入家庭和个人的数字技能，拉脱维亚政府从 2014 年便开始实施类似的政策，到 2020 年，拉政府总计实施 10 亿欧元的培训项目，新加坡政府则实施一项名为"使用 IT"的政策，旨在帮助那些不会使用电脑技术的个人使用信息通信服务。除此之外，很多国家的政府还经常举办各种活动以提高个人使用数字化产品、在线服务和信息通信工具。三分之二的通过使用财政手段支持不擅长使用信息通信技术的政策通常都是旨在帮助那些偏远地区或者农村地区的居民能够使用互联网技术等。智利政府则制定相关的政策支持那些残疾人士或者不能够使用信息通信技术的学生通过各种方式使用信息通信技术。这些政策措施包括提供技术和数字化的资料。葡萄牙政府最近出台的 INCODE2030 旨在提高居民的数字化技能，包括五方面的措施——包容、教育、认证、专业和研究，这些措施可以帮助任何受教育水平的个人提高数字化水平，包括大数据、IoT、区块链、人工智能等方面的技能。

在鼓励企业使用信息通信技术方面，大多数国家采用财政措施，包括税收抵免、财政补贴等。例如，2017 年有 83% 的 OECD 国家实施 ICT 行业研究开发费用的税收抵免，日本则针对那些进行数字化投资的企业实行税收激励政策。与此同时，新加坡政府则指出，对于那些在 ICT 行业进行创新投入的企业最高可以减免其在这方面支出的四倍的税收。针对企业的非财政措施则主要为培训，有超过一半的 OECD 国家通过企业服务数字化、电子商务或者数字化媒体等方面的培训对企业进行鼓励，德国在 2014 年推出了一项名为"可信云计算"的培训项目，制造帮助小微企业更好地理解云计算并且鼓励企业将云计算运用到公司的经营中。瑞士则为企业提供信息基础设施、信息安全、电子商务等方面的培训，从而通过这样一系列的培训提高企业利用大数据促进数字经济消费的能力。

一方面，信息通信技术的使用在降低交易成本、拓展交易范围、生产更多个性化的产品、增强客户黏性，同时还能够提高供应链管理，从而促进数字经济消费，最终带动经济增长。另一方面，相关研究还表明，使用信息通信技术的企业创新能力更强，60% 的创新性公司会雇用软件开发的员工，40% 的创新性公司会雇用数据分析师和数据库管理师，而对于非创新性企业而言，这一数据仅为 30% 和 20%，创新性公司将会通过雇用的这些员工进行数据分析，利用大数据分析提高竞争力。因此，通过增加信息通信技术的应用和技能的提升，将会在很大程度上提高大数据培育数字经济的能力。数据显示，欧盟数字经济专家从 2008 年的 628 万人增加到 2017 年的 838.5 万人，十年增长了 33.5%，而使用过 B2C 平台的企业占比从 2013 年的 10% 增加到 2017 年的 13%。

（三）大数据技术应用创新

大数据技术应用的不断创新使得大数据分析、云计算和物联网之间的联系越来越密切，这三者之间的紧密联系使得很多新的应用不断出现，如 3D 打印、人工智能、机器人等，从而促进数字经济消费的提高。

在这方面，很多国家也采取了不少政策措施，包括将本国传统文化数字化使得人们可以在网上获取相关信息、允许传统媒体行业建立独立的数字化平台、建立线上图书馆、建立统一的物联网标准平台等。与此同时，在线医疗支持政策也有了长足的进步，包括提供相关研究支持、健康数据平台的建设等。

这些创新支持政策中，最为常见的是为相关创新性企业提供更为便捷的金融支持，德国在这方面已经走了很长一段时间，例如德国经济事务和能源部有时候会和欧洲投资基金合作，开发了一系列的政策资金支持以帮助数字经济创新型企业，企业在各个成长阶段都能够获得相应的融资支持，这些支持的预算接近 40 亿美元。丹麦政府则建立了创新网络，这些创新网络能够使得相关企业获得数字经济和大数据方面最新的研究成果，同时也能够了解到相关领域专家的最近研究动态，每一个网络都能够得到政府接近 200 万美元的资金支持，截至 2017 年，已经有 7522 家公司参与到创新网络中来，其中有 5348 家企业属于人数不足 50 人的小微型企业。2017 年，瑞士政府为 ICT 相关企业提供至少 3000 万美元的创新项目资金支持，这其中至少 40% 为初创企业。哥伦比亚政府在支持大数据分析方面与 MIT 签署了战略合作协议，旨在提高本国的大数据分析能力。

在大数据应用方面，比利时政府的"Infotelligence"政策旨在鼓励传统的媒体行业不断更新技术水平，通过建立自己的数字化平台发展新媒体等，同时利用大数据分析和 AI 技术不断了解和满足消费者的需求。哥伦比亚的 Apps.co 可以帮助那些好的想法投入到商业应用领域，包括为残疾人士开发的游戏和软件等，截至 2017 年，总共支持了 84 个项目，总投入大约为 350 万美元，有效地促进了本国数字经济消费的发展。以色列的"Campus"则是一个开放的线上教育平台，该平台可以为高中生、低收入群体以及政府官员提供网络教育，并且计划将相关受益群体从 2017 年的 10 万—20 万规模提高到 150 万。葡萄牙政府则建立网上图书馆，为研究人员提供永久的电子书服务。另外还有很多政府制定了相关的政策只是线上医疗平台的建设，巴西政府建立了全国统一的医疗保障卡，通过统一的医疗保障卡建立统一的电子病历。在零售领域，大数据已经在销售指标分析、销售量预测、财务分析、商品结构分析、顾客细分、供应商分析、人员分析以及客户维系挽留方面得到了广泛的应用。例如，英国著名的大型连锁超市 Texco 在其营销系统内通过顾客的购物内容、刷卡金额等消费明细数据和利用调查问卷、客服回访等售后服务行为对每一位顾客的相关购物信息进行数据采集和整理加工。然后借助计算机和相关数学模型，对所获得的海量数据进行分析，推测顾客的消费习惯和潜在需求等内容。这样经营者就可以通过这些数据分析可能的商业卖点，针对不同顾客进行不同的推荐服务，并有的放矢开展营销活动。这样的数据应用模式已经在众多电子商务公司得到广泛应用。大众与其德国零售商达成了一项协议，将顾客的虚拟和实体购物体验无缝结合起来，利用大数据，在数字汽车展区和传统实体展区共吸引顾客，这样顾客不必费心去其他地方满足自己的各种需求，无论是购买、租赁还是共享汽车、购买保险、安排融资，或者只是更换汽车零件和汽车维护的需求，都可以一站式满足。然而，该"生态系统"的先决条件是通过数字足迹获取客户数据和偏好。

　　在其他方面，法国政府近期出台了相关的政策旨在规范互联网平台运营商的行为规范，保护消费者的私人数据，芬兰政府于 2017 年出台相关的政策措施促进交通部门联网，包括出租车市场，以此提高智能交通水平，日本政府则鼓励公共部门和私营部门建立数据共享机制，从而更好地支持大数据对数字经济消费的培育。

所有这些政策措施无疑均对大数据支持数字经济消费起到了重大的促进作用。

（四）强化个人信息安全保障

发达国家着力通过立法强制对个人信息安全进行保护，以降低个人隐私泄露风险，增强人们对数字经济消费的接受度。

目前全球已有近 90 个国家和地区制定了保护个人信息的法律。欧盟从 1995 年通过《数据保护指令》以来，不断完善法律法规，加强对个人隐私数据的保护。从 2002 年的《隐私与电子通讯指令》到 2009 年的《欧洲信息缓存指令》，都是保护个人隐私的监管规定。

2016 年 4 月，欧洲议会通过《一般数据保护条例》，以欧盟法规形式确定对个人数据的保护原则和监管方式，已经于 2018 年 5 月开始实施。英国、法国、德国、爱尔兰、荷兰等国家也纷纷出台要求电信运营商和互联网企业进行数据留存的法规。2016 年 10 月 27 日，美国联邦通信委员会（FCC）批准了一项消费者隐私保护规则，要求宽带服务提供商在使用消费者的网络搜索、软件使用、位置信息和其他与个人信息相关的数据之前必须征得用户同意。另外，2016 年 8 月 1 日，美国和欧盟签署的"隐私盾"协议正式生效，替代以前的"安全港"协议，提高了个人数据保护水平。

欧盟于 2018 年 5 月通过了《通用数据保护条例》以保护欧盟公民免受隐私和数据泄露的影响，该条例规定网络网站经营者必须事先向客户说明会自动记录客户的搜索和购物记录，并获得用户的同意，否则按"未告知记录用户行为"作违法处理，同时，企业不能使用模糊、难以理解的语言或者冗长的隐私政策来从用户处获取数据使用许可。2018 年 6 月，美国加州出台了《2018 加州消费者隐私法案》，加大消费者对个人数据的处置权，依据法案，如果企业掌握达到或超过 5 万名消费者的数据，消费者有权知道企业收集哪些个人数据、收集数据的目的、哪一类第三方获得这些数据；消费者有权要求企业删除这些数据，或是拒绝企业把自己的数据出售给第三方；企业可以向消费者提供折扣，以换取他们对企业出售这些数据的许可。这在很大程度上保护了消费者的数据隐私，从而能够在一定程度上促进数字经济消费的发展。

三、大数据培育数字经济消费趋势

未来，大数据和数字经济消费领域还将会以惊人的速度发展。

在大数据领域，第一，开源大数据商业化进一步深化。随着闭源软件在数据分析领域的地盘不断缩小，老牌 IT 厂商正在改变商业模式，向开源靠拢，并加大专业服务和系统集成方面的力度，帮助客户向开源的、面向云的分析产品迁移，主要是 Hadoop 技术将加速发展。第二，打包的大数据行业分析应用开拓新市场，随着大数据逐渐走向各个行业，基于行业的大数据分析应用需求也日益增长。未来几年针对特定行业和业务流程的分析应用将会以预打包的形式出现，这将为大数据技术供应商打开新的市场。第三，大数据细分市场规模进一步增大。大数据相关技术的发展，将会创造出一些新的细分市场。例如，以数据分析和处理为主的高级数据服务、基于社交网络的社交大数据分析等。第四，大数据推动公司并购的规模和数量进一步提升。因此，在未来几年中，大型 IT 厂商将为了完善自己的大数据产品线进行并购，首先涉及的将是信息管理分析软件厂商、预测分析和数据展现厂商等。第五，大数据分析的革命性方法出现。大数据分析将出现革命性的新方法，从前的很多算法和基础理论可能会产生理论级别的突破。机器学习继续成为大数据智能分析的核心技术；人工智能和脑科学相结合，成为大数据分析领域的热点。金融、互联网电子商务、健康医疗、城镇化智慧城市领域的应用令人瞩目。第六，大数据与云计算将深度融合。云计算为大数据提供弹性可扩展的基础设施支撑环境以及数据服务的高效模式，大数据则为云计算提供新的商业价值，大数据技术与云计算技术必有更完美的结合。第七，大数据一体机将陆续发布。在未来几年里，数据仓库一体机、NoSQL一体机以及其他一些将多种技术结合的一体化设备将进一步快速发展。

在数字经济消费领域，跨界和零售业态的融合使得零售的边界变得更加模糊，无边界、全时态、全渠道消费必将成为未来的趋势，大数据赋能、人工智能技术的应用以及场景革命都将推动数字经济消费不断发展和进步。首先，未来的数字经济消费会更加注重对消费的分析，让消费者成为消费的中心，围绕消费者构建的产业链能够让消费者得到更多的体验和服务，同时获取更多价值及流量数据；其次，企业对数据的需求与重视都是不同以往地重要，人工智能、区块链、云计算、大数据、物联网已经越来越成为数字经济消费发展的技术支撑和必要条件；最后，未来的消费必将实现全供应链数字化，提高经济效率。

这些不断出现的新的趋势也给国内外大数据培育数字经济消费的政策制定提出一定的挑战。各国政府必将制定更加全面和深入的大数据培育数字经济消费的相关监管政策和法律法规，构建面向未来的数字经济制度体系。

第三节　我国大数据培育数字经济消费发展现状与问题

一、发展现状

（一）大数据推动数字经济消费规模不断扩大

在我国，随着大数据应用领域的不断推广，其对数字经济消费的促进作用也越来越大。这主要得益于大数据基础设施的不断完善和发展，而大数据基础设施的不断完善和发展则有赖于信息通信技术的不断发展。数据显示，我国信息化发展水平不断提高，固定宽带普及率从2015年的

19.8% 提升到 2016 年的 22.9%，移动宽带普及率则从 2015 年的 55.5%
提升到 2016 年的 66.8%，人均国际出口带宽翻番。同时，我国高度重
视宽带网络建设，国家宽带战略的实施推动光纤市场的快速发展，2017
年，我国光纤化进程基本完成，固定宽带用户达到 3.48 亿户，光纤用户
占比达到 84.3%，全年提升 7.7 个百分点，超过日本和韩国，位居世界第
一。就农村宽带网络建设而言，2017 年，我国行政村通宽带普及率达到
97.1%，光纤普及率达到 89.6%，比 2016 年底提升了 6.1 个百分点。国际
网络和通达范围加速扩大，2017 年 6 月，由中国联通于 2012 年发起并主
导建设的 AAE-1 海缆系统大部分投入商用。同时，我国积极加强国际合
作，继续发挥中国—东盟、中欧、中俄等双边和多边电信高级协商对话
和交流合作机制的作用。

　　所有这些基础设施的普及和发展均为我国大数据培育数字经济消费
奠定了坚实的物质基础。2015 年，我国大数据市场规模为 1692 亿元，占
全球大数据市场总规模的 20.3%，预计 2020 年我国大数据市场规模接近
13625 亿元。而大数据市场的快速发展也带动了数字经济消费的迅猛增长。
2017 年，我国信息通信领域消费规模达到 4.5 万亿元，占最终消费支出
比重 10%，其中信息通信服务业收入规模接近 3 万亿元，同比增长 23%，
较上年提升 1 个百分点。预计 2020 年，信息通信领域的消费将会达到 6
万亿元，实现年均增长 11% 以上，而信息技术在消费领域的带动作用则
会愈加显著，拉动相关领域产出可达到 15 万亿元。

　　大数据还推动重点领域数字经济消费实现爆发式增长。

　　2016 年，我国在线医疗市场规模达 223 亿元，在线医疗行业市场规
模增速保持平稳，预期市场增速将维持在 40% 左右，行业已经由快速
发展进入到稳定发展阶段，而这样的快速发展与大数据在医疗行业的广
泛引用密不可分。iUsertracker&mUsertracker 数据监测显示，2016 年 10
月 APP 端月度有效浏览时间是 PC 端的 10.3 倍。说明在线医疗行业移动
App 端用户粘性更高，其主要原因有：1）移动端具有非常强的灵活性，

能够满足用户随时随地的健康需求；2）大多数健康管理服务通过移动端提供，如运动、女性、问诊类，因此推高了在线医疗整体 APP 端月度有效浏览时间。同时，用户习惯的移动端化，也提升了在线医疗营销收入的移动端比例。

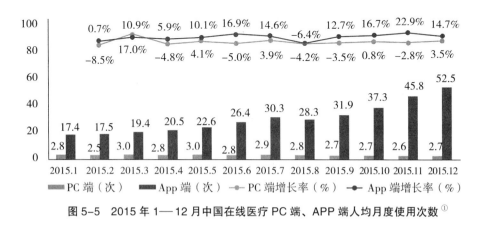

图 5-5　2015 年 1—12 月中国在线医疗 PC 端、APP 端人均月度使用次数 ①

　　在线教育规模则更为庞大，我国在线教育 / 手机在线教育使用率（占网民比重）已经达到 19.2%，截至 2017 年上半年，在线教育用户规模达到 14426 万人，其中手机在线教育规模达到 11990 万人，2016 年，在线教育行业市场规模已达到 1579.4 亿元。大数据的快速发展为在线教育提供了坚实的保障，一方面，大数据的深度挖掘激发了颠覆性的变革，比如，当课程后台大数据显示，在课程进行到某一时段时，有超过一半的学员做出了暂停或回放的动作，那么课程开发人员就可以了解课程的难点所在，有针对性地优化教学内容。

　　在共享经济领域，相关数据显示，2016 年中国共享经济市场规模达到 39450 亿元，用户规模相比 2015 年呈 7 倍增长，市场规模增长率为 76.4%。共享经济的快速发展无疑是大数据发展的结果。

　　　① 数据来源于艾瑞咨询。

　　在网络购物领域，2017 年，网络购物增长了 36.2%，成为推动电子商务市场发展的重要力量。网络购物的快速发展一方面得益于大数据技术水平的提高使得线上线下融合力得到进一步提升，另一方面则得益于大数据创新带来的新的消费场景的改变从而刺激消费增长。

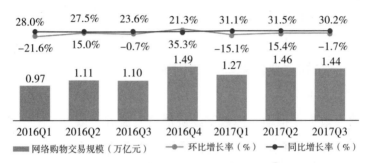

图 5-6　我国网络购物市场交易规模[①]

　　2017 年，在线旅游增长 39.9%，其中 PC 端流量趋于稳定，移动端总体仍呈现出较大规模的增长趋势，年复合增长率达到 32.1%。这与大数据基础设施和技术水平的不断提升存在密切的关系。

　　（二）大数据推动数字经济消费领域不断扩张

　　大数据时代下，数字经济消费领域不断扩张。相关数据显示，目前中国有 9.2 亿的活跃移动互联网用户，7.07 亿的活跃微信用户，2.72 亿的活跃支付宝用户以及 5900 万的活跃滴滴打车用户，从社交、搜索到消费支付的数字化全覆盖趋势正在不断蔓延。数字经济消费已经随着大数据的不断发展而得以实现领域和边界的不断扩张。从传统的电子商务发展到现在覆盖生活的方方面面，如生活类数字经济消费，包括满足人民群众生活需求的各类便民惠民服务新业态，面向文化娱乐的数字创意内容和服务、面向便捷出行的交通旅游服务，公共服务类数字经济消费，如

　　① 来源于艾瑞咨询。

在线医疗、在线教育服务等，同时还包括行业类信息消费，如面向数字经济消费全过程的网络支付、现代物流、供应链管理等支撑服务，面向信息技术应用的综合系统集成服务等。

未来的交通分享将进一步扩展围堵并延伸服务链，开展停车、加油、洗车、保养、保险等方面的衍生服务，进行更多跨界合作与创新，更好地促进大数据与共享经济的协同发展。

二、存在的主要问题与制约因素

（一）制度障碍

虽然大数据在推动我国数字经济消费发展方面取得了一定的成效，但是依然面临很多制度障碍，这主要包括数字经济消费新模式、新业态市场准入障碍，数字经济消费环境存在诸多安全隐患，信用体系建设不健全，个人信息安全和知识产权保护不规范等。市场准入方面的制度障碍主要表现为新消费领域市场准入门槛混乱，没有统一的标准，导致行业发展鱼龙混杂，目前还未出台相关的法律法规进行规范统一。针对消费者的数据隐私问题也存在诸多制度障碍，目前没有统一的法律规范对消费者数据归属问题进行界定，这就导致存在很多安全隐患。同时，大数据代表了一系列的伦理考虑，其围绕隐私、知情同意、对伤害的保护涉及一系列的更为广泛的问题。通过大数据搜集的一系列消费者信息无疑涉及消费者的隐私，采用什么样的数据应该被用来利用和分析，以及应该使用什么手段进行分析，所有这些都需要慎重考虑，但这些问题在消费者领域却很少被提及。值得一提的是，当企业用数据挖掘和数据分析获取商业价值的时候，黑客也可以利用大数据分析向企业发起攻击，同时社交网站的隐私数据也可能被不法商家利用等，这都给数据安全带来了巨大的挑战。

（二）技术障碍

随着越来越多的用户进入数字经济消费领域，这将产生越来越多的数据，如何将这些数据快速有效地转化为数字经济消费领域的增长点，促进消费者的消费将会是大数据培育数字经济消费面临的一大问题。这就涉及两方面的问题，一方面，数据是否足够丰富和开放，丰富的数据源是大数据促进信息消费发展的前提，而我国数字化的资源总量远远低于美欧，每年新增的数据量仅为美国的7%，欧洲的12%，就已有的有限数据资源来说，还存在标准化、准确性和完整性地以及利用价值不高等情况，这大大降低了数据的价值，同时，我国政府、企业和行业信息化系统建设往往缺少统一规划和科学论证，系统之间缺乏统一的标准，形成了众多的"信息孤岛"，而且受行业垄断和商业利益所限，数据开放程度也较低，这给数据利用造成了极大的障碍。以医疗行业为例，我国医疗行业信息化建设尚未完成，我国医疗信息化于2003年开始发展，发展至今各地已经开始建立探索区域信息平台、以电子档案为核心、发展远程医疗等，但由于技术以及信息安全等因素，系统互联贡献难度较大，最为明显的是不同医院使用的信息系统是不一样的，这就导致A医院采集到的患者的信息在B医院病不能顺利地应用。另一方面，我们是否掌握强大的数据分析工具，要以低成本和可扩展的方式处理大数据，这就需要对整个IT架构进行重构，开发先进的软件平台和算法，在这方面，国外又一次走在了我们前面，特别是近年来以开源模式发展起来的Hadoop等大数据处理软件平台及其相关产业已经在美国初步形成，我国大数据产业虽然与国际大数据发展几近步伐相同，但是仍然存在技术及应用滞后的差距，在大数据相关的数据库及数据挖掘等技术领域，处于支配地位的领军企业均为国外企业。我国数据处理技术基础薄弱，总体上以跟随为主，难以满足大数据大规模应用的需求，如果把大数据比作石油，那数据分析工具就是勘探、钻井、提炼、加工的技术。必须掌握大数据关键技术，才能将资源转化为价值，才能够从大量的消费者信息中提取有用的数据，从而为促进信息消费提供良好的基础。

第四节　我国大数据培育数字经济消费的战略任务

一、破除大数据培育数字经济消费的体制机制障碍

（一）加强立法监督，确保大数据在数字经济消费领域的充分应用

针对当前存在的很多机构对消费者大数据仅提供对其有利的数据而刻意隐瞒很多有用的数据这一问题，应加强立法监督，破除这一阻碍大数据促进数字经济消费的障碍。

（二）加强信息安全保障

在数据为王的时代，最重要的就是需要保护消费者个人信息安全，这就要求首先政府加强立法，保护个人隐私安全，可以借鉴他国立法经验以及各国政府之间的合作，共同保护信息安全。其次，需要消费者个人提高安全意识，保护个人数据安全事关互联网厂商和用户双方，涉及个人最重要数据传输，如果个人对一些涉及个人信息的软件等没有把握，应该慎用。

（三）构建多元化的市场监管体系

在治理主体上，构建更加多元化、扁平化、专业化的治理结构，充分发挥中间组织、平台企业、媒体、消费者等主体的作用。例如在构建信用体系方面，长期以来进展不快。但电商平台借助技术和创新，在平台内部构建起信用体系，并外溢到其他社会应用，真正使信用成为有价值、可资本化的商业资源，有效降低信息不对称，促进交易从熟人市场向陌生人市场，从区域市场到全国统一市场的拓展。

在治理目标上，从侧重管理商品转向管理各主体的行为，重点要加强对安全和环保的监管。例如面对未来大量出现的小批量、个性化的创新产品，标准完善往往滞后于创新实践。如果所有小众产品都要制定标准并通过认证，将带来极高的成本，这就需要抓重点产品、抓关键标准，实现监管思路的创新。

在治理方式上，通过体制机制创新，从依赖行政手段，转向行政、法律、技术等手段并举，从事前监管转向事中事后监管，从单一部门执

法转向多部门综合协同执法，从区域市场管理转向全国统一市场乃至国际市场管理。

在监管内容上，更加体现商品和服务并重，关注线上线下公平竞争市场规则。同时，面对难以穷尽的创新产品、瞬息万变的市场需求，应进一步扩大负面清单管理。

二、克服大数据培育数字经济消费的技术障碍

（一）加强数字终端和基础设施建设

数字终端和基础设施建设能够为大数据的发展奠定技术基础，进而能够为培育数字经济消费奠定基础，因此，需要全面提升网络服务能力，进一步优化数据中心的区域布局，推动全国一体化的大数据中心建设，提高大数据培育数字经济消费的效率。

（二）提升消费者数字素养

大数据时代，没有人能够独善其身，但是我国消费者数字素养存在东部高、西部低，城市高、乡村慢以及脑体劳动差异等特点，这就需要不断提升消费者的数字素养，缩小数字鸿沟，推动数字经济消费的全国均衡发展。

（三）增强消费体验

大数据可以通过收集和处理消费者的各种信息，为消费者提供个性化、定制化的消费产品和服务，因而可以通过不断提升大数据的处理能力，不断增强消费者的体验。组织开展"信息消费城市行"，通过政策解读、展览展示、互动体验、现场参观等形式，扩大信息消费影响力。支持各地组织信息消费体验周、建设信息消费体验馆等各种活动，积极运用虚拟／增强现实、交互娱乐等技术，深化用户在应用场景定制、产品功能设计、数字内容提供等方面的协同参与，提高消费者满意度，丰富信息消费体验，培养信息消费习惯。

三、加快企业和市场使用大数据的步伐，优化数字经济消费环境

目前我国仅有少部分企业能够在推动数字经济消费方面充分利用大数据，因此，我们应该鼓励企业加大数字化投入，积极开展数字经济立法，不断优化数字经济消费环境。

支持企业推广面向低收入人群的经济适用的智能手机、数字电视等信息终端设备，开发面向老年人的健康管理类智能可穿戴设备。推介适合农村及偏远地区的移动应用软件和移动智能终端。构建面向新型农业经营主体的生产和学习交流平台。推动民族语言软件研发，减少少数民族使用移动智能终端和获取信息服务的障碍。鼓励各地采用多种方式促进信息终端普及。

实施消费者信息技能提升工程，选择部分地区开展100个以上信息技能培训项目，通过多种方式开展宣传引导活动，面向各类消费主体特别是信息知识相对薄弱的农牧民、老年人等群体，普及信息应用、网络支付、风险甄别等相关知识。组织开展信息类职业技能大赛，鼓励企业、行业协会等社会力量开展信息技能培训。

对于企业而言，应该构建新的生态系统来连接消费者。混合体验的背后是迅速发展的硬件、软件、连接性和内容提供商共同组成的生态系统。随着对融合数字物理体验的聚焦加深，我们需要有新的生态系统来提供有吸引力的解决方案。无论移动设备与固定设备之间的合作关系、跨平台的数据共享，还是依托与独特的供应商的合作，动态的生态系统将构成差异化的基础。把消费者置于OTT体验的核心位置，重新制定OTT商业模式，把消费者置于在线视频体验的中心位置。这样一来，视频服务提供商可以通过如下的商业模式来增加收入：新的聚合服务、灵活的捆绑、精准广告投放的分层订阅访问模式，以及把OTT作为传统付费电视的竞争对手。

第五节 大力实施数字消费便利化工程

一、数字消费鸿沟跨越工程

提高数字消费弱势群体数字技能。对于老人、儿童、残疾人等数字经济消费弱势群体，提高其数字技能。鼓励社区定期举办"老年人电脑培训班""老年人手机培训班"等，促进老年群体对数字消费和数字环境的认知，共享网络资源。鼓励社会、企业对于数字技能较低的群体给予一定的包容度，超市、商场、购物中心等可设置老年人、残疾人专用移动终端付款设备，为他们提供专门的服务人员。

推进研发细分群体的移动终端设备。这需要信息通信企业承担起社会责任，消除隐性数字鸿沟，终端厂商可以专门研发适用于老年人的智能手机，增加屏幕大、声音大、系统简洁等特性，还可以研发专门适用于视力障碍、听力障碍人群的终端，如导盲眼镜、机器人助理。软件厂商可以专门研发适用于儿童学习、老人生活的应用，提升学习效率、增强信息安全、方便日常生活，并且加强线下推广。支持企业推广面向低收入人群的经济适用的智能手机、数字电视等信息终端设备。推广适合农村及偏远地区的移动应用软件和移动智能终端。推动适合少数民族地区适用的移动智能终端和获取信息服务的产品。

避免公共服务领域中因数据（信息）差距而放大的各种不平等现象。开发适用性高、适宜性好的互联网服务产品，尤其要简化公共服务产品（如订票、挂号、手机银行等平台）的信息流程，把用户体验放在第一位。支持数字消费和服务供给企业以用户为中心提供针对不同群体的人机交互方式，打破企业与最终用户之间的信息壁垒。探索建立"数字消费平台用户体验评价体系"，支持和鼓励第三方平台发布"数字消费平台用户评价体系"报告。

推进数字消费公共服务均等化建设。数字消费离不开与之相关的公共服务，如网络基础设施建设、物流、信贷、售后服务等环节，应加快偏远落后地区网络基础设施建设，建立标准化、信息化的现代物流服务体系，提高物流运行效率、降低物流成本。鼓励金融机构开发更多适合农村和偏远地区数字消费的金融产品和服务，推广小额、快捷、偏远的小微支付方式，降低这些地区数字消费的金融服务成本。

二、数字消费环境净化工程

引导数字消费平台服务向规范化和标准化方向发展。要强化数字消费平台的主体法律责任意识。明确网络平台率先承担侵权与危害的赔偿责任机制，建立起网络平台对商业卖家的追溯机制，建立数字消费平台黑名单制度，常规及时性地向消费者推送黑名单资讯的同时，将黑名单长年与固定地悬挂于平台首页。严厉打击假冒伪劣产品销售平台，鼓励与积极支持制造业企业进驻数字消费平台，或者与后者合作进行自身专业厂商供应平台的开发，构筑无缝式的 B2B 生态。要配合大数据环境，建立相应的失实、失信、失察惩戒机制。构建面向数字消费者的数字产品企业信用体系，规范平台企业市场行为，营造公平诚信的数字消费市场环境。

鼓励平台机构提供有益于民生的服务产品，增强对数字消费平台产品的了解。可给予优惠政策支持和奖励，同时也可通过搭建智能化消费品平台以及建设第三方智能服务体系，推动消费产品开发以及定制适配与生产能力的提升，加快电子产品智能化升级步伐，在提升手机、计算机等传统终端产品性能与质量的同时，通过税收优惠与消费补贴推进智能可穿戴设备、虚拟 / 增强现实、超高清视频等产品的研发与应用普及率，让消费者在做出购买决策之前能够对产品有更为真切的了解。

增强数字消费者主体责任意识。建立与畅通消费者举报机制，鼓励消费者在遭遇数字消费侵权行为时主动维护自身权益。全面整治与矫正互联网企业的服务行为，特别对于恶意侵害消费者维权的犯罪行为，要追溯至互联网运营商与平台商家，并给予严厉的经济处罚与法律制裁。

同时也要加强消费者保护意识。组织开展数字消费法律强化活动，普及网络支付风险甄别的相关知识。

三、数字消费产品普及与多样化工程

扩大数字消费产品普及与覆盖面。支持地方政府和企业开展数字消费城市行、乡村行、体验周等各类活动，提高消费者的参与感和体验感，扩大数字消费的覆盖范围和影响力。遴选出一批发展前景好、示范效应强的项目，积极争取财政政策支持，营造良好数字产品普及环境的同时，提高覆盖面，增强便利性。

强化数字消费产品的多样化。支持开展与筹划数字消费产品创业创新设计赛，进一步激发数字产品的开发的多样化，推动内容创新、受众创新、产品创新和传播创新，整合产学研用各界资源，促进业界小刘协作，持续推动数字消费产品的创新。加快关键急需标准制定，推动完善相关标准体系框架建设，引导企业提升技术水平和服务能力，发展"平台 + 生态""线上 + 线下""产品 + 应用"等的服务模式，增加中高端数字消费产品服务供给的同时，也要适当增加中低端产品的供给。

提高相关领域数字消费产品质量。推动在线开放教育资源平台建设和移动教育应用软件研究，加强在线医疗服务，推广在线家庭诊疗、健康监护等智能设备研发，鼓励菜单化、一键式健康管理体系应用。提高数字创意产品质量，支持健康、积极、有益的网络文化产品推广。

第六章　大数据时代的互联网金融发展与创新

　　以大数据为代表的现代信息技术和互联网技术发展推动了互联网金融以超线性的速度发展创新，不断革新金融业的边界。大数据的应用使普惠金融实践成为可能，显著提升了金融竞争力，将金融服务无界限触达至更多场景，技术赋能金融服务使其更具广度、深度和温度。但仍需看到，大数据时代互联网金融要想进一步发展，必须解决横亘在面前的包括个人隐私和数据安全以及数据开放问题、技术应用风险防范问题、金融稳定和有效监管等问题。要秉持"风险为本、科技中立"的监管原则，在风险为本的大前提下，支持和拥抱科技和创新，为人们带来更大的方便、效率和安全。在行业发展上，未来要以合规和创新为方向，作为行业管理和监管部门以及立法执法部门，要加强顶层设计、把握好发展的大方向，加速相关立法、加强数据安全保护和投资者保护；作为行业自身，要加强自律、构建立体、有效、完善的信用评价机制；作为互联网金融企业，要坚持差异化竞争、创新发展。

　　互联网精神的精髓是"开放、平等、协作、分享"，互联网金融也将这一精神融入了金融服务，通过大数据、云计算等技术赋能金融产品。大数据时代下，金融格局正在逐渐改变，金融生态系统也在发生演化，从相对区隔的、静态的、模块化的金融生态，逐步走向融合、动态的数据时代。大数据正在谱写"第三次浪潮的华彩乐章"，推动互联网金融乃至整个金融业的深刻变革。

第一节　大数据推动互联网金融加速发展和创新

短短数年间，大数据在互联网金融中应用经历了从无到有、从简单到复杂的过程，也推动了互联网金融以超线性的速度发展创新。大量科技企业、互联网企业开始涉足金融业，尝试以大数据和智能分析重构金融产品、定价、渠道等一整套金融体系，大数据与金融的深度融合，从而不断革新金融业的边界。

一、大数据成为金融发展的新引擎

近年来，互联网技术与信息技术快速发展，与其他各个产业跨界融合，金融业也在与互联网的融合中形成了新的发展模式，特别是大数据技术的发展极大地改变了金融发展模式。由于金融业高度依赖于信息技术的创新，是典型的数据驱动型产业，在大数据价值潜力指数中排名第一。P2P、众筹、第三方支付等新兴领域在大数据技术下快速发育壮大，银行、证券、保险等传统金融行业也在大数据的影响下发生着重大革新。

大数据推动了网贷平台、众筹平台等互联网融资平台迅速增长。大数据在信用征信和产品研发两个领域的应用，推动了网贷平台起飞式迅速增长。在征信方面，主要通过对个人信息进行搜集整理，同时配合分析社交信息、网购行为等其他数据，建立相应的行为分析模型，对个人信用进行评估，推算违约概率，并最终确定其产品定价。在产品研发方面，可以实时、准确分析需求量，根据需求再来确定产量，避免原有传统模式下先生产再销售产生的生产过剩和供不应求问题。P2P网络借贷、众筹平台凭借互联网的搜寻成本优势和网络效应优势，以其门槛低、效率高的特性，对广大中小微企业的融资需求缺口形成了一定的补充，一定程度填补了我国信贷服务巨大的供需缺口。从数据来看，2012至年2018年6月底，我国P2P网贷行业累计成交额从220亿元左右跃升至70000亿元左右；上线众筹平台数由2013年的25家跃升至2017年底的169家。

大数据成为第三方支付行业发展的突破口。 近年来，第三方支付快速发展，特别是智能手机等移动终端的发展，给第三方支付提供了良好的平台。经过 10 年左右的发展，第三方支付已经形成了基本成熟的业务形态，积累了大量支付信息，即支付行业的大数据，这些数据汇总了企业最真实的资金流和信息流，是一座真正的金矿。支付行为大数据则为精准营销和征信等提供了重要支撑，应用大数据创造更多有价值的增值服务，探索支付与各种场景的叠加，正在成为支付行业的核心竞争方向。

大数据正在全面改造传统金融业，成为传统金融转型"互联网化"的基石。 一是银行信贷的数据驱动特征越来越明显。目前，基于银行的信息数据、企业的信贷信息，央行已经建立起了较为成熟的、有一定覆盖面的征信系统。同时，随着互联网金融的发展，风控模型、量化技术被运用在风险管理层面，大数据在信贷风险管理的权重越发突出。典型运用就是信贷工场——利用消费场景、大数据、反欺诈系统、决策引擎等金融科技手段结合专家智慧进行风险管理，通过量化系统和自动化操作，提高运营效率，减少人工操作，降低操作风险和运营成本。二是大数据助推保险实现精准化和差异化的飞跃。保险产品大量依靠精算，过去通常以样本抽查等传统方式对各类风险进行测算。随着大数据时代的来临，实现了更全面的统计分析，完成了"大数据＋精算"的精准化飞跃，帮助保险产品的定价精准化和差异化。随着人工智能与大数据等的深入应用，保险企业运营效率大幅提升、运营成本也将继续下降，保险公司风险管理的水平逐步提高，保险产品的价格有所降低。对于投保的金融消费者而言，保险产品更为透明，更契合投保人的保障需求。此外，互联网保险规模迅速扩大，2011—2016 年我国互联网保险规模保费从 32 亿元增长至 2347 亿元，互联联网渠道保费规模提升了 69 倍，占总保费收入的比例由 2013 年的 1.7% 增长至 9.3%。三是基于大数据的证券服务和产品创新愈来愈多。证券行业有极其深厚的大数据基础，即行情数据，不论是财经网站的股票行情图，还是各类行情软件，其背后都包含了海量的数据。基于成熟的大数据，证券行业的相关产品不断推陈出新，近年来基于金融量化模型的投资产品快速增长。

二、大数据为金融创新带来新机遇

大数据技术的应用使得金融机构能够更好地了解甚至创造客户需求、使得市场透明度大大提升、风险控制能力有所加强，同时也催生了金融反欺诈、数据银行多种新的金融服务模式和应用场景。

大数据从客户需求、社交商业链、风险控制多方面为金融创新提供技术基础。一是通过海量数据采集与分析实现精准营销。借助互联网平台的庞大用户量和海量数据，互联网金融可以通过数据挖掘和关联性分析，预测出投资者与消费者对产品和服务的需求，提升客户转化率，实现相关金融产品的精准营销。二是通过大数据技术形成有价值的社交商业链。在大数据和云计算的时代背景下，社交网络成为生产和传播信息的重要渠道，数据挖掘、数据分析等运算能力的提升将原始数据加工成为有价值的信息，进而作为信用评估的重要依据。各类电子商务平台快速发展，通过收集平台上买卖双方的各类信息，包括用户信息、搜索信息、决策信息、交易信息等，分析用户的行为、推断用户的潜在需求，从而判断市场动向、监测平台商家的经营状况，进而针对用户和商家设计定制化的互联网金融产品，实现金融产品的精准营销。三是通过大数据挖掘创新风险控制方式。互联网金融企业通过大数据挖掘，建立信用评估系统。其中，一种模式是通过自身系统的大量电商交易以及支付信息数据，建立封闭系统的信用评估和风控模型；另一种则是众多中小互联网金融公司把数据提供给一个中间征信机构，再分享征信信息。例如，从 P2P 网贷公司和线下小贷公司采集动态大数据，为互联网金融企业提供重复借贷查询、不良用户信息查询、信用等级查询等服务。

大数据催生了多种新兴金融服务模式和金融数据应用场景。比较典型的，一是反欺诈。目前在信贷领域具有广泛的应用，主要通过借贷黑名单、用户画像、设备指纹、地理位置库、欺诈信息库、高危账户、代理检测、生物探针、风险引擎等新兴技术，给银行、第三方支付、信贷等企业提供云端风险管控和反欺诈服务，免去单家企业黑名单信息不全、自建成本高的问题。二是智能投顾。通过机器学习的方式对资产进行遴选，面向投资者提供大类资产配置方案，协助人工投顾完成资产配置。三是技术企业对传统金融机构进行技术赋能。通过向金融机构开放的大数据平台，帮助金融机构完成大数据金融时代的转型，帮助金融从业机构去解决投前、贷前、投中、贷中、投后、贷后、反欺诈、市场分析、信用体系创新研究和数据管理等，为商业银行、政府征信、互联网金融、P2P公司、小贷、担保、基金、证券等众多领域供大数据解决方案。四是资产处置。近年来不良资产加速增长，预计未来几年不良资产总规模有可能超过 10 万亿元，其中，影子银行坏账将超过 2 万亿元，银行不良贷款在未来 5 年可能将达 4 万亿元，企业逾期账款在未来 5 年内将达 4 万亿元，由此催生了一部分平台通过数据共享机制，建立个人征信数据资源库，形成个人信用黑名单，查询失信人员信息，并联合相关机构建立不良资产处置机制。五是资产证券化。通过大数据风控智能模型判断资产质量并定价，对大量细化数据进行打包和分析，评价资产安全性，促进资产在平台上的销售和转让。六是数据银行或数据开放平台。采集语音识别、智能交通、文本语料、图像识别、社交网络、生活服务、地理位置、视频处理、电子商务等多类数据源，围绕数据提供方、数据需求方、数据服务方等多方，构建了以数据开放、数据共享、数据分析为核心的综合性数据平台，并提供大数据资源的在线交易以及数据云服务。七是征信。互联网征信依托社交、支付、金融、社会等多维度数据综合评估，通过海量数据挖掘和分析技术来预测其风险表现和信用价值，进而帮助互联网金融企业对用户的还款意愿及还款能力做出结论，继而为用户提供快速授信及现金分期服务。八是信用评估。互联网大数据服务评估商，通过接入了社交数据、消费数据、教育数据、职业数据等重要数据接口，构建起强大的风险数据库，对用户进行高效的信用评估，帮助机构合作者简化了审批流程、降低人力成本、降低客户违约风险并降低资金交易成本。

第二节　大数据使互联网金融服务更具广度、深度和温度

互联网金融的发展最终还是要回归本源——服务实体经济，大数据的技术赋能，显著拓宽了互联网金融服务实体的广度、挖掘了金融服务实体的深度，并使得金融在服务实体中更具温度。

一、大数据助力普惠金融快速发展，拓宽金融服务广度

大数据的庞大数据体量特性与普惠金融的普遍覆盖、全民享受优质金融服务的特点一脉相承。大数据的庞大数据规模不是少数人所能创造的，而是来源于普通大众，每个人在互联网上留下的痕迹形成了大数据，这成为普惠金融的起点。大数据技术通过分析巨量非结构化数据进行预测，在征信方面可以帮助众多缺少信用记录的个人获得信用历史，在身份识别方面可以帮助金融机构更高效的鉴别欺诈，在投资方面可以为用户提供更加合理的资产配置建议与投资策略，在监管方面可以帮助监管部门更有效的识别金融犯罪与金融风险。这些能力的提升，都显著拓宽了金融服务的广度。

大数据依托互联网，对小微企业和个人的普及范围逐步扩大。大数据是一种"泛在"技术，充分发挥了网络的"泛在性"特征。特别是进入移动互联时代以来，网络触角伸向每个人成为可能，收集大数据、分析大数据，并基于此向小微企业以及个人提供金融服务成为可能，金融消费的门槛明显降低，越来越多在传统金融体系中被忽视的小微企业和尾部消费者也能够开始享受金融服务。据世界银行2018年发布的《中小微企业融资缺口报告》统计，截至2017年底，我国中小微企业融资缺口

达到了 1.89 万亿元人民币，约占我国 2017 年 GDP 比例的 17%，普惠金融在弥补这一巨大缺口方面具有重要意义。

大数据降低了金融服务成本，对小微企业和长尾消费者的"惠"及效应越来越明显。一方面，小微企业融资需求具有短、小、频、急特点，在传统金融体系下人力成本难以覆盖，大数据技术极大降低了这一人力成本，提供了标准化操作，简化了交易流程，构建了批量零售金融模式，大幅降低了金融服务成本尤其是对小微企业的金融服务成本。另一方面，大数据技术也显著降低了金融风控成本，破解了造成小微企业融资难的另一重要因素——风险高，大数据的运用可在移动端多维度的分析客户行为特征，进而判断客户资信特质和风险偏好，这极大地降低了信息不对称程度，提高了风险管理能力。

大数据使提供个性化金融服务成为可能，普惠金融越来越"人本化"。大数据技术除了可以分析用户的行为特征，还可针对文本信息进行提取转换、形成结构化信息，不仅满足风险管理的要求，也可高效匹配客户信贷需求。

二、大数据提升金融竞争力，加深金融服务深度

大数据融入各大金融机构的日常运行之中，通过科技手段解决信息不对称、产品同质化以及融资成本过高等一系列降低金融服务效率的问题，使得金融能更好地发挥出推动实体经济发展的"引擎"作用，缓解金融与实体经济之间的不协调状态，提升金融服务实体经济的效率。

大数据缓解了信息不对称问题，金融机构对金融消费者的风险识别更加精准。大数据技术的运用，可以让金融机构在法律允许的范围内整合小微企业、低收入人群等资金需求方在互联网环境中散落的数据，比如贷款记录、支付信息、消费记录等历史数据，通过数据网络分析和大数据建模对其违约概率以及信用水平进行判断，提高风险识别能力和估测风险的精确度，缓解金融产品供需双方信息不对称问题。

大数据缓解了产品同质化问题，金融产品可望实现千人千面。通过数据的整合分析，金融机构能够从一个更为专业化的角度，对用户的需求做出综合判断，制定出更符合用户需求的金融产品，激发出新的技术红利，完成金融产品从简单化、标准化到个性化的转变。

大数据便利了交易支付，降低了成本、提升了经济效率。大数据还能简化交易过程中的申请、审批和审核等环节，降低人工和交易成本，并通过云计算极大地提高交易的速度和质量。

三、大数据能够触达更多的场景，使金融服务更具温度

受众的高频率参与使得大数据技术具有鲜明的"冷媒介"属性，然而，这一冷媒介对人们生活方式以及投资消费行为的再造，却使得金融服务更具温度。

大数据使金融服务深度融入生活中各个场景，享受金融服务更加方便和快捷。伴随着移动支付近年来的蓬勃发展，很多普通民众只要随身携带手机就能完成购物、缴费等事项。大数据通过首先找到消费者，分析之后再预测消费者的生活轨迹、动线和需求，更加接近消费者的真实需求，给其提供需要的金融服务。

大数据改变了大众的投资和消费行为，促进了潜在金融消费需求释放。大数据等金融科技促成了投资场景与消费场景之间的无缝衔接，从而极大激发了草根理财的热情。消费各类网络消费金融快速发展，助推了公众消费观念的转变，促进了潜在消费需求的释放。

第三节 大数据时代互联网金融
进一步发展要破除三大瓶颈

互联网金融在凸显诸多优势的同时，也存在着风险控制的难题。大数据时代互联网金融的进一步发展要破除个人隐私保护、与人类价值判

断和逻辑思考相融合、实施有效监管和维护金融稳定三方面的瓶颈。一些问题是由于技术被滥用、监管缺失导致,一些问题则是大数据技术应用效率低下导致。

一、个人隐私和信息安全问题凸显,数据开放面临挑战

大数据对个人信息的大量获取引发了隐私和安全问题。随着个人所在地、行径位置、购买偏好、健康和财务情况的海量数据被收集,加之金融交易习惯、持有资产分布以及信用状况的信息被储存和分析,金融市场乃至整个社会管理的信息基础设施将变得一体化和外向型,这些将对个人隐私、信息安全和知识产权构成更大风险,大数据的隐私问题远远超出了常规身份确认风险的范畴。由于我国在数据方面的立法滞后,在利益的驱动下,数据黑产、灰产已形成千亿产业链,围绕隐私问题所面临的困扰,使得越来越多的人对于公司收集和使用用户数据的方式开始产生抵触情绪。

公共部门大数据的"篱笆墙"难以拆除。目前,我国政府等公共部门之间的很多数据仍然是封闭的,BAT 的数据也是封闭的,数据之间的"篱笆墙"依然高耸。2018 年以来集中爆发的网贷平台、众筹平台等跑路,也与大数据信息的不透明紧密相关,数据的封闭使平台捕捉的项目公司信息偏离了大数据的特性,不能及时预测风险的来临,连带导致投资者对网络借贷乃至互联网金融的创新失去信心,形成行业发展的瓶颈。因此,如何联通不同机构之间的数据,建立一个开放的数据规则,是大数据时代互联网金融发展面临的重要挑战。

二、技术尚不能替代人智,技术应用风险仍然较高

大数据技术还不能与人类价值判断和逻辑思考完美融合。大数据是人类设计的产物,这一工具并不能使人们摆脱曲解、隔阂和成见,数据之间关联性也不等同于因果关系,大数据还存在选择性覆盖问题。例如,

社交媒体是大数据分析的重要信息源，但其中年轻人和城市人的比例偏多；通过社交网络所获得的大数据，其信用评分不能简单地应用于金融信用；数据采集量越大，带来的"数据噪音"也越多，可能会产生一定的负面效应。

大数据技术应用中还存在诸多风险。由于数据来源不明确、数量过多、质量千差万别，数据处理过程中也存在不规范的问题，使得人们对基于大数据技术而产生的决策持谨慎态度。近年来，P2P平台通过网络平台实施非法集资、恶意欺诈等事件时有发生，部分原因在于未建立有效的基于大数据的风险防控机制，缺乏对国家宏观调控信息、行业预警信息以及企业负面新闻等公开数据的收集、分析与预测。

三、部分创新产品放大市场波动，挑战金融稳定和有效监管

基于大数据开发的金融产品和交易工具对有效监管和金融稳定提出挑战。高频交易、程序化投资和交易可能强化"羊群效应"和市场共振。大数据分析、智能投资顾问等技术为市场参与者提供了程序化的资产管理建议，如果采用相似的风险指标和交易策略，可能在市场中导致更多的"同买同卖、同涨同跌"现象，从而放大市场波动。更多科技要素的加入使得监管者可能难以快速配备相应的专业资源，识别潜在风险，对监管专业能力提出更高要求。越来越多未受严格监管的科技企业金融行业，大量交易活动脱离中央清算机制，交易各方的风险敞口增加，风险监测和管控难度增加。某些创新可能游离至监管体系之外，各类"伪创新"层出不穷，造成监管套利。此外，各种"宝宝类"产品，导致资金在银行体系外形成循环，资产和货币之间可瞬息转换，对货币政策决策提出了新的挑战。

总体来看，大数据时代的互联网金融创新为金融业乃至整体经济做出创新贡献，也要注意跨业经营带来的多种风险，目前相关风险整体可控、可防范。

第四节　要预测和防范风险，
实施包容、审慎、创新监管

科技不需要监管，但金融无论如何都需要监管。因此，面对大数据时代的互联网金融创新，完全的放开和完全的控制都不是好事，最佳选择是一定程度的放开和一定程度的控制，以开放的心态看待科技，以理性的心态看待金融。互联网金融既需要监管，又需要培育，既要解决当前的问题，更要放眼未来的发展，要秉持"风险为本、科技中立"的原则，在风险为本的大前提下，支持和拥抱科技和创新，为人们带来更大的方便、效率和安全。

一、着力预测和防范风险，守住不发生系统性金融风险底线

一是建立机制化风险排查机制，定期、不定期地进行风险排查，落实风险责任人，同时，通过合规经营、产品标准化有效防范风险。大部分互联网金融公司通常遵循三步走的演化路径，第一步为金融机构提供大数据分析服务，第二步基于技术优势开展支付、小额贷款等金融服务，第三步成为完全独立的金融服务提供商，因此，需要设定非金融企业进入金融业的合规性条件，判断一家科技公司何时列入应受监管的金融机构名单，并且对提供的成熟金融产品进行标准化。而且，要注意金融科技公司可能会发展得非常快，在短时间内从第一步跨越至第三步。

二是建立健全互联网金融风险防控机制。金融机构的风险补偿机制也应该适用于互联网金融企业，在减少金融不平等竞争的同时增强风险抵抗力。

三是防止规模失控风险。定点监测和管理大型互联网金融企业，要防止"大到不能倒，大到不可管理"的科技金融巨头因意外事件引发的金融震荡。例如，可以考虑当科技金融公司的受众超过人口的1%—5%的阈值时，对其重点关注及监管。

四是维护互联网领域的竞争环境。要充分考虑到棘轮效应，制定相关的反垄断竞争政策，防止今天的互联网金融巨头成为明天的寡头垄断，保持开放、公平的竞争环境。

二、坚持包容、审慎的"园丁式监管"，保护互联网金融创新动力

一是要坚持包容的监管态度。支持有序、有限的发展，鼓励大数据等先进技术与金融结合的创新。容忍创新的做法和国际上的"监管沙盒计划"做法有相似之处，就是既关注风险，又允许创新。

二是加强审慎监管。将成规模的互联网金融业务纳入宏观审慎监管，提高准入性的微观审慎监管要求。完善对信息、数据的统筹和分享机制，要加强人民银行、金融委、网信办、科技部等多部门监管机构的协同监管能力。

三是加强穿透式、功能性监管。金融科技变化迅速，种类繁多，资金更具有流向特点而不具有传统金融的存量特点，分类监管显然无法适用了。要加强按功能性分类的穿透式监管，减少金融监管套利空间。对互联网金融公司的技术、非核心业务，以及金融核心业务进行明确区分，将金融核心业务纳入监管。同时组织行业协会统一服务和技术标准，用行业协会的辅助监管来补充政府的机构监管缺陷。

四是跟进监管科技，用科技监管科技。监管方法层面，将监管部门的技术系统直连每个金融机构的后台系统，实时获取监管数据，消除监管信息不对称性。监管技术层面，运用大数据分析、数据可视化等技术手段完成监管的报告、建模与合规等工作。

三、大数据创造了新互联网金融监管范式，未来可能实现"大数据监管"

大数据正在成为互联网金融企业的核心资产，大数据监管可能是未来的新监管范式。在传统金融服务模式下，我国形成了以"分业监管"

为核心的监管模式，监管按有形的产品进行分类、按特定的机构准入，并形成了一套成熟的业务规则和监管模式。而互联网金融呈现出不同于传统金融的蜕变性、多样性和进化性，如果仅聚焦于产品和机构本身，将越来越难以维持稳定、清晰、严格、实用的分类。随着互联网金融生态体系的演化，行业自我生长、自我纠错和自我完善的能力越来越强，大数据也将成为核心资产，并重构监管逻辑和监管机制。围绕数据的生成、传输和使用等环节，采取实时、互动的方式，实现对金融大数据的监管，可能将是未来的新的互联网金融监管范式。

大数据监管能够更好地实现监管与培育、当前和未来的良性互动平衡。目前对于互联网金融的"园丁式监管"是以包容性和底线思维来防范金融风险、以自然选择来促进效率提升、以适时修剪来规范行业运作，同时对核心变量采取量化监控。而"大数据监管"则是指通过动态、实时、互动的方式，通过金融大数据对金融系统内的行为和其潜在风险进行系统性、规范性和前瞻性的监管。在"园丁式监管"的培育下，当监管实现分布化、动态化以及协同化的情况下——以属地、业务、机构等为导向的监管逐渐弱化，更多去监管针对数据及数据背后所代表的行为，同时，以数据为纽带，监管者之间的交互将越来越频繁，监管框架和规则也需随时调整，互联网金融监管应由"园丁式监管"向"大数据监管"逐渐过渡，大数据配之以有效的分析和呈现工具，不仅能让监管者迅速观察到已经和正在发生的事件，更能让其预测到即将发生的风险和这种风险发生的概率，使得监管者可以动态地配置监管资源。

第五节　互联网金融领域大数据
应用要以合规和创新为方向

在以网络化和数据化为特征的新经济时代，金融与大数据交叉融合是必然趋势。未来互联网金融领域的大数据应用要以合规和创新为方向，作为行业管理和监管部门以及立法执法部门，要加强顶层设计、把握好发展的大方向，要加速相关立法、加强数据安全保护和投资者保护；作为行业自身，要加强自律、构建完善的信用评价机制；作为互联网金融企业，要坚持创新发展、差异化竞争。

一、站在全国高度加强大数据战略的顶层设计

以全局的角度对大数据应用进行统筹规划，以保障数据资源的合理利用以及效用最大化。我国互联网金融业正在进入转型发展期，经营模式正从原来以产品为中心的粗犷型管理模式向以市场为导向、以客户为中心的新型精细化管理模式转变，开始注重于长远规划，着眼于金融业的长期发展，利用数据管理的手段对客户需求进行全方位的数据分析，进而深层次地了解用户，以便达到对用户情况实时把控、用户需求切实满足的效果。为推动互联网金融健康有序发展，应对大数据应用进行统筹规划，引导大数据等技术在互联网金融中高效运用。

二、监管部门构建覆盖全局的大数据风险网络

构建多元化的全局风险网络，为用户提供完善的反欺诈服务。应用数据挖掘技术从多来源、高价值的数据中发现欺诈活动的统计特征及潜在的关联，并结合设备指纹、生物探针等技术构建特征矩阵与数学模型，使用合适的机器学习算法对数据集进行训练和测试，从而确定风险阈值和规则权重，以达到预测风险用户、实现风险行为实时管控的目的。利用设备追踪识别、IP 地理风险识别、代理检测、高危设备 /IP 黑名单匹配、注册频率检测等方式，全面实时准确地识别出各类垃圾注册以及账户被盗等异常行为，努力确保每一次识别的精准度，从而更好地保护用户的安全；采用实时监控、实时分析，对互联网上发生的垃圾注册、账户盗用等通过实时监控，将用户 IP 等信息与独家拥有的黑名单地址相匹配，进一步准确判断，降低风险。

三、立法和执法部门保障网络用户数据安全

从数据处理的各实践环节对数据的安全保护进行把控。数据处理阶段一般分为四个阶段:一是数据产生阶段,该阶段需要对数据进行分级,建立数据日志;二是数据存储阶段,此阶段应当在对数据进行加密处理的同时对数据进行备份;三是数据加工阶段,对数据进行脱敏处理;四是数据的使用阶段,该阶段需要严格设置数据使用权限,严防数据泄露,同时为数据的保存建立一个良好的安全环境。确立对互联网金融企业的数据管理的基本原则,制定完善的数据安全保护制度,对数据泄露的行为进行严厉处罚,及早发现数据潜在安全风险。

专栏 6-1	实施金融大数据安全防护工程

金融大数据的安全问题尤为重要,一旦发生信息泄露事件,容易引发电信网络诈骗等违法犯罪活动,危及公众生命财产安全,给行业带来负面影响,更有甚者还可能危及国家利益及国家安全。为此,需实施金融大数据安全防护工程。

一、明确数据获取范围和权利

通过立法明确个人信息的范围和权利,提出个人信息分类的标准,并针对如何有效识别、支配和控制个人信息并防止他人侵害等,制定保护策略和实施指南。制定数据授权标准流程,在明确数据所有者权利的基础上,通过标准来规范在数据采集过程中数据使用者与数据所有者之间的沟通和交互。此外,在授权过程中,数据使用者还应向数据所有者就数据的使用范围、与所开展业务的相关性,如何对数据进行有效管理以及违约后如何处置等问题做出响应和承诺。

二、明确数据使用者责任和义务、数据治理和数据披露规则

依据"谁收集,谁负责"的基本原则,金融机构是数据使用的直接获利者,同时也是数据安全的责任主体,一旦有信息泄露事件发生,可依法追究其责任。金融机构应采用合适的技术和组织方面的措施,以保证一定的数据安全

水平；不得过度采集监管部门所规定范畴之外的、且与提供服务内容无关的个人信息；对数据处理活动形成详细的记录，确保数据处理活动的可跟踪、可追溯和不可篡改，便于开展审计和取证；同时，还应接受行业主管部门和社会各界的检查和监督。

金融机构要建立权责清晰的数据治理机制，使数据管理规范、使用安全、利用充分。数据治理机制包括但不限于：在对数据进行分类分级，设置不同的安全防护策略，包括管理和技术层面；确定不同角色、不同数据使用部门的责任和行为规范，在数据处理的整个周期中做好身份认证、访问授权、安全审计等方面的管理，从根本和源头上防止数据泄露行为发生。金融机构需要从各类金融业务的监管要求、实际业务开展情况和社会影响程度出发，对所收集到的个人信息进行分类、设定不同的安全级别。

金融机构在未经法律授权或者客户同意的情况下，不得将所掌握的客户信息提供给其他机构。而在一些情况下，如将数据应用于国家治理、学术研究、公共服务等领域，且无害于数据主体重大利益的，可考虑在征得客户同意的前提下，与数据提供对象签署框架合作协议，对数据进行脱敏处理达到无法识别个人且不能复原的程度后，可予以提供数据。

三、加强基础平台安全、数据安全和网络安全

不断完善基础平台的安全管理功能，并形成符合行业监管要求的、可评估的产品测试规范，确保安全可信。大数据平台一般采用分布式计算和存储架构，需要依照分布式系统的安全防护策略对平台进行运维加固。此外，账户管理也是平台安全的重要部分，应建立密码健壮性保障、账户回收、登录失败限制、操作人员审计等安全机制。

加强数据安全保护。大数据平台中包含了大量不同来源的数据，不同数据的安全级别和防护策略不同，在技术实现上应重点关注分布式环境下的数据完整性验证、数据标签、细粒度访问控制、区块链、数据脱敏等技术。

创新网络安全防护。运用大数据技术来进行网络安全入侵检测、安全态势感知、网络攻击取证、威胁情报分析等，更加主动、弹性地去应对新型复杂的威胁，提高网络设备的综合防御能力。

四、有序推动数据共享

开发创新数据共享场景，满足不同金融监管和金融服务的要求。一方面，加强监管政策和制度层面的支持；另一方面，不断健全完善安全技术的发展和管理机制，确保数据在流转过程中得到充分保护、可追溯且不可被篡改，保障各类主体的合法权益，解决数据共享中的安全和隐私保护问题。

五、加强跨境数据传输管理

加强跨境金融数据传输的管理。在《网络安全法》的框架下，进一步研究数据出境安全评估的主要风险指标、数据属性等特征指标，判断出境数据的重要性，综合评判出境活动的风险，为金融机构开展数据跨境安全风险自评估提供规范指南，为国家开展数据出境安全评估审查的工作机制提供标准支撑。

六、完善配套保障机制

完善法规制度建设。在《网络安全法》的基础上，进一步研究完善个人信息保护、数据共享安全、跨境数据传输安全、大数据安全等级保护等领域的法律法规，以及金融行业相关制度规范，加强对行业重点信息、个人敏感信息和关键基础设施的保护，建立问责机制，联合司法部门加大对各类违法违规行为的打击力度。

加强与国际标准化组织的沟通。加强与国际标准化组织（ISO）和国际电工委员会（IEC）联合技术委员会（ISO/IEC JTC1）、美国国家标准与技术研究院（NIST）、欧盟数据保护和隐私工作组（CEN/ISSS WS-DPP）等标准化国际组织的交流协作，借鉴其中的成功经验和先进理念，在跨境数据传输安全、大数据技术安全等方面开展风险联防联控，增加国际标准制定的话语权。

强化金融消费者安全防护意识。通过教育、培训、宣传等手段，普及网络安全防护知识，同时鼓励社会公众对国家网络安全防护的参与和监督。

四、推动行业构建完善的信用评级机制

以大数据技术为基础，构建完善的信用评级机制。 以大数据技术为基础，采集多源数据，既要继承传统征信体系的决策变量，重视深度挖

掘授信对象的信贷历史；又要将能够影响用户信贷水平的其他因素考虑在内，如社交网络信息、用户申请信息等，实现了大数据深度和广度的高度融合。采用先进的预测模型和集成学习的策略，进行数据挖掘和信息分析，提高信用评估的决策效率，降低违约风险。此外，打通线上线下，建立完备和科学的风控体系，为客户投资安全提供坚实保障，解决国内互联网金融和普惠金融的信用风险管理问题。

五、引导企业走差异化竞争之路

鼓励平台差异化竞争，引导行业健康发展。互联网金融作为新兴行业，存在诸多优点和不足，不可避免地面临着激烈的竞争过程。因此，对于各类互联网金融平台或企业发展来说，需要深挖细分市场以实现差异化竞争，根据所在区域和目标人群等因素，决定产品和服务模式，提供多元化增值服务，增强自身竞争力。

第七章 数字经济中的数据垄断问题研究

随着数字经济快速发展，数据垄断问题日益凸显。数字经济具有一系列有别于传统经济的特点，数据的广泛使用也对市场的竞争模式和竞争格局产生深远影响。数据垄断主要有使用数据和算法达成并巩固垄断协议、基于数据优势滥用市场支配地位、经营者集中引致排斥竞争的数据集中和数据行政性垄断等形式，在市场中产生抵制企业创新、遏制中小企业发展、损害消费者福利、加大行业管理与市场监管难度等负面影响。针对数据垄断监管面临的各种问题，需要从基础制度、规则制订、反数据垄断执法、跨部门工作协调与国际合作等多方面努力，不断优化数据垄断监管，促进数字经济健康发展。

随着数字经济快速发展，围绕数据尤其是大数据的新产业、新技术、新模式层出不穷，数据业务也越来越多地成为一些新兴行业和独角兽公司的主要业务，围绕数据开展的市场竞争日趋激烈、合作方式日益丰富。与此同时，数据垄断问题也逐渐凸显，监管部门对企业关于数据垄断的审查案例越来越多。如美国的 Facebook v. Power 案和 HiQ v. LinkedIn 案，国内的新浪诉脉脉案、大众点评诉百度案、菜鸟与顺丰快递数据之争、微信与华为数据之争、新浪与今日头条数据之争等。相关案例引起了公众的巨大关注，不仅是因为这些案例大多涉及处于舆论关注焦点的 IT 行业巨头企业，更是因为对这些案例的判罚或裁决往往对普通民众的生活产生巨大影响，事关广大消费者的切身利益。对数据垄断问题的处置不仅关系到数字经济相关行业发展的趋势与前景，更关系到整个社会的经济发展与社会福利，甚至会对社会文化、政治、道德产生广泛的深层次影响。本书将基于理论和相关法律规定，结合现实案例，理清楚到底什么是数据垄断，在当前经济形态中的主要表现有哪些，数字经济和数据垄断的特殊性给垄断监管带来哪些困难和挑战，在此基础上提出强化数据垄断监管的对策建议和重要举措。

第一节　垄断、数据垄断和反垄断的内涵辨析

一、经济学和法律意义上的垄断

垄断（monopoly）一词源于《孟子》："必求垄断而登之，以左右望而网市利。"原指站在市集的高地上操纵贸易，后来泛指把持和独占。《新帕尔格雷夫经济学大辞典》在解释垄断时指出，"按照希腊文原义，'垄断'就是单独一个供给者的意思"，"垄断指的是与竞争相对立的、只有单独一个经营者的市场形态"。

由于绝大多数经济学教科书在分析市场结构时，往往把市场分为垄断、寡头、垄断竞争和完全竞争四类，并且没有专门对市场结构和市场行为作明确的区分，因此，许多人在理解反垄断法时往往作字面意义的理解，认为反垄断就是反对那些独占一个行业或一个市场的企业。显然，这种理解偏离了反垄断的本意，忽视了经济学意义和法律意义上垄断的区别，要明确垄断和数据垄断等概念的政策意涵，必须对二者加以区分。

经济学意义上的垄断又叫独占，指的是在一个行业或市场中只有唯一的卖者或买者，垄断者能够在市场上随意地调节价格或产量，以谋求其利润的最大化。与之接近的一种市场结构称为寡头，指的是市场中只有少数几家企业控制了产品的生产和销售。垄断市场和寡头市场中的企业对于市场价格或产量都有着一定程度的影响力。现实中，纯粹的经济

学意义上的独家企业垄断极其少见，而寡头市场结构往往是反垄断关注的重点。由于现实经济的复杂性，人们不再完全局限于垄断、寡头、垄断竞争和完全竞争等"纯"市场形态的分析，而是尝试用"垄断程度"的概念来刻画一家企业对市场的影响力。一般而言，在垄断、寡头、垄断竞争和完全竞争的市场中，企业的垄断程度依次递减。

法律意义上的垄断由一系列的法律要件构成，一般而言要求形成垄断的企业具有优势地位，并且有利用优势地位限制或排除竞争的行为。法律意义上的垄断往往需要依据《反垄断法》及其配套法律法规按照一定的程序予以认定。一方面，法律上的垄断并不要求市场中只有一家企业，当市场为寡头结构时或者有众多企业但其中一家具有优势地位时，也可能形成垄断；或者是市场中有多家企业联合起来通过合谋采取一致行动时，也可以形成垄断。另一方面，即使市场中只有一家企业，如果该企业没有滥用其优势地位，而是平等地对待其消费者和竞争对手，那么也不构成垄断。事实上，经济学意义上的垄断既非法律意义上垄断的充分条件，也非必要条件。

需要指出的是，"垄断"二字在不同的语言环境下有不同含义，如果对所有经济理论、法律法规、法院判决和行政决定中的垄断作同一理解，必然会造成认识上的误区和概念上的混淆，不利于人们正确认识反垄断法的理念、目标和原则。

二、数据垄断的界定

数据垄断是垄断在数字经济领域的一种具体表现形式。目前数据垄断并没有权威的定义，可以理解为重要数据被控制在少数企业或其他市场主体手中，并被不合理分配与使用以致影响市场公平竞争的现象。数据垄断往往基于巨头企业对数据来源和渠道控制，并在此基础上利用技术优势在数据交易、数据分析、数据使用等环节实施垄断行为，破坏正常的竞争秩序。

三、反垄断：垄断地位和垄断行为

反垄断法的命名源于垄断与竞争的对立[①]。在美国，反垄断法称作反托拉斯法，其反垄断法最初的目的之一就是制止一些大企业联合起来形成托拉斯，破坏竞争；在欧盟，反垄断法更是直接被称作竞争政策，反映其维护市场竞争的政策目标。反垄断法一般包含限制企业滥用市场支配地位、达成垄断协议和实施有排除和限制竞争影响的经济者集中等行为。此外，在我国，反行政性垄断也是反垄断工作的重要内容。

区分垄断地位和垄断行为是正确认识反垄断工作的基础。严格地讲，经济学上的垄断地位就是指一个行业或市场中只有一家企业，该企业独占所有市场份额，按照一定原则决定其生产经营活动；法律意义上垄断地位（有时候也称市场支配地位）的确立需要借助一些经济分析的方法通过界定相关市场、确定市场份额、计算市场集中度、识别进入壁垒、分析供给和需求弹性以及其他市场特征等方式来加以认定。

垄断行为的认定往往需要从经济和法律两个方面同时着手，使用经济学方法分析市场结构、企业行为及其福利影响，并依据现有法律法规考察不同垄断行为的构成要件来进行界定。垄断行为包括滥用市场支配地位、经营者之间达成垄断协议、具有排除竞争影响的经营者集中行为、行政垄断等形式。具体每一种形式又因市场结构、作用对象、福利后果的差异分为各种不同的具体垄断行为。

在区分垄断地位和垄断行为基础上，正确认识反垄断法需要明确的一个观点是：垄断本身并不违法，滥用垄断权力（monopoly power）才构成违法。换言之，一家企业本身具有垄断地位并不构成违法，只有实施了某种法律禁止的垄断行为才构成违法。直白地讲就是，反垄断反的是垄断行为，而不是垄断地位。这一认识在数据垄断领域并不例外：形成数据垄断地位并不违法，而实施数据垄断行为才是反垄断工作的范畴。

---

① 尽管不同国家表述不同，但在经济学文献中反垄断法（anti-monopoly law）、反托拉斯法（antitrust law）和竞争政策（competition policy），经常代表着相同的含义。

第二节　数字经济与数据垄断的理论分析

数字经济是以现代科技知识为基础、以信息产业为核心的经济类型，信息技术进步、互联网普及和数据的广泛采集与应用改变了传统的产业形态。在数字经济发展过程中，数据的广泛采集和应用对行业特性、竞争优势、竞争格局都产生了重大影响。

一、数字经济的行业特性改变竞争模式和竞争行为

与传统经济相比，数字经济不再是将简单地购进原材料生产商品，以赚取销售价格和成本之间差额作为主要营利模式。数字经济的行业特性很大程度上改变了企业的竞争模式与竞争行为。

一是网络外部性广泛存在使市场份额向少数企业集中，特定类型数据更容易被少数企业掌握，成为企业获得市场支配地位的来源。广泛收集和使用数据的企业大多属于平台型企业，平台型企业的一个普遍特点就是存在网络外部性。所谓网络外部性指某种产品或者服务对于消费者的价值随着该产品或服务的消费规模的增大而增加。如使用某一资源共享软件的用户越多，则该软件用户更有可能获得有价值的资源，软件对用户的效用越大。网络外部性的存在使得一家企业规模越大，用户通过使用其产品获得的效用越高，这就导致市场份额向少数企业集中，甚至出现一家独大的情况。比如，在国内的网络搜索市场，百度一家独大，市场份额遥遥领先[①]，而在社交软件和电子商务行业，腾讯和阿里巴巴市场份额长久处于领先地位。相应地，遥遥领先的市场份额也让上述企业在相关领域获得了一定的市场支配地位，人们也越来越深刻地认识到，百度、阿里巴巴、腾讯等企业市场支配地位的获得与其获取数据的能力密切相关。

---

① 国外数据分析机构 StarCounter 的数据显示，2018 年 7 月百度国内市场份额为 73.84%。数据来源：http：//gs.statcounter.com/search-engine-market-share/all/china/#monthly-201807-201807-bar。

二是数据的持续积累和沉淀让一些行业具备了较高的进入壁垒，数据成为部分企业的"护城河"，并强化其市场势力。已经有越来越多的企业把数据视为其关键资产与核心竞争力的来源。通过收集更多的数据以及基于数据形成的算法，企业便可改进其产品与服务，并吸引更多用户，进而生成更多数据。通过数据、算法、用户体验、用户数量这一相互促进的链条，海量数据可以充当企业的"护城河"。强大的数据基础还可以抵御新进入者或潜在进入者的进攻。《经济学人》报道[①]称，网络巨头的监控系统覆盖了整个经济，而这种监控正是通过对用户数据的掌握实现的。比如，谷歌可以通过搜索数据看到人们搜寻关注什么，Facebook通过用户的社交数据掌握用户在分享和关注什么，而亚马逊根据消费者的购物数据对其购物习惯了如指掌。"他们（网络巨头）拥有应用商店、操作系统，还向创业公司出租计算资源。他们可以监控自己的市场和其他市场。他们能够看到哪些新产品和新服务受到追捧，因而能够及时模仿，甚至直接收购，避免遭遇更大的威胁。"显然，对大数据的掌握强化了这些企业的市场支配地位。

三是数据的广泛采集和应用改变了企业之间的竞争模式与竞争格局。随着网络基础设施的不断完善和数据采集分析能力的持续提升，人们获取和应用数据变得更加容易。数字经济时代的数据表现出体量巨大、类型众多、存取速度快等特点（宁宣凤和吴涵，2017），海量的数据改变了企业之间的竞争模式与竞争格局。数据成为企业培植竞争优势的重要基础。比如，使用搜索引擎收集到的海量语音数据，企业可以通过机器学习提升语音识别能力，从而获得比其他企业更好的产品体验，形成竞争优势。因此，一些企业在形成竞争策略时，更加注重提升数据获取能力、优化数据分析能力。这种策略一方面反映为企业业务模式的确立，比如，百度大力推动

---

① http://www.economist.com/news/leaders/21721656-data-economy-demands-new-approach-antitrust-rules-worlds-most-valuable-resource。

人工智能是基于其对客户搜索数据的掌握，阿里巴巴大力发展云计算也是希望掌握更多的客户数据。另一方面反映在并购对象的选择上，比如，微软并购领英很大程度上是看重其后台完整翔实的客户数据，Facebook 以190 亿美元高价收购 Whatsapp 的一个重要目的是弥补其在获取用户即时通信数据方面的短板。在数据经济时代，能够获取客户关键数据的企业将不断强化其竞争优势，而具备数据优势的企业也将不断巩固其竞争地位，数据在很大程度上决定了数字经济相关行业的竞争格局。

二、数字经济中数据对于竞争的价值

经营者在经营活动中广泛收集、处理和分析数据，有助于企业深入了解用户的个性化需求，不断完善其产品和服务，或结合客户需要提供创新性的产品或服务，为用户带来更好的使用体验。对数据的有效利用，既能增强老用户的黏性，又能通过网络效应吸引更多新用户，而更多的用户和市场交易行为也将提供更多可供使用的数据，逐渐形成自我强化的良性循环，增强企业的市场竞争力。具体而言，数据对于竞争的价值通过四种方式实现。

一是结合用户数据改进产品和服务，提升企业的盈利能力和投资回报。数据记录的是刻画用户特征的各类信息和提示用户偏好的行为信息，通过建立模型和分析数据，基于算法和智能设备的学习效应（learning effect），可以改进企业提供的产品和服务。在传统行业或者是数据收集较少、应用较难的行业，学习效应主要通过工人在生产活动中积累经验实现，也就是传统理论中的"干中学（learning by doing）"。在数字经济环境下，利用各种渠道获得的用户和产品数据，可以借助各式各样的智能设备以及嵌套其中的算法程序更好地发挥学习效应。以浏览器和手机操作系统为例，软件开发者可以通过学习用户的使用习惯，根据使用频次与强度的差异，划分不同内容与功能的优先级，并结合优先级调整系统运行资源分配，而这种分级和分配也可以通过机器来实现。通过将较多资源运用到优先级较高的内容或进程上，产品或服务体验可以大幅改善。同样，运营搜索引擎的企业通过大量收集用户背景信息、检索关键词以及对检索结果的点击数据，使用特定的学习算法来提升检索结果的相关性与准确性，优化检索质量，提升广告投放的精准度。企业还可以进一步结合广告投放效果数据，通过试错与反馈数据不断优化算法，改善广告投放效果，提升经营绩效。根据大数据的商业实践，麦肯锡发现，数据驱动决策的公司能够提高 15%—20% 的市场营销投资回报率[①]。

二是积累用户数据提升数据分析能力可以提升经营者所经营资产自身的价值。在数字经济领域，大量企业在成立之初往往采用免费或补贴策略，吸引大量用户来实现网络外部性，提升企业价值，并借此获得外部融资，形成竞争优势。尤其是对于平台型企业而言，产品所承载的用户数量与数据规模直接决定平台本身的价值，进而影响平台用户和潜在用户，以及平台的投资者。而快速获取低成本的外部资金是创业型平台企业获取竞争优势的重要途径。因此，用户数据的积累以及数据分析能力的提升直接影响了企业在相关市场中的竞争力。以语音输入法软件为例，通过大量吸引用户可以收集更多消费者的语音数据，有助于提高机器学习能力和语音识别的准确度，不断改善产品的体验，进而吸引更多的用户使用，进入"用户增加 15%—20% 识别能力提升 15%—20% 识别质量改善"的良性循环，输入法作为平台的价值也就不断提升。在共享经济领域，滴滴等网约车平台开始通过大量的补贴来吸引司机和乘客加入平台，获取司机驾驶习惯、服务质量、车辆信息以及乘客的使用偏好、价格敏感性、常用线路等，并结合算法改进，来更加精准快捷地开展撮合服务。通过获取更多数据，提升算法和服务质量，平台得以获得更高收入，进而提升平台价值获得更多融资，击败行业中的对手。

三是根据客户数据精准定位需求，减少用户流失，提高用户黏性。

---

① 《麦肯锡大数据指南》。

对于网络型企业和平台型企业而言，获得更多用户并提高用户黏性是企业长盛不衰的关键。而对数据的深度挖掘和有效使用可以精准定位客户需求，改善用户体验，培养用户习惯，提高用户黏性和忠诚度。一方面，企业可以利用客户数据精准了解用户偏好，分析用户需求，对客户进行画像，并根据用户的需求与偏好为其定制个性化的产品和服务。专属性的产品和服务迎合了用户需求，极大地提升了企业的竞争力和用户黏性。比如，今日头条等信息服务商可以通过用户阅读历史分析其习惯与偏好，持续地推送用户喜欢的文章，增加用户在线时长和对软件的依赖性。另一方面，企业可以通过数据分析，提升用户转换成本（switching cost），提高用户黏性。企业可以为用户提供一些基于历史信息的服务，来改善其体验；也可以通过降低数据的兼容性，使用户无法转移历史数据。由于用户转向新的平台后无法获得相应服务，无形中用户转换平台的成本就提升了。用户使用该平台的时间越长，其转换成本可能越高，客户忠诚度和黏性越强。

四是结合机器学习和人工智能等手段，利用客户数据中蕴含的信息开发新业务发展新模式。大数据的一个重要特点是可以把多来源和多类型数据整合利用，"不同个体之间的关联，以及针对同一个个体不同数据源之间的关联，将彻底改变以前我们熟悉的商业模式"[①]。通过用户背景信息以及在不同平台、不同场景的使用记录数据，可以为用户画像，利用同一用户不同特质之间的关联性，发现更多商机、开发新的业务模式，进而把本企业的业务向更宽领域拓展。企业可以结合用户提供的年龄、职业、家庭信息，在京东等电商平台上的消费信息，在银行等金融平台上的收入、支出和理财信息，评估用户的收入水平、个人信用、社会影响力、价值取向，进而向用户推荐信用卡办理、汽车购买、保险办理等方面的业务。比如，阿里巴巴就在其支付宝APP中提供了购物、出行、

---

① 周涛：《为数据而生——大数据创新实践》，北京联合出版公司2016年版，第35页。

外卖、理财等多方面平台入口，既达到了收集更多用户数据的目的，又有效地拓展了企业业务模式。

三、数字经济时代数据竞争与垄断的特点

在数字经济时代，一些新兴行业具有了新的行业特性，数据的广泛使用也对企业竞争力产生了新的价值。这就使得相关行业的数据竞争与垄断具备了有别于传统行业竞争与垄断的特点。具体而言，其特点表现在几个方面。

其一，数据成为行业竞争的核心。 在数字经济时代，数据被看作"新石油"[①]，成为产业赖以运行的血液。"大数据之父"维克托则乐观预测，数据列入企业资产负债表只是时间问题。因此，大量企业把数据作为重要资产，甚至一些企业把数据作为其核心资产与竞争优势的来源。即便是一些传统的企业，也开始数据化转型。比如，耐克很早通过智能手环采集消费者运动数据，进而与运动产品进行连接；LEGO 也早在 2014 年就推出了 LEGO Digital Designer 平台[②]。不仅如此，一些企业开始采用各种手段来获取数据以形成竞争优势，甚至有一些企业在开展竞争或合作时因数据问题而产生争端。比如，"新浪诉脉脉不正当竞争"一案正是源于新浪在与脉脉合作过程中发现"脉脉"用户的"一度人脉"中，大量非"脉脉"用户直接显示有"新浪微博"用户头像、名称、职业、教育等信息。近年来，还出现了百度诉搜狗输入法恶意劫持百度搜索流量案、大众点评诉爱帮网和百度抓取其点评信息、顺丰与菜鸟的数据之争、运满满向公安机关举报其竞争对手货车帮非法入侵其系统窃取货源信息等典型案例。这种基于用户信息数据产生的争端正在不断涌现，反映出数据日益成为竞争的核心。

---

① Palmer，M.2006."Data Is the New Oil." http：//ana.blogs.com/maestros/2006/11/data_is_the_new.html.

② 参考吴明辉在 2018 大数据产业峰会上关于"人工智能如何落地"的主题演讲。

　　其二，平台成为最重要的竞争媒介。随着信息网络技术飞速发展和互联网应用普及，越来越多的平台型企业迅速崛起，平台经济迅猛发展。据不完全统计，全球最大的100家企业中，有60家企业大部分收入来自平台类业务。苹果、谷歌、Facebook、阿里巴巴、百度、腾讯、京东、小米等近些年受到广泛瞩目的企业都属于典型的平台型企业。事实上，数据业务在这些平台企业中都扮演着举足轻重的角色，数据竞争与为平台竞争的重要内容，平台型企业也成为数据竞争最重要的媒介。平台具有交流或交易媒介功能、信息服务功能、产业组织功能和利益协调功能，可以让数据发挥最大的功效。一方面，平台可以将不同用户、不同类型的数据融合在一起，使数据更好发挥改善产品和服务、开发新模式、提升用户黏性等方面的功效；另一方面，平台可以利用数据优势，优化平台各方用户的服务，从平台各方获取更大收益，实现更高价值。现实中，阿里巴巴、腾讯等都是高效使用数据的平台型企业。

　　其三，跨界传导成为最普遍的竞争方式。与平台作为竞争媒介密切相关的是，跨界传导是数据竞争普遍采用的一种方式。数字经济时代大量成功的企业都有效地采用了跨界竞争方式，把单一领域获得的数据优势向更多领域延伸，并实现不同领域之间的协同发展，以此获取更多收益。比如，阿里巴巴将其在B2C和C2C领域所获得的海量数据和竞争优势向金融领域延伸，使蚂蚁金服的业务获得强大支撑和迅猛发展，而蚂蚁金服的发展又反过来促进了其电商平台的业务。腾讯则将其在社交网络领域获取的用户数据向游戏、网络支付、电商等领域延伸，通过用户对网络游戏的热情又提升了客户黏性，进一步强化了其竞争优势。平台型企业通过跨界传导使其进入了传统方式难以插足的领域，丰富了其竞争手段，使数字经济领域呈现出跨界竞争的特点。

　　其四，寡头成为最典型的竞争格局。数字经济时代，网络外部性广泛存在于各种细分行业。在网络外部性下，平台型企业往往出现规模收益递增现象，强者可以掌控全局，赢者通吃，而弱者只能瓜分残羹，或在平台竞争中淘汰。因此，在大量数字经济细分行业往往呈现出明显的寡头竞争格局。比如，在社交网络领域，腾讯占据了优势地位，而脉脉等则成为挑战者；在搜索引擎领域，百度占据了多数市场份额，而搜狗、360 搜索等则瓜分了剩余市场；在电子商务领域，阿里巴巴的淘宝、天猫占据了大量市场，京东、苏宁等在特定领域也获得了一定的竞争优势。在寡头型竞争格局下，占据优势的寡头企业获得了一定的市场支配地位，可能利用其市场势力实施一些垄断行为。数据垄断的主要实施者正是这些寡头企业，相关企业的竞争行为需引起监管者关注。

第三节　数字经济时代数据垄断的主要表现

尽管数字经济中的数据垄断相较于传统垄断具有不少新的特点，但其垄断行为属性仍然可以归类到我国《反垄断法》所界定的几种典型垄断行为表现的框架中。以下我们主要基于我国法律规定对数据垄断的主要表现予以归纳总结。

一、使用数据和算法达成并巩固垄断协议

垄断协议，是指排除、限制竞争的协议、决定或者其他协同行为。《反垄断法》明确禁止具有竞争关系的经营者、禁止经营者与交易相对人达成相关垄断协议。然而，与传统的垄断协议相比，具有数据优势的经营者更容易使用数据资源采用新型方式达成垄断协议，且这种协议也更容易巩固稳定[①]。

---

① 近年来，基于算法的垄断协议受到了反垄断执法部门的广泛关注。比如，2015 年时任美国司法部助理检察长的 Bill Baer 提出，"我们不会容忍限制竞争的行为，不论其发生在烟雾缭绕的房间里，还是通过复杂的价格算法发生在互联网上。"2017 年 2 月，英国竞争与市场管理局主席 David Currie 提出，"执法部门需要确保广泛运用算法的结果是提升竞争而非排除竞争。"2017 年 3 月，欧盟委员会竞争委员 Margrethe Vestager 指出，"我们需要关注那些借助软件实现的更为有效的卡特尔"。

一是利用数据和算法实现默示合谋。数据的收集和使用大大增加了市场透明度，经营者可以通过算法监视、预测、分析和跟踪竞争对手目前或未来的价格及其他行为，从而为实施协同行为创造了条件。可以说，大数据与算法、人工智能的结合，使得各相关方不需要签订名义上的垄断协议就可实现合谋。如果被认定为妨碍了市场竞争，这种默示合谋也就属于垄断行为。事实上，利用算法实施合谋并不是一个新事物，早在1993 年，"美国政府诉航空运价发布公司案（United States v. Airline Tariff Pub. Co.）"就出现了航空公司利用订票程序作为合谋工具的做法。

二是利用数据和算法监督执行垄断协议。企业可以利用数据和算法来执行垄断协议或默示合谋，并通过实时数据分析监视各个企业遵守合谋的执行情况，监督那些背离协议的企业以维护合谋的稳定性。这将提升垄断协议或默示合谋的稳定性。运营打车 APP 的知名科技企业 Uber 就曾因涉嫌在出租车司机之间实施算法合谋而被起诉。

专栏 7-1	Uber 算法合谋案

2015 年 12 月 16 日，美国康涅狄格州居民 Spencer Meyer 在纽约南区联邦地区法院对 Uber 联合创始人 Travis Kalanick 提起反垄断集团诉讼。原告主张 Kalanick 以及那些利用 Uber 定价算法的司机之间达成了合谋，限制了司机之间的价格竞争，损害了包括原告在内的 Uber 乘客的利益，违反联邦《谢尔曼法》以及纽约州《唐纳利法》。经双方多次陈述和表达意见，法院综合考虑了双方提供的材料以及陈述，于 2016 年 3 月 31 日否决了被告提出的驳回原告起诉的动议。随后，被告提起动议要求法院重新考虑是否允许原告进行集团诉讼，但是被法院拒绝。2016 年 5 月 20 日，被告又提起动议要求追加 Uber 为被告，此动议得到法院批准。此后，Uber 提出动议该争议应提交仲裁，一审法院拒绝了被告的仲裁请求，上诉法院则最终同意了对该争议进行仲裁。

三是利用数据和算法实施动态垄断协议。经营者可以彼此分享定价算法，通过程序依据市场数据实时调整价格，实现固定价格的效果，形成实质上的动态垄断协议。比如，2015 年美国司法部（DOJ）分别针对 David Topkins 和 Daniel William Aston 及其公司 Trod Ltd. 展开了反垄断调查。DOJ 指出，Topkins 与 Aston 以及其他合谋者利用数据与算法实现合谋，利用特定定价算法与计算机软件达成动态价格垄断协议。

二、基于数据优势滥用市场支配地位

我国《反垄断法》第十七条界定了滥用市场支配地位的垄断行为。在数字经济时代，一些经营者基于自身掌握大量数据的优势采取的部分行动，如果妨碍到市场竞争和社会福利，就可能被认定为垄断行为。典型表现包括：

（一）拒绝竞争对手获取数据资源

《反垄断法》认为，"没有正当理由，拒绝与交易相对人进行交易"，"没有正当理由，限定交易相对人只能与其进行交易或者只能与其指定的经营者进行交易"均属于滥用市场支配地位的垄断行为。尽管数据的非对抗性与用户多归属属性会弱化数据的集中程度，但在数据资源方面具有市场支配地位的经营者，可能采取限制措施限定交易相对人，妨碍竞争对手收集数据，这可能构成滥用市场支配地位。主要做法包括：

1. 与第三方签订排他性的条款，在数据收集方面设限，阻碍竞争者获得数据。第三方可能是合作经营者，也可能是用户。如：Facebook 要求未经其同意，其他企业不得收集其平台上用户的数据。谷歌要求第三方网站与其签订搜索广告的排他协议，防止竞争对手获取相关数据资源。

2. 不公平地拒绝向竞争对手提供数据。在数据市场上居于支配地位的经营者，如果对其他用户开放数据，而专门限制向竞争对手提供数据，可能被认为是滥用市场支配地位行为。如：Cegedim 是法国一家领先的商业信息数据提供商，在医疗信息数据库市场具有支配地位，拥有医疗信息数据库中主要的数据库 OneKey。Euris 是 Cegedim 在健康行业的客户关系管理（CRM）软件市场的竞争对手。Cegedim 拒绝向使用 Euris 的软件用户出售 OneKye，但却向其他用户出售。法国执法机构认为这种行为涉嫌歧视行为，可能限制 Euris 的发展。

（二）基于数据画像实施差别待遇

根据我国《反垄断法》，"没有正当理由，对条件相同的交易相对人在交易价格等交易条件上实行差别待遇"，属于禁止的滥用市场支配地位行为。在相关市场中拥有市场支配地位的经营者，通过收集分析数据，为用户精准"画像"，在为用户提供更多便利的同时，也为精准区分客户群体提供了条件，也就更容易采取歧视定价方法将消费者剩余转为生产者剩余，最大化自身利润。典型做法就是，基于用户的购买习惯、对价格的敏感程度等数据信息，精准评估用户对某种产品或服务的支付意愿，进而为不同群体设定不同价格以获得超额利润。如：据新闻报道，用户发现在携程网购买机票，同一时间同样产品针对不同群体的价格竟然不同，老会员可能还比新会员支付更高的票价，这就是基于数据优势实施价格歧视的典型案例。再如，电信运营商基于数据信息分析结果，对新用户和老用户，对使用电话办理和去营业厅办理提供不同的套餐选项，针对那些对价格不敏感的用户、针对时间有限不愿去营业厅办理业务的用户提供更少、价格偏高的套餐选项，且在资费下调时不会提供套餐价格变动更新提醒。

需要注意的是，按照福利标准来看，基于数据实施歧视定价可能有利于改善总体福利。因而，对于使用大数据实施差别待遇是否属于《反垄断法》禁止的垄断行为，仍需根据实际情况进行具体分析判断。

（三）基于数据占有优势的搭售行为

根据我国《反垄断法》，"没有正当理由搭售商品，或者在交易时附加其他不合理的交易条件"属于禁止的滥用市场支配地位行为。在数据相关市场上居于支配地位的经营者，可能会基于数据优势地位采取搭售行为来增强在其他市场上的竞争优势。如：基于自身的数据优势，将数据与自己的数据分析服务捆绑出售，以此来增强自身在数据分析服务市场上的竞争优势，这种行为在某些情况下能增加效率，但也可能排挤竞争对手、减少竞争，可能被认为是滥用市场支配地位。

三、经营者集中引致排斥竞争的数据集中

我国《反垄断法》第二十条界定了经营者集中的情形。对于数据垄断而言，垄断行为主要表现为占有数据资源的经营者集中导致数据更加集中，损害数据市场竞争性。

已占有大量数据资源的经营者，通过经营者集中（合并、控股或签订协议）使占有的数据资源更加完整，催生出数据寡头，形成市场支配地位。同时，基于数据资源的特性，由此增加的数据集中度通常会产生明显的规模经济和范围经济，进一步扩大竞争优势。这种经营者集中一方面有利于发挥数据整合优势、提升产品和服务供给效率，另一方面，数据过于集中且封闭运行，可能导致以相关数据为必需投入品的竞争对手难以获取到相关市场所需数据，从而阻碍市场竞争。因而，确定经营者集中是否属于垄断行为，就要评估其对竞争对手或者新进入者获取数据带来的阻碍程度。在我国数字经济发展中，"滴滴"与"优步"的合并，阿里巴巴收购高德地图等都属于应谨慎审查的垄断行为案例。被称为"科技巨头克星"的欧盟委员会竞争专员玛格丽特·维斯塔格（Margrethe Vestager）曾表示："数据可能成为并购中影响竞争的重要因素。我们正在探索介入那些涉及重大价值数据的并购，即使拥有数据的公司并没有巨量的营业额。"

专栏 7-2　　　　　Google 和 DoubleClick 合并案

　　2007 年 Google 和 DoubleClick 合并案首次引起了人们对大数据垄断影响健康竞争的强烈关注，在该案中美国联邦贸易委员会委员 Pamela Jones Harbour 首次提出了数据市场的概念，认为 Google 在合并前已经占领了较大数据市场

份额，两家公司合并会加强 Google 在搜索引擎服务市场的支配地位，不应通过合并。随后，欧美学者对此展开了研究。有学者研究认为企业为了保持竞争优势将会采取数据驱动战略，并通过网络效应逐渐增加竞争者数据准入障碍，建议应对其进行规制。

四、数据行政性垄断

《反垄断法》对行政性垄断的界定是"滥用行政权力排除、限制竞争"，并做出了具体规定。在数据垄断领域的主要表现就是，政府将自身行政过程中产生的公共属性的数据资源，以不恰当的"特许经营"方式供给特定市场主体，或者限定或者变相限定相关主体必须使用特定市场主体的数据产品和服务，在实际效果上排除、限制了市场竞争。

第四节　数字经济中的数据垄断对经济社会发展的影响

互联网的发展加速了数据集中，也催生了一些企业的数据垄断行为，在美国，以谷歌、Facebook、亚马逊为代表的超级数据公司已经形成，类似情形在我国也已初露端倪。数据集中和垄断强化了相关企业市场势力，并滋生了数据垄断行为，会对垄断企业自身、竞争对手、消费者、监管者以及行业发展产生深远影响。

一、数据垄断削弱垄断企业的经营和创新活力

垄断特定数据的企业可以利用其垄断地位获得高额利润，但与此同时，对数据的垄断也可能降低企业经营效率，削弱企业创新活力。一是数据垄断会导致企业内部效率低下。垄断了特定数据的企业可能会由于缺乏外部竞争，或对数据产生路径依赖，缺少外部竞争压力导致企业在管理、生产、销售等方面效率低下。由于企业垄断了数据和相关业务模式，在缺乏外部竞争压力情况下，员工努力动机不足，导致企业内部效

率低下，也会造成一定程度的福利损失。这种由垄断引起的内部无效率也称作 X-非效率。尽管内部效率损失并非只在垄断数据的企业内部出现，但在实施数据垄断的企业，内部效率损失表现得尤为突出。二是数据垄断减少企业创新活力。部分实施数据垄断的企业在开发新产品、引入新服务、实施新商业模式等方面动力不足，制约了企业的创新活力。由于垄断了数据入口和数据使用权限，一些企业能够轻易地获取高额利润，缺乏动机为客户创造新的商业模式和产品。比如，在谷歌退出中国之后，百度在搜索引擎领域一家独大，对搜索数据以及基于搜索数据的广告业务具有一定的市场支配地位。由于缺乏外部竞争压力，百度长期实施较具争议的竞价排名业务模式，贡献大部分收入的医疗广告等业务也广受争议，这与百度缺乏创新动力难以开发新的业务类型和业务模式密切相关。而腾讯也在较长时期内因抄袭和模仿而广受质疑，一些初创企业因产品和业务模式被腾讯模仿而陷入困境[1]，甚至网易也曾指腾讯抄袭其新闻客户端设计[2]。三是部分企业的数据依赖症可能带来战略失误。数据垄断极易使企业出现对数据的盲目依赖，丧失理性的思维和决策能力。一些企业内部迷信数据量化分析结果，而将逻辑思辨抛诸脑后，在决策中更加依赖数据的力量，想当然地得出一些看似符合经济和商业规律的结论。一旦出现分析失误，可能对企业造成严重损失。

二、数据垄断遏制行业内中小企业发展

　　数据垄断可能对行业内的中小企业发展产生重大负面影响。一是中小企业可能难以获得大型企业数据入口，业务发展受限。数字经济背景下，数据是重要的资源，也是 IT 行业一些业务模式发展的基础，在大量数据被巨头企业垄断的情况下，中小企业可能难以获得数据入口，其业

---

① 胡嫚：《"小企鹅"亦步亦趋，是模仿还是创新？》，《中国知识产权报》2010 年 8 月 4 日。
② 贾远琨：《网易指腾讯抄袭其新闻客户端设计》，《中国贸易报》2015 年 4 月 23 日。

务的发展也会受到严重约束。数据在巨头企业内部流通，制约了中小企业的发展机会。缺少中小企业的进入，一些行业的市场结构可能会失衡，潜在进入者减少也会导致行业发展固化。二是中小企业基于数据开展的创新行为受到遏制，甚至被打击。数字经济领域很多创新其实来自小微企业，但垄断企业可以利用自身对数据的垄断，加上品牌、资金实力和经营规模方面的优势，对中小企业可能威胁其市场地位的创新行为进行压制。这种压制可能是复制其数据获取方式，模仿其产品和服务，采用过度补贴使创新型中小企业资金链断裂等。三是通过多种方式遏制中小企业发展。具有数据优势的巨头企业，还可能高薪挖角小微企业的核心团队，出资买断企业数据或直接收购公司，或是复制类似数据和产品，利用大型云平台攫取中小企业数据，来挤压中小企业的生存空间。

三、数据垄断损害消费者福利

部分企业的数据垄断行为是直接针对消费者的，即便不是直接针对消费者，数据垄断对竞争的削弱也会使消费者成为间接的受害者。数据垄断对消费者福利的损害体现在几个方面：一是数据垄断会产生与传统垄断行为类似的价高质次的后果。实施数据垄断的企业可能通过滥用市场支配地位、达成垄断协议等方式，在数字经济领域实施垄断高价直接损害消费者的福利，或者通过搭售等方式限定消费者的选择权，或者通过提升消费者的转换成本限定消费者的消费行为。同时，数据准入的不平等可能导致服务质量降低。比如，在搜索引擎领域。搜索引擎巨头有动力也有能力优先考虑付费广告商，而不是考虑为用户提供相关性程度高、质量好的搜索结果。二是一些隐蔽数据垄断行为使消费者在遭受损失。数据垄断企业还有可能利用其数据优势，结合其算法和商业模式，实施数据歧视、数据合谋等垄断行为。比如，部分企业利用数据识别消费者的消费习惯和个人偏好之后，对消费频次较高的消费者不仅没有传统意义上的折扣，反而通过价格歧视制订更高价格，即实施大数据"杀熟",使消费者承担福利损失。三是数据垄断巨头在实施垄断行为时也可能通过侵犯隐私等其他方式使消费者受损。虽然先进的大数据技术为消费者提供了便利,但部分个人隐私数据却也赤裸裸地暴露在电子商务、搜索引擎以及社交网络等"第三只眼"的监控之下。而部分垄断企业和不法商户为急于发现商机、牟取利益,恣意收集信息,严重威胁到普通人的隐私权。技术快速进步使一些数据被开发出新用途,但是个人却有可能对此经常毫不知情。运用新技术收集、分析和使用数据来预测和控制消费者的潜在经济行为,有可能造成伦理和道德上的风险,损伤了公平、自由、尊严等人性价值。

四、数据垄断加大行业管理与市场监管难度

数据垄断的出现会加大行业管理与市场监管的难度。一方面,针对数据垄断问题实施反垄断执法将面临更多困难。在数据垄断领域,传统的反垄断调查方法、经济分析方法、证据认定方式可能并不适用。反垄断执法机构需要引入更加专业的执法人员、更高的执法权限、更加进的分析方法,以应对数据垄断领域相关市场界定、垄断后果认定、救济措施等方面的问题。而在一些数据收集、数据分析和数据使用等一些新的行为是否属于垄断行为,行为的福利影响如何,应该如何处置,也需要反垄断机构结合经济学理论的进展不断更新其认识。另一方面,数据垄断也加大了企业在侵犯个人隐私方面的可能性,加大了保障数据安全的难度。与传统行业不同,大数据驱动的互联网企业之间竞争的不仅仅是价格,还有消费者关注的非价格因素,隐私被认为是重要的非价格因素之一。当特定的互联网服务需要由垄断数据的企业提供时,消费者可能失去了和企业"讨价还价"的筹码,面对企业的"霸王条款"别无选择,只能同意数据垄断企业设置的各种不合理条款,以隐私换取服务。这种数据垄断导致的企业恶意侵犯隐私、消费者选择容忍的现象大量存在,客观上为个人隐私保护相关监管政策的制订和实施设置了障碍,也增加了难度。

第五节　数字经济时代数据垄断监管存在的问题

针对数字经济时代的数据垄断，反垄断监管面临一系列挑战和问题，集中表现在判定垄断行为、确认垄断收益和处罚等的技术难度更大。同时，数据垄断对竞争和福利的影响也更具有不确定性，给监管带来价值判断方面的挑战。

一、新型合谋导致认定困难

如前所述，在数据分析的时代，使用算法和人工智能等可以实现默示合谋，并能够通过算法监督执行来巩固这种合谋行为，还能够实施动态协议。这使得数字经济时代处理企业合谋行为面临更多困难。一方面，对于现行反垄断法中已有规定的合谋行为，如果其涉及算法，执法部门需要理解技术方法以及算法如何便利或支持反竞争行为。另一方面，对于反垄断法并未涵盖的新型合谋，比如算法合谋，无须竞争者之间进行任何联系或者不需要任何便利行为即可实现。这与传统模式下摆在桌面上的垄断协议有很大不同。特别是随着深度学习和人工智能的发展，合谋将变得越来越隐秘，证明更为困难。因而，默示合谋既不容易识别，也不容易判定，更不容易打破。这使得反垄断机在面对新型合谋时，如何认定垄断协议、如何明确法律责任和如何进行有效控制都面临新的挑战。

二、市场支配地位确认困难

我国《反垄断法》明确指出，"市场支配地位，是指经营者在相关市场内具有能够控制商品价格、数量或者其他交易条件，或者能够阻碍、影响其他经营者进入相关市场能力的市场地位"，并对认定和推定经营者具有市场支配地位作了规定。然而，数据市场的特殊性使得确认市场支配地位困难，进而也就难以认定滥用市场支配地位的垄断行为。

一是相关市场不易界定、市场份额难以计算。市场支配地位的范围并非全部市场，而是相关市场，所以首先就要明确相关市场。然而，数据相关的业务主要涉及具有双边市场特征的在线平台，市场边界远不如传统领域那么清晰。从数据交易来看，当前数据资源的产权界定仍不清晰、交易机制仍不健全等，大量数据并未实际交易，也就难以界定出相关市场出来。从数据使用角度看，目前，拥有大量数据资源的企业通常将数据用于自身的产品和服务改进，部分与外部合作提供数据服务，数据使用已经全面渗透到各个领域、各个行业，难以界定哪些属于相关市场。同时，数据资源类型多样，通常需要整合起来使用，数据之间的互补性通常大于替代性，界定相关市场通常使用的需求替代分析法失灵。在相关市场难以界定清楚的情况下，难以通过销售价值或数量来计算市场份额，市场份额对于衡量企业力量的指标作用大大减弱。

二是通过其他因素认定支配地位存在困难。《反垄断法》提出了认定市场支配地位的其他依据因素，但对于数据市场都存在执行困难的问题。从进入门槛角度来说，数据市场的准入门槛很低，其他经营者可以通过收集一两份数据报告进入数据市场。从被依赖程度看，下游经营者对海量权威数据的依赖程度，也是难以调查取证的工作。从经营者对市场的控制能力、财力和技术条件等来认定，也会面临市场边界不清的问题。

三是数据的跨市场属性也增加认定困难。在数据垄断中，滥用市场支配地位行为并不一定以在该相关市场中居于市场支配地位为前提。经营者可能在一个市场里拥有支配地位，但在可以通过获取的数据强化在另一个市场上的优势地位，进而可能在该市场上实施滥用行为。因而，数据市场的这种跨界特征可能导致传统的认定模式失效，认定滥用市场支配地位行为变得更加复杂、更加困难。

三、数据型经营者集中可能会免于审查

《反垄断法》第二十七条提出了审查经营者集中要考虑的因素，包括市场份额、市场集中度等硬指标以及一些影响评估。然而，基于和前面

认定市场支配地位时类似的困难，这些要考虑的因素在审查数据市场经营者集中时或会失效。通常的经营者集中申报是以营业收入和市场份额为门槛，但对于数据型经营者来说，不少参与集中的经营者可能掌握了大量用户和数据或者拥有创新的商业模式或技术，但还属于初创企业，营收较少，市场份额接近于零。这种情况下，经营者集中很可能会通过数据整合限制市场竞争。依据现有法律规定和实际操作情况，这种情况可能会因为达不到申报门槛而免于审查。

四、确认垄断收益和处罚存在困难

《反垄断法》对垄断行为的法律责任作了明确规定，其中对实施垄断协议和滥用市场支配地位的行为，有"处上一年度销售额百分之一以上百分之十以下的罚款"的规定。这使得确认垄断收益和处罚存在方面困难。一是数字经济领域补贴模式广泛存在，大量平台企业关注未来收益。数据市场上的经营者即使被认定实施了垄断行为，但可能当前营业收入仍低、尚未盈利，而数据型企业的盈利模式与传统行业差异较大，很可能在短期内实现业务收入和盈利水平爆发式扩张。二是平台企业可能在某一相关市场长期实现免费经营，通过平台另一边的相关市场来获取收益。这导致企业在实施垄断行为的相关市场中并无收入，但该垄断行为却给企业的竞争对手造成了打击，同时也增加了垄断企业的总体收益。这些因素导致很难准确判断其实施垄断行为的获益大小，简单依据销售额进行罚款显然也并不合理。

五、对竞争和福利影响具有不确定性

反垄断依据的基本价值标准是垄断行为阻碍排斥了竞争、降低了社会福利。在传统反垄断监管中，做出这些判断，难度主要是技术上的；而在数字经济时代，关于数据垄断行为对竞争和福利的影响具有很大的不确定性，不仅在于技术层面，还在于理念价值层面。

　　前面所描述的数据垄断主要表现均为可能的表现，仍需进行更技术性的分析才能确认。并且，即使是被当前《反垄断法》认定的数据垄断行为，在价值判断上仍会存在争议。这主要是因为，数字经济时代，数据的价值不仅仅在于数量规模，更需要集中整合，其带来的正面影响可能会远远大于负面影响。如，欧盟在数字经济领域中的多个重要并购案中已经考虑了数据集中对于竞争的影响，但主要结论认为由于数据可以广泛获得，数据的集中并不会带来明显的竞争问题。

六、竞争政策与行业监管交织

　　除了数据垄断本身给监管带来的挑战之外，数字经济时代，竞争问题与新经济发展、产权、交易机制、信息安全、隐私保护等问题相互交织，这进一步加剧了数据垄断监管的复杂性。执法部门可能需要在反垄断和鼓励创新、培育新经济之间取得平衡，在数据井喷时期可能需要优先明晰数据产权和构建交易机制等配套制度，优先解决数据信息安全、隐私保护等市场秩序问题，而不是过早树起反数据垄断的大旗。

第六节　优化数据垄断监管、促进数字经济发展的主要任务

　　数据垄断可能削弱市场竞争，还可能对消费者福利和社会公共利益产生重大负面影响。因此，需要从基础制度、规则制订、跨部门工作协调与国际合作等多方面努力，不断优化数据垄断监管，促进数字经济健康发展。

一、以明确数据产权和优化价值评估为重点完善基础制度

　　一是以社会福利最大化为原则明确数据产权。与传统意义上的实物资产不同，数据资产具有普遍存在、低成本、可复制性和广泛可得等特

点，部分数据还具有非排他性和可替代性特点。因此，数据产权的界定需要结合数据自身特点，产权界定的福利影响，来明确数据产权归属。并在此基础上，形成一整套完善的数据产权认定、转让、使用、保护等规则。只有明确数据产权的相关规则，明确数据产权的归属及其使用者的行为规范，数据垄断的相关分析才具备了坚实的基础。

二是建立权威性的数据资产价值评估参考标准。数据资产价值确认对于反数据垄断经济分析至关重要，只有明确数据资产价值才能够在涉及数据资产的经营者集中、数据垄断案件的结构救济和行为救济中建立明确的分析基准，相关的反垄断工作才具备坚实的理论基础。因此，需要结合数据收集、积累、储存、处理过程的反复性、成本构成的不确定性、经济效益的未知性以及价值转化或确认过程的风险性等因素，通过市场交易、第三方评估等方式科学确定数据资产价值。

三是探索建立数据必要设施相关的规则体系。必要设施原则作为反垄断法中的一种基本理论，该原则的确立对于数据垄断的经济分析尤其重要。需要在考虑数据必要设施界定对相关行业投资和创新影响的基础上，结合公共利益标准、竞争者标准、消费者标准等规则，按照数据对于竞争不可或缺、数据获取具有不可复制性、拒绝开放没有正当理由、数据开放具有可行性等条件加以认定。在认定数据必要设施的前提下，形成更加完善的数据使用规则，防止掌握相关数据的企业滥用市场支配地位。

二、多方面完善反数据垄断执法工作

一是要明确"反数据垄断反的是数据垄断行为"这一基本原则。正如前文提到的"垄断本身并不违法，实施垄断行为才违法"。数据领域同样如此，在推进反数据垄断执法工作时，要区分作为要素的数据以及数据行为，明确独占或垄断数据并不违法，因独占数据实施数据垄断行为才违法。这些行为可能涉及支持数据垄断的数据收集、购买、分析和使用等方面。

二是加快推动《反垄断法》修订工作，将数据垄断相关内容纳入《反垄断法》。《反垄断法》实施十年来，数字经济迅猛发展，数据垄断相关问题广受关注。修法过程中，要总结反数据垄断方面的成功经验和实施中遇到的主要问题，明确现行《反垄断法》存在的不足。以适应数据垄断新形势、解决数字经济发展新问题为目标，重点数据相关的滥用市场支配地位和达成垄断协议相关的法律条文。

三是完善数据垄断经济分析的方法论。在数字经济领域，数据的来源和使用者各不相同，不同领域的数据垄断行为特性不同，影响也不相同，反数据垄断的分析方法也不相同。因此，需要梳理不同类型数据的竞争规则，区分个人数据与公共数据、企业数据与政府数据、工业数据与服务数据在收集、使用方法的不同特性，结合经济分析方法的差别，区别对待不同类型、不同领域的数据垄断行为。

四是要结合数字经济的特点采取反映数据垄断特性的经济分析新方法。应该将产业组织理论的新进展、新方法应该广泛应用于相关市场界定、福利分析、损害认定、垄断行为救济等领域。以界定"相关市场"为例，传统反垄断分析只将双边市场中含"经济效应"的一方市场认定为相关市场，并认为消费者是"免费"获得服务的一方不能界定为相关市场。但数字经济条件下，消费者通过提供个人信息数据换取服务，实际上和以数据为驱动的互联网企业存在商业关系，应将消费者免费享有的一部分服务纳入相关市场界定中。

五是要结合数据垄断特点反垄断执法新模式。现行反垄断法在规制传统垄断行为时已经形成了较为完善的执法模式，也取得了较为显著的成效。在数据垄断领域，需要对传统执法模式取长补短，充分利用现有规则中与数据经济特点相一致的部分，同时探索适应数据垄断特点的新模式。比如，对于经营者集中审查的门槛问题，考虑到数字行业很多企业实施轻资产经营模式，且在初期大量采取补贴等经营手段，因此，针对一些对资产规模和营业收入不高，但市场估值高、消费者福利影响大的企业并购行为加强审查，修订数字行业并购审查门槛，增强审查力度。

三、加强反数据垄断与数据领域监管工作的协调

一是要充分认识到协同推进反数据垄断与数据领域监管工作的重要性。对市场主体进行适度干预对于维持市场正常运行非常重要，尤其在克服市场失灵方面。同时需要明确的是，反垄断法仅是数字经济领域保护消费者和企业利益的手段之一。一些问题是单纯的反数据垄断问题，但也有一些问题处于交叉领域，比如，不清晰或不公平条款和条件、个人数据滥用，也需要通过消费者保护法、隐私和数据保护法得以解决。因此，在规则制订、工作推进、调查研究等各个层次都需要加强部门协同。

二是要完善不同机构之间合作的工作机制。随着数据收集和使用的发展，数据市场变得越来越复杂，数据垄断问题经常与数据隐私、数据产权等问题相互交织。反垄断机构需要与其他执法机构合作，共同追踪有关消费者数据收集和使用的最新发展。不同机构要共同探索确保形成一套协调的执法和监管体系，寻求解决特定问题的最合适的监管方式和手段。部门之间可以通过建立日常工作交流机制、成立部际联系会等方式加强沟通与协作。

四、加强反数据垄断的国际交流与合作

一是通过多种方式加强与主要经济体的反数据垄断国际合作。就数据垄断问题加强与国外反垄断机构的交流和研讨，通过与国外反垄断执法机构签署合作谅解备忘录，将数据垄断议题作为双方合作交流的常设议题。就反数据垄断的规则制订、执法进展、国际协调与主要经济体反垄断机构开展政策对话，寻求反数据垄断的共识，推进反数据垄断执法、培训等多个领域的合作。

二是把反数据垄断作为我国参与全球治理的重要内容，引领全球反数据垄断规则的建立。随着"互联网+"战略的深入实施，我国的数字经济迅猛发展，也在一定程度上引领了全球数字经济的发展。随着我国与全球经济的融合不断深化，可以把竞争政策和反垄断作为我国开展国际合作和参与全球治理的重要内容，把反数据垄断作为其中的重要议题。在金砖国家峰会、G20、APEC等国际场合纳入相关议题，在RCEP等自贸协定谈判中积极推动各国在反数据垄断方面达成共识，充分发挥竞争政策对全球数字经济的促进作用，通过推动公平竞争抵制数字经济领域的贸易保护主义。

第七节　围绕市场反映强烈问题实施数据垄断治理工程

针对市场反映强烈、媒体关注度高、对行业发展制约强的重点领域，围绕数据垄断相关的监管规则、垄断行为实施数据垄断治理四大重点工程。

一是实施数据平台权利义务界定工程。结合大数据平台的产业组织特点、数据垄断行为的福利影响以及数据行业发展需要，对大数据平台的权力义务进行明确界定。明确数据资源所有者身份，数据所有权的界限，数据所有权转移或使用授权的基本规则。对于平台明确拥有产权的数据，明确其可以进一步加工使用数据的范围，规定其在享受数据加工、数据产品开发和使用权的同时，在保障数据资源安全性、可靠性、可用性等方面的责任。明确数据所有者在配合行政机关工作时的数据公开范围和公开义务，以及数据所有者在保护用户隐私方面的责任。

二是实施数字经济领域反垄断指南制订专项工程。有效发挥反垄断指南引导政策预期、事前防范垄断行为的积极作用。结合反数据垄断重点工作，制定涵盖数据经济领域横向并购、纵向并购、纵向约束、滥用市场支配地位、滥用行政权力排除限制竞争等方面的反垄断指南。把反数据垄断的基本原则、分析方法、处置措施纳入其中，引导数字经济健康发展。

三是实施完善反数据垄断实施细则、程序和处罚规定专项工程。以增强《反垄断法》可操作性为目标，制定数字经济领域垄断协议豁免、横向垄断协议宽大制度、反数据垄断案件经营者承诺指南等规则。完善数字经济相关的经营者集中申报、审查、简易案件、附加限制性条件等方面的规定。完善查处数据垄断协议、数据领域滥用市场支配地位案件的程序规定。

四是实施平台垄断行为治理专项行动。以维护社会公共利益、切实保护消费者权益和促进行业健康发展为导向，对消费者反映强烈、监管部门收到投诉较多的数据垄断行为开展专项治理。重点对使用数据和算法达成并巩固垄断协议、拒绝竞争对手获取数据资源、基于数据画像实施差别待遇、基于数据占有优势的搭售行为进行查处，重点制止大数据"杀熟"、算法合谋等行为。通过专项治理执法行动积累办案经验，推动监管规则制订和完善，形成行业自律规范和准则。

第八章　面向大数据时代
数字经济发展举措的国际经验研究

人类已经进入一个"数据+"的时代，数字产业化和产业数字化成为全球关注的焦点，也带来了全球数字经济蓬勃发展，尤其美国、日本、德国、英国等走在世界前列。本章总结梳理了发达国家数字经济的发展经验，结合我国正处于供给侧改革深水期和数字经济产业发展跨越期的实际背景，提出坚持从顶层设计、加强基建、政策支持、升级产业、人才培育、数字治理和国际合作几个角度出发，提升我国数字经济发展速度和效率，成为世界数字经济发展强国。

第一节　大数据时代发达国家数字经济发展现状与趋势

一、全球数字经济发展现状

数字经济是继农业经济、工业经济之后的一种新的经济社会发展形态。数字经济根据数字化程度的不同，可以分为信息化、数字化、智能化三个阶段。目前全球数字经济正在向数字智能化升级阶段发展。智能化阶段有三个重要特征：一是体系重构。数字经济与实体经济加快融合发展，并呈现数据驱动、软件定义、平台支撑、服务增值、智能主导等典型特征，正在全方位重塑制造业的生产主体、生产对象、生产工具和生产方式。二是动力变革。人类正在构建一个以"数据+软件"为核心的新世界：赛博空间。赛博空间的本质就是基于软件构建一套数据自动流动的规则体系，把数据转变为信息，信息转变为知识，知识转变为决策，以数据流不断优化资源的配置效率，全面提升全要素生产率，培育基于数据驱动的新动能。三是范式迁移。人类认识和改造世界的方法论在经历了以牛顿定律为代表的理论推理法、以爱迪生发明灯泡为代表的实验验证法后，正在构建认识世界的两个新的方法论：模拟择优法和大数据分析法。

截至目前阶段，全球数字经济蓬勃发展，数字经济增速显著超越同期的 GDP 增速，这也导致数字经济占 GDP 的比重进一步提高。2016 年，美国数字经济规模依然排世界第一，达到 11 万亿美元，占 GDP 的比重高达 59.2%，中国排世界第二，数字经济规模达到 3.8 万亿美元，占 GDP 的比重为 30.1%；第三名为日本，数字经济规模为 2.3 万亿美元，占 GDP 的比重为 45.9%；第四名为英国，数字经济规模为 1.43 万亿美元，占 GDP 的比重为 54.5%。[1] 中国的数字经济规模虽然已经位居世界第二，但是占 GDP 的比重仍然低于发达国家，这表明中国的数字经济发展程度仍然不足。从产出和增速两个维度来看，高产出高增速国家基本都是亚洲和拉丁美洲的新兴经济体国家，如中国、印度、印度尼西亚、泰国等，这些国家处于全球经济发展最活跃的地区，拥有较强的经济增长潜力且其数字经济的发展较少受到原有经济发展的路径依赖限制；高产出低增速国家则大多为欧美经济发达国家，如美国、德国、日本、英国、法国等，这些国家大多为传统发达国家，具有较为雄厚的经济实力和发展完善的产业结构，依仗其传统经济的雄厚实力，这些国家的数字经济在较大规模水平上保持较低的增速；低产出高增速国家以东南亚国家（马来西亚、菲律宾）和中东欧国家（匈牙利、立陶宛、爱沙尼亚、塞尔维亚、波兰、罗马尼亚）为主，这部分国家是数字经济的新兴国家，从其增速来看，其发展潜力巨大，有后来者居上的可能；低产出低增速国家以北

---

[1]　2017 年 12 月 20 日，上海社会科学院发布《全球数字经济竞争力指数（2017）》报告。

欧（丹麦、芬兰）和中东欧国家（拉脱维亚、斯洛文尼亚、捷克共和国、斯洛伐克共和国、保加利亚、克罗地亚）为主。

从各区域来看，欧盟总体实力强于其他区域，而且发展较为均衡。在基础设施方面，欧盟通过数字一体化的议程，加大对基础设施投资。据《2016 欧洲数字化进程报告》①统计，截至 2016 年，22% 的欧盟家庭办理了访问速度至少为 30Mbps 的宽带网络，比 2010 年提高 7 倍；从整体来看，高速宽带已经覆盖了 71% 的家庭。欧盟是全球数字产业发达地区，但语言差异和人口规模两大障碍使得互联网发展难度大、成本高，全球市值最高的 20 家互联网公司没有一家来自欧洲。近年来，欧盟数字经济重点发展的领域为智能制造、移动通信网络等。根据《2016 欧洲数字化进程报告》，2013 年欧盟 ICT 总产值达到 5810 亿欧元，然而，欧盟 ICT 产业自 2009 年以来仍处于结构性下滑的状态。2013 年，欧盟 ICT 产业增值（操作性定义）占 GDP 的 3.9%，明显低于美国的 5.2% 和中国的 4.4%。相比之下，"一带一路"沿线 64 个国家的数字经济则呈现总体从西到东、从北向南呈现梯度下降的态势。整体而言，目前全球数字经济蓬勃发展，增速远超同期的 GDP 增速，全球经济进一步向数字经济迁移，数字经济公司的市值大幅上升。就国家而言，中美两强争霸之势已经形成，同其他国家之间的差距越拉越开。

二、发达国家数字经济战略重点和方向

数字化基础设施已经成为世界上最大的设施群，数字技术的应用与开发、数字资源的产生与汇聚、数字经济的各类活动都要在基础设施上进行因此，各国都在加强基础设施建设，提高宽带的速度和渗透率。例如，美国加强基础设施等数字化情况的统计和分析；英国政府要求通信管理机构定期报告通信网络基础设施情况；日本的数字经济战略指出要大力发展数

---

① 2016 年欧委会官网发布《2016 欧洲数字化进程报告》。

字化基础设施建设；澳大利亚的战略中，基础设施的智能管理和关键基础设施支撑是两项重要的战略目标；新加坡力求建设一套超高速的、普遍深入的、智能的和可靠的信息通信基础设施。各国在制定数字经济发展战略的时候，多数还是建立在对数字经济狭义理解的基础上，并根据自己国家当时的经济社会发展需求，规划出具体的发展重点。其中，英国、澳大利亚、新加坡等国的数字经济发展战略涉及领域较窄，主要集中在信息技术和通信技术领域，如互联网、宽带、电子商务、在线服务等。英国的数字经济发展主要是以互联网为核心的音乐、游戏、媒体等领域；澳大利亚的国家数字经济战略也局限于数字广告销售网络、联盟营销、内容管理、搜索引擎、多媒体服务等互联网领域；新加坡则将关注点放在了信息通信业增加值、出口额、新增就业岗位和宽带渗透率等方面。

以美国为首的少数国家，是数字经济发展的领头羊，其根据数字经济不断发展的新形势和新要求，动态调整本国的数字经济发展战略。当前，美国已从初期的围绕互联网、电子商务为主的数字经济发展升级为重点支持互联网、移动互联网发展、基础设施数字化，支持数据资源开放和数字政府信息服务的数字国家战略。以日本为代表的一些国家，由于数字技术、数字资源和数字化基础设施建设基础较好，其在制定数字经济发展战略的过程中，更加注重数字经济的外延发展。因此，日本将电子政务、医疗健康和教育及人力资源管理纳入了数字经济发展战略。可见，数字经济战略的制定和发展高度有赖于数字技术、数字资源和数字化基础设施建设的基础条件。此外，一些国家的数字经济发展战略除了包含重点领域外，还分别提及数字化的工业控制、物流运输等在内的更为广阔的领域和产业。但与此同时，对正在或将要被数字化的领域及产业的关注和重视程度远远不够这一点有望成为我国发展数字经济的后发优势。

三、中美数字经济发展比较

从发展速度看，我国数字经济发展优势明显，增速是发达国家的数

倍。经初步估计，2016 年，我国数字经济增速达到 16.6%，分别是美国
（6.8%）、日本（5.5%）和英国（5.4%）的 2.4 倍、3.0 倍、3.1 倍。从产
业规模看，我国数字经济与发达国家差距较大，从数字经济规模占 GDP
比重情况看，2016 年，中国数字经济占 GDP 的比重仅为 30.1%，显著
低于全球其他主要国家，分别比美国（59.2%）、日本（45.9%）和英国
（54.5%）低 29.1、15.8、24.4 个百分点，我国数字经济发展的巨大潜力
尚未得到充分挖掘。从内部结构看，我国数字经济呈明显的阶段性特征，
数字经济基础部分在数字经济中的占比逐渐下降，2006 年占比为 50%，
2007 年，我国数字经济基础部分在数字经济中的占比大幅下降至 47.1%，
成为我国数字经济内部结构突变的重要拐点，2016 年，我国数字经济基
础部分在数字经济中仅占约 23.8%；而数字经济融合部分在数字经济中
的比重已高达 76.2%，数字经济融合部分的主导地位更加巩固。我国与
美国之所以存在规模与速度的剪刀差，除了经济基础以外，主要原因有
几方面：

一是竞争力培育方式不同。美国的互联网产业在推广应用与研发间
形成了良好的互动关系，推动技术持续进步，使互联网产业能保持持续
的活力与强大的竞争力。而我国互联网企业主要强调消费级应用，重点
放在了如何更好地满足消费者的需求，使我国互联网企业虽凭借巨大的
市场规模快速成长，并形成了一些世界级企业，但在核心技术方面仍有
较大差距。虽"互联网+"正在快速从消费极向生产极转变，但我国对互
联网与制造业融合发展的认识存在误区，且重视程度不够。

二是创新模式不同。美国数字经济通过技术创新引领商业模式创新，
技术创新与商业模式创新并重。美国是全球商业模式创新的重要策源地，
其在分享经济、互联网金融、电子商务、SNS 等诸多互联网商业模式创
新方面都在引领全球风潮。但值得注意的是，美国数字经济的商业模式
创新更多是以底层技术创新为基础。以 UBER 为例，其底层基础技术是
利用大数据进行更完善的交通规划。可以预期，美国正处于布局前期的

工业互联网、人工智能、智慧城市、能源互联网等领域，未来将涌现出一大批商业模式创新的企业。而我国互联网商业模式创新，主要仍是通过对国外商业模式创新的模仿，以营销手段拓展市场，依赖市场规模效应实现快速成长。

三是产业链拓展方式不同。美国将互联网视为一种通用技术，强调将互联网应用于各个领域，发挥互联网在生产生活中的巨大作用，从而在互联网上下游领域快速拓展，进行深度布局，形成持续创新与发展的能力，使互联网的整体效应能更好地发挥出来。我国则侧重互联网下游产业，尤其是虚拟经济的带动性。目前，互联网产业的上游基础设施建设相对落后，互联网企业自身的研发水平也不高，资金和人才大量集中在互联网金融、网购等下游产业。同时，互联网下游产业的数字化应用也主要集中于虚拟经济，对钢铁、煤炭、装备制造等实体经济的技术改造较少。

第二节　大数据时代发达国家推进数字经济发展的主要做法

一、美国模式——整体布局、重视治理

（一）加强数字信息设施布局，提升数字硬件支撑能力

美国注重强化信息（数字）基础设施建设，在无线基础设施建设方面，美国提出要使超过98%的民众能够获得高速的无线网络服务。为强化智能手机和无线设备的应用，计划在十年内，建成更多可用的电波（如500MHz频率光谱）。目前，支持无线基础设施建设的相关法案已通过，并且建设资金已到位。在高速宽带基础设施建设方面，美国从《美国经济复苏法案》中拨付70亿美元，不断扩大宽带的应用，特别是针对农村地区和公共计算机服务中心，并强化学校、图书馆、社区等互联网接入能力。在智能电网基础设施建设方面，美国强调电力系统是清洁能源领

域非常重要的技术领域。借助复苏法案，美国已在电力传输和能源可靠性现代化等项目投入 45 亿美元。

（二）实施"大数据"战略，推动大数据广泛应用

美国将大数据视为强化国家竞争力的关键因素之一，把大数据研究和生产计划提高到国家战略层面，并大力发展相关信息网络安全项目。在推行大数据战略方面，2009 年美国提出"大数据"战略，并推出 Data. gov 大数据平台，依照原始数据、地理数据和数据工具三个门类，公布大量数据，并汇集 1000 多个应用程序和软件工具、100 多个手机应用插件。2012 年 3 月 29 日，美国白宫科技政策办公室发布《大数据研究和发展计划》，成立"大数据高级指导小组"。同时，美国还成立"数字服务创新中心"，开发 Sites.USA.Gov 网站，帮助各机构建设即插即用型网站，并出台移动应用程序开发项目，帮助各机构对移动应用程序进行规划、测试、开发和发布。《大数据研究和发展倡议》[1] 提出联邦政府希望与行业、科研院校和非营利机构一起，共同迎接大数据所创造的机遇和挑战。2014 年 5 月美国发布《大数据：把握机遇，守护价值》白皮书，对美国大数据应用与管理的现状、政策框架和改进建议进行了集中阐述[2]。早在2012 年，美国政府就投资 2 亿美元推动大数据的核心技术研发；美国国防部计划每年投资 2.5 亿美元开展一系列大数据研究。美国一些大型公司资助大数据的相关竞赛、为高等院校的大数据研究提供资金、投资建立实验室、收购大数据企业实现技术整合。例如，2013 年福特汽车在硅谷创立实验室，处理了 400 万辆汽车的数据；2013 年 Twitter 与 12 个合作伙伴一起对大数据的作用进行试验；EMC、惠普、IBM、微软等 IT 巨头纷纷通过收购"大数据"相关企业来实现技术整合；美国 VC 看中大数据的发展前景，对大数据领域投资进行投资积极。

---

① 2013 年 3 月 29 日，美国白宫网站发布《大数据研究和发展倡议》。
② 2014 年 5 月，美国发布《大数据：把握机遇，守护价值》白皮书。

（三）大力推动产业数字化，深化数字产业融合发展

　　美国大力推动数字技术与工业、教育、医疗和运输融合，推动产业数字化发展。2013 年 11 月，美国信息技术与创新基金会发布了《支持数据驱动型创新的技术与政策》的报告。报告[①] 指出，"数据驱动型创新"是一个崭新的命题，其中最主要的包括"大数据""开放数据""数据科学"和"云计算"。在工业数字化方面，自 2009 年开始，美国就提出了以"先进制造战略"为基础的"再制造业化"战略，强调互联网及智能技术等在制造业领域的应用。2012 年，由通用电气提出工业互联网的概念，并于 2014 年主导成立工业互联网联盟。2015 年，工业互联网联盟发布《迈出工程化第一步》，提出工业互联网总体参考架构。在医疗方面，通过加大医疗机构数字基础设施建设力度，促进远程诊疗技术、电子健康记录、医疗处方和配药信息的电子化等来提高医护人员的知识技能，提升医疗服务水平和质量。在数字技术与运输物流结合方面，主要是利用数字技术创造个安全、经济和环境友好型的道路交通体系。

　　（四）实施数字立法与创新，强化数字安全治理

　　在数字立方方面，美国提出《开放政府指令》《政府信息开放和可机读的总统行政命令》《开放政府合作伙伴——美国第二次开放政府国家行动方案》等，明确要求所有联邦政府机构都应在公开的网站发布此前的内部电子数据集。美国高度重视保护互联网产业的技术研发、专利和知识产权，并已在核心领域与关键领域形成专利体系，强调完善的知识产权保护制度对促进生物技术、数字技术、互联网及先进制造业发展的推动作用。在制度创新方面，加大对技术尤其是数字化信息技术创新的政策支持力度，激励信息高科技企业和产品及创新人才不断涌现；协调各级政府、信息网络企业、研究机构各方资源，建立国家信息技术创新体

---

　　① 　2013 年 11 月，美国信息技术与创新基金会发布了《支持数据驱动型创新的技术与政策》。

系，系统推进国家的信息技术创新，增强信息企业科技研发能力；促进以信息企业为主体的技术创新，通过扶持和增强企业的技术创新能力，实现国家的信息产业化目标。

二、英国模式——顶层设计、突出创新

（一）发布《数字英国》白皮书，从顶层调整经济战略

面对着英国传统经济增长方式乏力的窘境，英国政府试图通过信息通信产业的数字化升级来达到经济持续增长和改善国民生活的目的，从2008年10月开始筹备"数字英国"计划，于2009年6月16日发布最终报告——《数字英国》白皮书[1]，白皮书为英国数字化通信传播确定了重要的阶段性发展方向，对今后英国公共传播服务的发展影响深远。白皮书从顶层设计开始调整经济战略，旨在全面实现数字英国的目标。白皮书强调政府需要加速建立和完善在数字职业教育基础上的再教育体系以及高等教育技能体系，并继续对研究和创新进行投资，以确保英国能够紧跟数字技术的高速发展步伐。在学校课程中把提升数字能力列为核心课程，以确保未来英国人能够从事数字相关专业工作。确定国家层面的数字安全框架。白皮书强调将通过企业与政府在线安全联动为在线信息安全提供一站式服务。在打击犯罪方面，英国公平贸易局将对在线消费进行保护，并负责统筹英国各产业和行业击线诈骗。提升电子政务水平。白皮书建议为政府业务应用设立"政府云服务"，负责运行公共服务网络，以便能够实现服务器和存储虚拟化以及系统管理的自动化等应用。英国政府也计划将"云技术"应用到电子政务建设之中。

（二）出台《数字经济战略》具体细节，以创新推动数字经济发展

《数字英国》白皮书引发了英国社会各界的广泛关注和积极参与。伴随着信息通信技术的高速发展，跨界、融合、创新、转型成为信息时代

---

[1]　2009年6月16日，英国发布《数字英国》白皮书。

产业发展的主旋律，全球数字经济正处于重塑发展理念、调整战略布局、重构竞争规则的新阶段。英国政府认识到跻身于全球数字化创新浪潮前列的重要性，于 2015 年初，出台了《数字经济战略（2015—2018）》[①]，旨在通过数字化创新来驱动社会经济发展，通过信息通信技术创新、融合、扩散来提升生产效率和交易效率，并为把英国建设成为数字化强国确立方向。英国政府成立了"创新英国"项目，来负责执行战略计划，并制定了战略计划的五大目标和具体措施。一是对数字化创新者给予鼓励。二是建设以用户为中心的数字化社会。三是为数字化创新者提供帮助。四是促进基础设施、各个平台以及各个生态系统的发展。五是确保数字经济创新发展的可持续性。英国政府认为，在实施该战略的过程之中，必须依赖于社会科学以及经济学来理解法律以及政府监管两者的角色，还要依赖于设计专家的意见以考量市场的反应。

（三）重视大数据技术研究，积极扩大大数据应用领域

英国推动数据公开，积极促进大数据技术从科研向应用领域转化，在资金和政策上大力支持大数据在医疗、农业、商业、学术研究领域发展。从 2011 年开始，不断对大数据领域进行持续的专项资金投入。2011年，英国商业、创新和技能部宣布，将注资 6 亿英镑发展 8 类高新技术，其中 1.89 亿英镑用来发展大数据技术。据负责科技事务的国务大臣介绍，政府将在计算基础设施方面投入巨资，加强数据采集和分析。2013 年 8月 12 日，英国政府发布《英国农业技术战略》[②]。该战略指出，英国今后对农业技术的投资将集中在大数据上，目标是将英国的农业科技商业化。在该战略的指导下成立的第一家"农业技术创新中心"研究焦点将投向大数据，致力于将英国打造成农业信息学世界级强国。2014 年，英国政府投入 7300 万英镑进行大数据技术的开发。包括：在 55 个政府数据分

---

① 2015 年初，英国出台了《数字经济战略（2015—2018）》。
② 2013 年 8 月 12 日，英国政府发布《英国农业技术战略》。

析项目中展开大数据技术的应用；以高等学府为依托投资兴办大数据研究中心；积极带动牛津大学、伦敦大学等著名高校开设以大数据为核心业务的专业等。积极促进政府和公共领域的大数据应用。2012 年 5 月，支持建立了世界上首个开放式数据研究所 ODI（The Open Data Institute）。ODI 将把人们感兴趣的所有数据融会贯通在一起，每个行业的各个领域一面产生各种数据而另一方面又可以来利用这些数据。英国政府通过利用和挖掘公开数据的商业潜力，为英国公共部门、学术机构等方面的创新发展提供"孵化环境"，同时为国家可持续发展政策提供进一步的帮助。英国政府建立了有"英国数据银行"之称的 data.gov.uk 网站，通过这个公开平台发布政府的公开政务信息。这个平台的创建给公众提供了一个方便进行检索、调用、验证政府数据信息的官方出口。

三、日本模式——产业融合、强化应用

（一）制定 I-japan 数字战略，推进多产业领域数字融合

日本政府于 2009 年 7 月 6 日制定了《2015 年 I-japan 战略》[①]，主要是为了建立安全且充满活力的数字化社会，实现信息技术的方便使用，突破数字技术使用的各种壁垒，确保信息安全，通过数字技术和信息在社会中的渗透扩散打造全新的日本。该战略主要从电子政务、医疗保健和教育及人力资源建设 3 个领域优先发展数字经济，并指出要大力发展数字化基础设施建设。在电子政务方面，通过明确数字经济发展评价标准、推广"国民个人电子信箱"、政府首席信息官等途径，推进政府管理体制改革，建立更加便利、标准、高效、简洁、透明的政府；在医疗保健方面，通过加大医疗机构数字基础设施建设力度，促进远程诊疗技术、电子健康记录、医疗处方和配药信息的电子化等来提高医护人员的知识技能，提升医疗服务的水平和质量；在教育和人力资源领域，加大信息教育和数字技术设施

---

① 2009 年 7 月 6 日，日本发布《2015 年 I-japan 战略》。

的投入，加快远程教育发展，提高学生专业能力和利用信息的能力。培养拥有较高数字能力的专业人才，为日本数字经济发展做好人才储备。该战略旨在推动电子商务和管理以及商业流程再造过程中的创新，整合数字化技术，促进生产服务领域高附加值产业的发展；通过整合通信技术和数字无线电、广播，推动媒体产业的发展；通过数字技术的发展，带动当地社会经济发展，提高居民生活质量；通过全球开发与合作，提高日本数字产业的国际竞争力。通过建设宽带基础设施、推广采用易用设备，构建信息安全措施，发展便于传播和利用数字信息的基础设施，推动数字基础技术的发展，实现数字技术在各领域的普及使用。

（二）以发展开放公共数据，加强大数据应用开发

2012 年 6 月，日本 IT 战略本部发布电子政务开放数据战略草案，迈出了政府数据公开的关键性一步。为了确保国民方便地获得行政信息，政府将利用信息公开方式标准化技术实现统计信息、测量信息、灾害信息等公共信息，并尽快在网络上实现行政信息全部公开并可被重复使用。2013 年 7 月 27 日，日本三菱综合研究所牵头成立了"开放数据流通推进联盟"，旨在由产官学联合，促进日本公共数据的开放应用。2012 年 7 月，日本推出了《面向 2020 年的 ICT 综合战略》[①]，提出"活跃在 ICT 领域的日本"的目标，重点关注大数据应用。该战略聚焦大数据应用所需的社会化媒体等智能技术开发，传统产业 IT 创新以及在新医疗技术开发、缓解交通拥堵等公共领域的应用。2013 年 6 月，日本公布了新 IT 战略——"创建最尖端 IT 国家宣言"。宣言阐述了 2013—2020 年期间以发展开放公共数据和大数据为核心的日本新 IT 国家战略，提出要把日本建设成为一个具有"世界最高水准的广泛运用信息产业技术的社会"。

（三）发布超智能社会战略，推动数字技术社会应用

继德国工业 4.0、美国工业互联网、韩国制造业创新战略、英国高科

---

① 2012 年 7 月，日本发布《面向 2020 年的 ICT 综合战略》。

技创新战略，以及新工业法国之后，日本也于 2016 年 1 月提出了超智能社会战略，并在当年 5 月底颁布的《科学技术创新战略 2016》[1] 中，对其做了进一步的阐释。该计划认为，超智能社会是继狩猎社会、农耕社会、工业社会、信息社会之后，又一新的社会形态，也是虚拟空间与现实空间高度融合的社会形态，该政策旨在通过基础设施强化，提升数字技术水平，提高社会数字化应用能力。超智能社会战略的主要政策内容为：一是强化社会结构体制改革，推进技术革新。发展人工智能是日本建设"超智能社会"的核心，为此，日本采取政府引导、市场化运作、产官学协作的模式，分工合作、协同推进。二是构筑人才、知识、资金的良性循环体系。通过企业与研究机构联合研发及催生风险企业等一系列措施，打破人才、知识和资金之间的壁垒，推进构建创新体系，培养研究开发人才。三是指定专门的特区进行与"超智能社会"相关的技术试验活动。日本的特区制度分为国家战略特区、综合特区和结构改革特区三个层次，国家战略特区处于最顶层，其目标为提高日本优势产业的国际竞争力。四是构筑知识产权及信息安全保障机制。日本政府通过"官民圆桌会议"等形式促进公共数据的开放，推进与数据流通相关法律法规的制定工作，并将其作为新型社会基础设施的一部分。

四、德国模式——立法完善、重视基建

（一）注重数据保护，加强立法完善

德国非常注重对数据的保护，为大数据的发展提供前提条件。1977 年，德联邦层面的数据保护法生效；2004 年生效的德国《电信法》也涉及电子通信领域的数据保护。2009 年，对现行的《联邦数据保护法》进行修改并生效，约束范围包括互联网等电子通信领域，旨在防止因个人信息泄露导致的侵犯隐私行为。这部法律对个人数据的合法获取、处理

---

[1]　2016 年 5 月，德国发布《科学技术创新战略 2016》。

和使用情况做出明确规定。在政府内部，要求设立"联邦数据保护与信息自由专员"，监督政府机构在保护个人数据方面的行为。在联邦层面以外，德国各州也有自己的数据保护专员，以类似的方式监督各州政府机构的行为。开放部分公共数据，在大数据和云计算下发展人工智能技术。2006，德国向公众免费开放了德国官方所有的 GESTIS 等 7 个有毒有害物质信息数据库和德国气候变化预测图。德国电信和 Vodafone 通过开放 API，向数据挖掘公司等合作方提供部分用户匿名地理位置数据，以掌握人群出行规律。

（二）重视数据基础设施建设，助推产业数字化转型

2016 年 3 月，德国联邦政府发布了"数字战略 2025"[①]，在国家战略层面明确了德国数字化转型的基本路径，并提出了十大行动步骤。其中，"建设全覆盖的千兆光纤网络"被作为首要任务提出，成为支撑"数字战略 2025"的重要基础。德国是全球领先的制造业强国，但在高速宽带网络部署、信息通信技术（ICT）应用方面却持续落后，在全球十大数字经济强国中排名第六，落后于美、韩、英、日、中等国家。面对数字经济加速发展需求，德国对解决网络基础设施落后这个"卡脖子"问题表现出日益强烈的紧迫感，"数字战略 2025"将构建千兆光纤网络作为十大行动之首，从资金、技术、政策方面提出了一系列举措，助力智能制造实施和数字化转型。

一是加快网络演进升级，推动高速宽带网络建设。固定宽带方面，德国政府将着力加快光纤宽带网络建设步伐，到 2025 年计划投资 1000 亿欧元用于光纤网络扩张，同时协同各类基金项目重点支持制造企业和商业中心宽带连接。移动宽带方面，鼓励企业加大 4G 网络投资，积极推进 5G 关键技术研发和标准制定，实现到 2018 年 50M 以上高速宽带网络无处不在的发展目标，为工业 4.0 发展奠定新基础。二是加大资源投入力

---

① 2016 年 3 月，德国联邦政府发布"数字战略 2025"。

度，促进农村宽带网络升级改造。在资金投入上，德国政府设立 100 亿欧元的农村地区千兆光纤网络建设专项基金，重点解决农村光纤网络建设资金不足问题。鼓励和引导各类社会资本参与农村宽带网络基础设施建设。在资源分配上，德国政府将推动 700MHz 频谱用于农村地区移动通信网络连接，解决农村宽带"空白"区域的网络覆盖难题。三是完善配套政策和机制，保障相关举措落地实施。建立联邦、地方政府和电信运营商等多方参与的千兆网络圆桌会议机制，推动德国高速光纤网络建设。通过简化规划程序、推广节省成本的安装技术和促进基础设施共享，降低建设成本，提升投资效益。推动制定激励企业创新与投资的监管政策，减轻企业承担创新与投资风险的压力

五、其他国家数字经济发展模式

法国通过发展创新性解决方案，并将其用于实践，来促进法国在大数据领域的发展。2011 年 7 月，启动"Open Data Proxima Mobile"项目，挖掘公共数据价值。该项目希望通过实现公共数据在移动终端上的使用，从而最大限度地挖掘它们的应用价值。项目内容涉及交通、文化、旅游和环境等领域。项目完成后所有法国公民以及在法国旅游的欧洲公民都将能通过个人移动终端使用法国的公共数据。所有公共数据都是免费的，应用程序均操作简单。不仅利于大众使用，还能为私人企业提供很多商机。2011 年 12 月，法国政府推出的公开信息线上共享平台 data.gouv.fr，便于公民自由查询和下载公共数据。2013 年 2 月，法国政府发布《数字化路线图》[1]，明确了大数据是未来要大力支持战略性高新技术。法国政府将以新兴企业、软件制造商、工程师、信息系统设计师等为目标，开展一系列的投资计划，旨在通过发展创新性解决方案，并将其用于实践，来促进法国在大数据领域的发展。2013 年 4 月，投入专项资金推动大数

---

① 2013 年 2 月，法国政府发布《数字化路线图》。

据技术发展。法国经济、财政和工业部将投入 1150 万欧元用于支持 7 个未来投资项目，法国政府投资这些项目的目的在于"通过发展创新性解决方案，并将其用于实践，来促进法国在大数据领域的发展"。此前，法国软件编辑联盟曾号召政府部门和私人企业共同合作，投入 3 亿欧元资金用于推动大数据领域的发展。

新加坡政府早在 2006 年 6 月就正式宣布启动数字经济 2015（iN2015）计划[①]。计划包括六大目标，即信息通信技术为经济和社会创造的价值增值居全球第一位、信息通信业实现的价值增值增长两倍达 260 亿新元、信息通信业出口额增长 3 倍达 600 亿新元、新增工作岗位 80000 个、家庭宽带渗透率达 90%、电脑在拥有学龄儿童的家庭中的渗透率达 100%。为了实现上述目标，新加坡政府制订了 4 项关键战略。（1）通过对信息技术更加成熟和创新的应用，率先实现关键经济领域、政府和社会的转变。（2）建设一套超高速的、普遍深入的、智能的和可靠的信息通信基础设施。（3）发展具有全球竞争力的信息通信产业。（4）培养信息通信方面的精英劳动力和具有全球竞争力的信息通信劳动力。在新加坡，多个跨国 IT 企业在当地设立大数据技术研发中心，加速数据分析技术的商业应用。新加坡同时鼓励大学设立数据挖掘和分析平台，组织培养专门人才。最近，新加坡政府又对提出支持新加坡企业采用大数据技术，从大数据基础设施、政府服务、人才培养、技术研发和立法角度，推动大数据生态的完善，以及在企业应用和政府服务中的落地。

澳大利亚正力争成为世界领先的数字经济实践者。澳大利亚政府于 2011 年 5 月 31 日正式发布《2020 澳大利亚数字经济战略》[②]，包括家庭网络、企业网络（电子商务）、环境和基础设施的智能管理、医疗和老年护理、网络教育、电子办公、政府网上服务、关键基础设施支撑实施等 8

[①] 2006 年 6 月，新加坡发布启动数字经济 2015（iN2015）计划。
[②] 2011 年 5 月 31 日，澳大利亚发布《2020 澳大利亚数字经济战略》。

项战略目标。为实现上述 8 项目标，政府、产业和社会需共同努力、相互协作推进实现澳大利亚数字经济的全面发展。一是政府加大包括宽带网络数字电视、无线电通信在内的数字经济基础设施的投资力度；二是为创电便机新提供便利，包括为数字经济发展开放公共部门信息、构建"E—政府"促进建立有利于数字创新商业化的文化氛围；三是设置有力的监管框架构筑版权"安全港"的数字经济平台，建立有利于聚合的环境；四是要展示商业数字化信息并构筑数字化能力，采用智能技术促进可持续发展，展示数字经济信息并接受数字媒体文化，体验、包容、参与到数字化活动中。此外，澳大利亚重视大数据发展，提升公共服务质量。2013 年 8 月，澳大利亚政府发布了公共服务大数据战略。该战略提出了大数据分析的实践指南，希望通过大数据分析系统提升公共服务质量，增加服务种类，并为公共服务提供更好的政策指导，保护公民隐私，使澳大利亚在该领域跻身全球领先水平。同年，隶属于澳大利亚财政与解除管制部门的 ICT 采购部发布了《数据中心结构最佳实践指南》草案，旨在为澳大利亚政府机构提供优化数据中心结构相关运营活动的建议。

第三节　发达国家数字经济发展经验及对我国启示

截至目前，35 个 OECD 成员国中有 27 个制定了国家战略。部分国家虽然没有总体战略，但分门别类制定了若干针对特定领域和部门的政策，这些部门政策组合在一起便构成了数字经济国家战略的框架。这些制定了数字经济战略的国家都有相似的政策共性，通常建立在信息产业政策基础之上，与现有宽带网络、数字政府、网络安全等信息产业政策存在交集。政策范围从关注信息产业自身发展进一步拓展到商业创造、生产率提高、公共治理、居民就业、教育医疗、环境保护等各领域。发达国家数字经济战略主要从供给侧和需求侧两端同时发力。在供给侧，包括大力完善通信基础设施、提高数字产业国际竞争力。在需求侧，则包括加强电子政务、鼓励中小企业部门购买信息产品和服务，扩大信息技术普及率，提高老年人、残疾人网络使用率。总结国际发展经验，结合我国正处于供给侧改革深水区和数字经济产业发展跨越期的实际背景，应坚持从顶层设计、加强基建、政策支持、升级产业、人才培育、数字治理和国际合作几个角度出发，提升我国数字经济发展速度和效率，成为世界数字经济发展强国。

一、完善顶层设计，细化数字经济发展战略

国家应从顶层战略方面进行设计，合理规划布局共享时代下的数字经济发展战略。首先，政府应站在宏观层面认真分析共享时代发展数字经济的基础和条件，从实际出发制定发展战略；制定数字经济产业发展的战略性和纲领性目标和文件，把"数字强国"列入国家长远发展规划；制定具体的实施方案和路径，同时推动建立跨区域、行业、部门的共享数字平台，推动数字经济与共享经济协同发展。其次，把共享时代发展数字经济列为推动经济结构调整，实现新旧动能转换的核心战略，重点发展数字经济相关产业，把大数据、云计算、人工智能等数字产业列为国家未来经济发展重点目标，加大扶持力度。最后，推动科技创新和网络基础设施建设，为共享经济和数字经济发展提供保障，通过政府的政策引领作用，开展数字技术研发，建立数字技术创新创业孵化基地，推动官产学研一体化，促进数字技术方面的软硬件开发；同时要发挥政府和企业的双向作用，通过政府引领、企业主导，推动全国数字网络基础设施建设，尤其是移动互联基础设施建设，为数字经济和共享经济的融合发展奠定基础。

二、加强数字基建，为数字经济提供硬件支撑

信息基础设施建设信息基础设施是整个数字城市的基础，没有扎实雄厚的信息基础设施做支撑，数字城市就是"空中楼阁"。通信网络基

础设施包括有线网、无线网和综合网，是确保数字城市信息畅通和共享的必要条件。目前全球已有146个国家实施了宽带战略或行动计划，这些战略的共同目标是发挥信息基础设施在建设数字社会中的重要作用，通过加大宽带网络的普及程度，提高网络用户的普及率，进而加快社会数字化进程。对于我国而言，我国数字经济规模虽然位居全球第二，但数字基础建设仍然比较落后。应从以下几个方面着手：一是统筹规划网络建设，充分利用现有网络资源，促进资源共享和互联互通，构建有线网络公平接入、无线信号普遍覆盖、带宽服务满足需求的宽带网络环境；大力发展宽带通信网、数字电视网和下一代互联网，以业务融合促进"三网融合"；二是加强应用支撑平台建设，加大标准化工作的力度，在充分采纳、吸收、参考已有国家标准、行业标准、规范以及国际标准规范的基础上，结合区域地理空间基础信息生产、应用的特点，制定相对完善的地理空间基础信息标准和服务标准。构建合理的信息资源共享和分享机制，建设公共信息服务基础网络平台和信息交换共享平台。

三、加大政策支持，完善数字产业税收政策

从我国人均信息消费水平看，我国尚处于信息社会的初级阶段，年人均信息消费只有300美元左右，不到美国的1/10。因此，我国数字经济的市场空间急需拓展。一方面，加大数字经济产业专项资金扶持力度。中央和地方要建立专项数字经济发展基金，对关键领域、重点项目以及数字经济产业示范基地给予扶持，同时建立项目跟踪评价机制，每年根据评价等级对项目进行分类支持。另一方面，出台数字经济产业税收优惠政策。数字经济产业作为新兴产业，为促进其发展要认真规划税收优惠政策，根据地域差别、项目等级施行浮动差别税收优惠政策。为促进数字经济新产品的开发推广以及新技术的研发，对研发及推广费用施行税收抵扣，降低数字企业开发成本，促进数字经济发展。另外，构建新

型融资模式，通过市场手段为大数据时代数字经济发展提供资金保障。构建由中央或地方政府引导、数字经济相关企业参与以及社会众筹的方式，融合公共财政与社会资本的力量，建立多层次、多方位的投资体系。国家应通过政策激励作用引领风险投资发展方向，使其趋向于数字经济产业。同时国家要鼓励金融机构发放专门的促进数字经济发展的金融产品以及放宽贷款限制，为数字经济产业发展提供资金保障。

四、加速产业融合，推进传统产业互联网化

推进产业互联网化，就是推动互联网向传统行业渗透，加强互联网企业与传统行业跨界融合发展，提高传统产业的数字化、智能化水平，由此做大做强数字经济，拓展经济发展新空间。数字经济特有的资源性、加工性和服务性，为产业互联网化提供更为广阔的空间。总体讲，产业互联网化就是推进互联网与第一产业、第二产业和第三产业的深度融合、跨界发展。产业互联网化的过程即是传统产业转型发展、创新发展和升级发展的过程。目前，应该以坚持供给侧结构改革为主线，重点推进农业互联网化，这是实现农业现代化的重要途径；重点推进制造业互联网化，这是实现制造业数字化、智能化的重要途径；重点推进服务产业的互联网化，这是推进第三产业数字化发展的重要手段。大数据的迅猛发展，加快了产业"互联网+"行动进程。未来一段时期内，大数据将驱动金融、教育、医疗、交通和旅游等行业快速发展。

五、培育数字人才，奠定数字发展人力资源基础

发展数字经济的一个关键环节是大力培养数字人才，夯实创新型国家的人力资源基础。当前，发达国家高度重视培养人们对数字技能的掌握及应用。英美两国已经开始从中小学引入计算机科学及软件编程教育等课程，为培养具有数字技能的复合型人才夯实基础。英国、德国政府与制造业展开合作，通过提供工具和培训计划帮助深处数字鸿沟的企业

提升数字能力。作为互联网大国，大数据时代我们更应加大对全民数字技能的培养力度，通过教育培训、人才培养、技术扶持、行业推广等多种手段，构建和完善适应社会需求的数字化技能培养体系。一是加大数字经济人才引进力度。将数字经济高层次人才纳入急需紧缺高层次人才引进计划，对引进的高层次人才，按相关规定给予优惠政策。搭建创新创业的良好平台，为人才施展才华提供土壤，给创新创业者带来机会。积极创造人才聚集的条件，充分利用人博会、网络、高校招聘等渠道，持续吸引数字经济人才"孔雀西南飞"。统筹考虑人才所需的环境和政策空间，真正做到以事业留人、感情留人、待遇留人。健全人才管理体制机制，充分发挥市场在人才资源配置中的决定性作用。二是加大数字经济人才培育力度。要以行业数字化共性关键技术研发为重点，依托高等院校和科研院所人才优势，打造一批本地技术研发创新平台。同时，积极引进国内外著名信息技术企业和科技力量，借力发展和共同发展。强化发展数字经济的人才支撑，加大数字经济人才的培育力度，借力全国智力资源，把数字经济高层次人才纳入全省急需紧缺高层次人才库，鼓励科研单位与企业联合探索多元化的产教培养模式。三是加大数字经济人才培训力度。鼓励有条件的职业院校、社会培训机构和数字经济企业开展网络创业培训。四是支持发展数字经济专业化众创空间，鼓励行业领军企业与众创空间、孵化器等进行合作，加大对数字经济创新项目的培育孵化支持力度和产业应用推广力度，并通过有效人力培训不断提高数字经济参与者的数字职业技能水平。

六、完善治理机制，为数字经济发展提供屏障

数字经济需要与之相适应的国家产业治理能力，这一能力将内嵌在国家竞争体系，发挥着越来越大的作用。这一新型能力包括适应性制度的创新能力、复杂经济的管理驾驭能力和"产业公地"的培育能力。具体措施为：第一，树立创新、公平、共享、有效的数字经济治理理念。

创新数字经济治理制度、治理模式、治理技术以及治理理念本身，推动数字经济治理动态化；规范数字经济市场准入规则，完善反不正当竞争法和反垄断法，切实保护数字经济领域消费者权益；建立多元化的数字经济治理模式，推动数据信息共享，强调主体间共商共治。同时注重对数字经济治理的绩效评价和成本收益的分析，降低数字经济治理成本，提高数字经济治理效率。第二，建立数字化数字经济治理体系。构建基于大数据的"四个体系一个机制"联动的数字化监管系统：监测预警体系、信息披露体系、大数据征信体系和社会评价体系，加上数据共享机制。建立数字化监管系统，将改变目前"人工报数"的被动监管、事后监管格局，实现实时监管、行为监管和功能监管，推进数字经济治理精准化、智能化、数字化，全面把握数字经济治理问题，精准应对数字经济风险。第三，建立多元化数字经济治理模式。政府负责数字经济立法以及强制治理措施的制定和执行；行业协会通过标准制订规范行业内企业行为；强化平台企业的治理责任，充分发挥平台对于平台内企业的监督治理职能；充分发挥舆论监督功能，维护消费者合法权益。建议多方共建"数字经济治理协调平台"，以协调数字经济治理主体。该平台的具体职责包括：第一，负责多元治理主体间的信息共享与交流，统一数字经济的治理理念、协调各部门数字经济治理的任务、防止治理主体之间的政策冲突；第二，负责明确各治理主体的权责划分，建立数字化绩效考核体系对治理主体进行数字化绩效评估；第三，形成数字经济治理"黑名单"制度，并在各治理主体之间进行共享，形成数字经济联合惩戒制度，提高数字经济治理主体失信违法成本；第四，建立协同化全球数字经济治理体系。建立全球数字经济治理协同化体系，共同探索数字经济治理问题，构建人类命运共同体。全球数字经济治理不但要加强国家间、国际组织间的合作协同，也要加强行业协会之间、平台企业之间、智库和研究机构之间的对话与合作，形成与多元化数字经济治理体系相匹配的协同化全球数字经济治理体系。

七、国际合作，为数字经济发展拓宽市场边界

在大数据时代，资源共享和国际合作是推动未来数字经济发展的关键手段，因此，国家要通过加强国际国内合作，建立良性合作机制，拓展数字经济市场空间。一是构建由工信部、科技部、国家发改委等部委牵头的部省合作机制，通过建设合作平台共同推进数字经济项目建设，拓宽各省数字经济发展空间；构建区域合作机制，统筹珠三角、长三角、京津冀等地区的资源、环境、技术优势，在省级、国家级产业园区的基础上，合作共建数字经济园区，探索共享发展模式。二是要推动信息经济优势产品、装备及整体解决方案走出去，促进数字经济跨境投资，在提高数字化网络化基础设施互联互通水平中释放浙江新动能。三是要支持企业牵头或参与信息技术、产品与服务的国际标准制定，参与国际科技重大合作项目，建立海外研发中心促进自主技术推广，提高研发创新的国际竞争力。四是加强国际交流合作，积极实现数字经济与共享模式"引进来"与"走出去"。借助"一带一路"建设，认真落实《G20 数字经济发展与合作倡议》，与"一带一路"沿线国家开展数字经济领域的合作，建设"一带一路"数字信息港，输出中国共享经济与数字经济发展经验；鼓励企业以参股、并购以及境外上市等方式开展对外投资，推动我国共享经济模式"走出去"；与欧美发达国家在共享经济和数字经济领域开展交流合作，引进一批高层次人才、先进技术及优质企业，促进国内数字产业和共享经济的创新发展，在竞争与合作中提高我国数字经济发展水平。

第九章　大数据时代电子商务发展举措研究

新世纪以来，我国电子商务快速发展，但也存在相关法律监管制度不健全、相关支撑体系尚待完善等问题。大数据极大改善了电子商务的供给、提升了电子商务的消费体验，但同时也存在着企业数字化水平和处理能力偏低、大数据成为部分企业"杀熟"的工具等问题困扰着电子商务的发展。为此，应该通过打破"数据孤岛"增强企业分享能力、加强平台企业自律、加快建设电子商务信用体系等措施，为电子商务发展创造更有利的环境。

第一节　我国电子商务发展现状

我国电子商务起步于 21 世纪初，多年来一直保持快速发展态势，尤其是进入 2010 年以来，我国电子商务更是进入发展快车道，一跃成为全球最大的电子商务市场。

一、电子商务发展迅猛，对经济的拉动作用不断提升

根据中国电子商务研究中心相关统计数据，我国电子商务起步于 21 世纪初，从 2007 年开始，我国电子商务发展进入快车道，交易规模呈现高速增长态势并一直持续到 2015 年，这期间电子商务年均复合增长率达到 34% 的水平，从 2016 年开始，我国电子商务发展趋于平稳，交易额增长速度明显放缓，到 2017 年我国电子商务交易规模达到 29.16 万亿元，连

续两年增长速度维持 10% 左右。电子商务交易额相当于同期 GDP 的比重在一定程度上能够反映电子商务对经济发展的贡献程度，从近十年的变化来看，电子商务交易额相当于同期 GDP 比重已经从 2009 年的大约 10.5% 上升到 2017 年的 35.6%，提升了 20 个百分点，表明电子商务对经济发展中的拉动作用在大幅提升。此外，电子商务对就业的带动作用不断增强，据统计，截至 2017 年底，我国电子商务服务企业直接从业人员超过 330 万人，由电子商务间接带动的就业人数已超过 2500 万人。

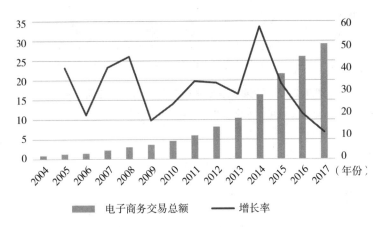

图 9-1　我国电子商务交易额年度变化情况（单位：亿元，%）
资料来源：历年中国电子商务报告。

二、网购规模快速增长，迅速占据世界主导地位

随着网民数量的增长，网络零售市场快速发展，网络购物正逐渐成为传统购物的替代方式。到 2017 年底，全国网民规模已达到 7.72 亿，互联网普及率达到 55.8%，网络购物用户规模达到 5.33 亿，网上支付用户规模达到 5.31 亿。截至 2017 年底，我国网络零售交易额已突破 7 万亿元大关，达到 7.18 万亿元，占到全球网络零售市场的半壁江山，占同期我国社会消费品零售总额的比重也连续保持快速提升的趋势，已达到 19.6% 的水平。从消费方式看，移动网络市场规模持续保持高速增长，移动购

物在整体网络购物交易规模达到，移动端购物已经成为网络消费的主要方式。

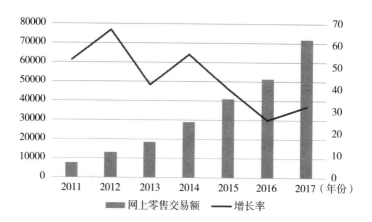

图 9-2　我国网购交易规模及增长率（单位：亿元，%）
资料来源：历年中国电子商务报告。

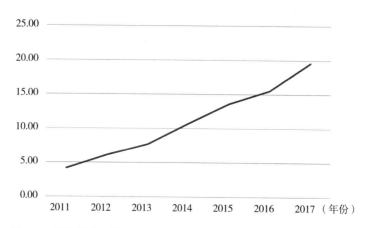

图 9-3　网络零售规模占社会消费品零售总额比重变化情况（单位：%）
资料来源：历年中国电子商务报告及中国统计年鉴。

三、电子商务服务业高速增长，成为新经济发展的亮点

近年来，随着"大众创业、万众创新"的持续推进，创新创业门槛的不断降低，新模式、新业态的不断涌现，电子商务服务业逐渐成

为新经济发展的亮点，特别是 2014 年以前市场规模高速扩张、行业结构日益优化、分工体系不断完善。到 2017 年我国电子商务服务营收规模已经达到 2.92 万亿元，继续维持自 2015 年以来 20% 左右的增速。其中，随着新兴业务类型的不断涌现，电子商务代运营、培训咨询等衍生服务领域业务范围不断扩大，市场规模呈现爆发式增长，到 2017 年市场规模达到 1.3 万亿元衍生服务领域；支撑服务领域中的电子支付服务、物流服务、电子认证等市场规模持续高速增长，同期市场规模达到 1.1 万亿元；电子商务交易平台服务商服务内容不断延伸，同期规模达到 5027 亿元。

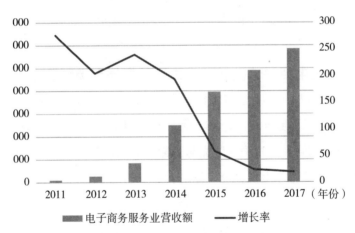

图 9-4　我国电子商务服务业营收规模变化情况（单位：亿元，%）
资料来源：历年中国电子商务报告。

四、农村电子商务市场稳步扩大，就业带动作用不断增强

随着各大电商巨头普遍加大对农村电子商务相关基础设施的建设步伐，农村网络零售市场规模稳步增长。据初步统计，2017 年全国农村实现网络零售额 12448.8 亿元人民币，约占全国网络零售额的比重达到 17%。截至 2017 年底，农村网店达到 985.6 万家，较 2016 年增长 20.7%，带动就业人数超过 2800 万人。

五、B2B 电子商务稳步发展，成为传统工业转型重要途径

近年来，随着供给侧结构性改革的持续推进，B2B 电商获得了重要的发展契机，特别是钢铁、石油化工、煤炭、有色金属等交易型 B2B 电商发展最为迅猛，部分大宗商品电商"烧钱不挣钱"的局面有所改善，一些电商通过缩短传统的"生产厂—大代理商—中间商—零售商—终端用户"的交易环节，实现了从"生产厂—零售商""大代理商—零售商"的模式创新，供应链效率得到大幅提升。目前 B2B 电商积极发挥互联网高效连接的功能，高效对接上下游供需，努力帮助企业解决产能过剩、流通成本高、有效供给不足等问题，B2B 电子商务逐步成为传统工业企业转型的一个重要途径。据统计，2017 全年 B2B 市场交易规模顺利突破19 万亿元大关，占到我国电子商务总规模的七成以上。

六、跨境电商快速发展，成为开辟海外市场新通道

近年来在进出口贸易整体疲软的情况下，跨境电商快速发展，为进出口贸易发展增添了新动力。受全球经济不振、国内制造业转型等因素的影响，2015 年和 2016 年我国外贸交易总额连续负增长，但与之相反，跨境电商行业发展迅速、生机勃勃。据统计，2017 年跨境电子商务交易规模达 7.6 万亿元，六年平均增速达到 30%，占到当年外贸进出口总额的比重达 27.35%，跨境电商日益成为我国企业开辟海外市场的新通道。这主要是由于跨境电商相对传统外贸大幅精简了交易流程，提升了用户体验。一般来说，传统外贸中的商品需要经过生产商、出口商、进口商、批发商、零售商等主体，最终才能到达他国消费者手中，整个交易环节繁杂、层层加价、耗时较长，用户体验普遍较差。而跨境电商的出现不仅将交易从线下移到线上，还大幅精简了所涉及的主体，工厂生产的商品仅需通过电商平台撮合交易即可到达最终消费者手中，减少了流通费用，降低了交易门槛，推动更多企业"走出去"。此外，跨境电商还为消费者提升了产品的丰富度和可选品类，加快了产品的更新速度，提升了用户体验。

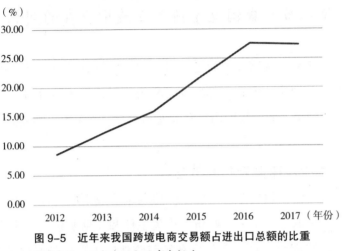

图 9-5　近年来我国跨境电商交易额占进出口总额的比重

资料来源：历年中国电子商务报告。

　　从内部构成来看，跨境电商规模以出口为主，大致占到跨境电商总额的近九成，B2B 模式又是出口电商的主流，而 B2C 增长态势最为迅猛。由于 B2B 业务与传统外贸相似程度较高，交易规模较大、起步较早，所以其在跨境电商中占据主导地位。而 B2C 业务的订单具有数量多规模小的特点，订单交易规模也较小，这种碎片化的订单对物流、报关、支付等基础设施都提出了更高的要求，一旦跨境支付、跨境物流等环节得到完善，国外资本持续涌入，将使跨境 B2C 行业在未来相当一段时间内进入快速成长期。

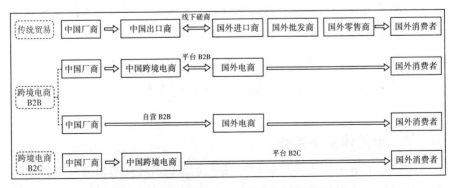

图 9-6　跨境电商 B2B、B2C 与传统外贸的比较

第二节　我国电子商务发展中存在的问题

尽管近年来，我国电子商务发展迅猛，对培育经济发展新动能、促进改革开放、加快精准扶贫都发挥了积极作用，但不可否认，受多种因素影响，我国电子商务发展仍存在发展不健全、不平衡、不充分等问题。

一、相关法律监管制度不健全

近年来，尽管相关部门出台了一些政策法规不断规范电子商务的发展，但对电子商务产生的一些新型市场主体和市场要素还是缺乏法律规范。相对传统商贸，电子商务具有经营跨地区、身份相对隐蔽等特点，对一些违规违法行为的判定较为模糊，行政管辖权的确定存在一定难度。对于平台交易上所产生的海量数据归属、使用以及安全等问题，尚缺乏明确的界定。此外，传统监管方式难以适应新业态新模式的发展，迫切需要加大制度改革力度，建立更适合电子商务发展特点的监管体系，公平竞争的秩序和信息安全的保护都亟待加强。

二、相关支撑体系尚待完善

在信息基础设施领域，网络技术、网络安全、网络管理等与电子商务的快速发展还存在一定差距；在物流配送领域，覆盖范围、服务水平、配送时间等方面仍与消费者的需求存在一定差距；在金融支付领域，金融电子化水平仍有待提高，跨银行、跨区域间的网上结算支付系统仍需要进一步完善；在安全保障领域，鉴于电子商务自身特点，对资金和信息安全以及商业秘密保护方面都提出了更高的要求。

三、信用体系不完备

在当前加快信用体系建设的大背景下，电子商务的交易行为仍缺乏有效的行业自律和完善的社会监督，缺乏客观、中立的第三方评级机构，缺乏对信用信息的有效融合。

四、区域分布不均衡

从区域分布看，电子商务发展存在东强西弱、城市强农村弱的地区失衡问题。受多种因素影响，东部省市网络零售额在全国占比高达85%以上，中西部地区虽然近年来增速较快，但占比仍然较小。分城乡来看，存在着工业品强农产品弱的品类失衡问题，农产品的上行与工业品的下行之间存在较大的发展差距。

第三节　大数据对电子商务发展的影响

进入大数据时代，随着大数据、人工智能等新技术的广泛应用，电子商务也发生了巨大的变化。

一、大数据极大改善了电子商务的供给

从生产角度看，依托大数据、人工智能等先进技术，产品生产模式发生变化，生产与零售的垂直分享不再必要，生产企业可以绕过零售商直接向产品的最终使用者销售，可以利用大数据推动产品生产经营企业产品价值链的提升、经营成本的降低和效益的提升。

1. 有利于优化价值链

大数据时代，数据是电子商务行业发展的核心资源之一。对于数据的掌握和使用可以帮助企业更好地了解消费者需求，生产更多适销对路的产品，并根据大数据分析，改进产品品质，优化整个价值链。以京东超市为例，2017年京东以开放的心态，运用实时大数据处理与AI算法，挖掘京东海量线上数据价值，全面赋能零售和消费品行业，成功助力宝洁、欧莱雅、雀巢、惠氏、美赞臣、百事、玛氏、雅培、好奇等品牌商，全面提升原有品类管理和消费者响应的效率，打造以用户需求研究为基

础，预测技术为驱动力，集品类路径、选品／新品定制、定价、供应链与库存管理为一体的全链路品类管理，开展日常的品类趋势洞察、消费者决策研究和新品定制。目前京东超市已是中国市场线上线下规模最大的超市，已经成为婴幼儿配方奶粉、婴儿纸尿裤、进口牛奶等品类市场零售份额全渠道第一，同时还是男士护肤、白酒、牛奶等品类线上零售份额第一。

2. 有利于降低经营成本

大数据时代的科技技术通过对海量数据的收集分析有效提高了电子商务相关企业的运行效率、有效降低了企业的运营成本。以云计算为例，该技术的核心是以租代购、按需使用、按量计费，计算能力和计算设备可以作为公共基础设施，帮助市场参与者低成本、快速地获得数据能力，既节约了成本、时间、人力也提升了效率。

3. 有利于提高经营效益

大数据时代，电商企业可以利用大数据、云计算技术以及数据处理技术完成消费者信息的汇总，以此帮助商家有效掌握消费者的喜好轨迹，并根据消费者的需求按需提供定制服务，提升商家的经营效益。

二、大数据提升了电子商务的消费体验

从消费角度来看，长期以来，随着居民收入水平的提高和各种新技术的广泛应用，我国居民消费形式在不断变化演进，从过去消费以功能式消费为主，过渡到品牌式消费为主，现在正在向体验式消费演进。而以大数据、人工智能、物联网、云计算等技术为支撑，共享汽车、智慧零售、智能货柜、精准营销、AR 或 VR 购物等应用陆续落地，促进了体验式消费的广泛实现。以京东为例，京东拥有国内最高质量、价值链最长的消费者大数据，京东在与品牌商的合作中将京东的数据资源和算法能力开放赋能给品牌，通过站内、站外营销全面构建消费者和社群的购物场景，不断优化消费者的分类，愉悦消费者整个购物的体验。

第四节　大数据支持电子商务发展中存在的问题

大数据在提升电子商务供给和消费体验的同时，也存在着一些问题困扰着电子商务的发展。

一、企业数字化水平和处理能力偏低

根据德勤联合中国连锁经营协会对国内零售企业进行的数字化转型成熟度调研结果显示，我国零售企业数字化建设仍处于起步与实践阶段，距离"千人千面，永远在线"的智慧阶段还有很大差距。一方面，由于我国电子商务系统中数据技术操作系统较为多元化，企业之间、商贸系统之间无法有效实现数据共享和交换。而且不同企业的电子商务系统也是各不相同，根本无法实现海量数据的共享和共建，从而极大地影响了数据的应用效率。另一方面，尽管大数据时代给电子商务行业带来了海量的数据，带来了无限商业价值潜力，但也需要企业具备在众多隐藏着虚假信息、无价值信息的数据中甄别出真实、有价值信息的能力。此外，仅仅坐拥海量的大数据是远远不够的，还需要企业拥有大数据的分析和挖掘的能力，而具备这一能力又需要拥有大数据相关人才以及拥有云存储等相关的机器设备。对于大量的中小型电子商务企业来说，这些能力均有待提升。

二、数据信息安全难以保证

长期以来，信息安全是人们关注的热点问题，在大数据时代，信息安全问题显得更为重要。这主要是由于电子商务一般会涉及钱财的交易，消费者的身份信息、银行卡信息等都会被电子商务企业所掌握，电商企业为获取更多利润，极易将个人信息作为商品与他人进行交易，而一旦这些信息落入不法分子的手中，对消费者利益的侵害很可能是十分巨大的，其后果是令人难以想象的。此外，数据信息的安全对于初创企业来说，也是至关重要的，甚至关系到企业的生存发展。有些创业企业会因数据信息的丢失而对其发展造成极大的损害。如 2018 年 8 月，腾讯云用户北京清博数控科技有限公司所属"前沿数控"平台发文称，放在腾讯云服务器上的数据全部丢失，质疑腾讯云的安全性，并提出 11016000 元的索赔要求。对此，腾讯云发布声明回应称，前沿数控所遇情况是因受所在物理硬盘固件版本 bug 导致的静默错误（写入数据和读取出来的不一致）影响，文件系统元数据损坏。腾讯云表示，经分析，该硬盘静默错误是在极小概率下被触发。腾讯云方面提出了"赔偿＋补偿"方案，赔偿部分："前沿数控"在平台上（自 2017 年 12 月份开户至今）产生的实际消耗共计 3569 元，腾讯云将按照赔偿条款中的上限以现金形式全额返还这笔费用；补偿部分：腾讯云承诺为"前沿数控"提供 132900 元现金或云资源的额外补偿。这与"前沿数控"基于自身评估就此次故障对腾讯云提出了高达 11016000 元的索赔要求相差甚远。应该说，从平台角度，腾讯云极力提供持久、稳定、安全的服务。但基于云计算特性，为了杜绝概率极低的意外事故发生，平台公司应在做好云平台数据备份保障外，也按照行业惯例在相关协议中提醒用户对自身重要数据，尤其是客户信息、程序代码、网页素材等进行数据本地备份。遗憾的是，在这次故障中，"前沿数控"也表示目前没有任何本地备份数据可以用来恢复业务。

三、假冒伪劣产品难以杜绝

长期以来，电商提供的产品存在参差不齐、质量难以保证的问题，一直困扰着消费者。在大数据时代尽管可以使用区块链等技术，加强产品的全链条监管，一定程度上可以提升产品的质量，但并不能从根本上杜绝假冒伪劣产品的出现，在相关制度缺乏的背景下，电商企业经常为获得更高的经济利益，而随意减少产品生产成本的投入，通过冒充其他品牌或明星同款的旗号进行销售，这对消费的权益造成了极大的侵害。

四、大数据成为部分企业杀熟的工具

一般来说，人们普遍认为在购买产品或服务时，老客户可以相对便宜、VIP用户相对价格更低。但是，近年来滴滴出行、携程、飞猪、淘票票等多家电商平台均被曝疑似存在"杀熟"情况，即同样的商品或者服务，老客户看到的价格反而比新客户要贵很多。这种行为几乎涵盖在线差旅、在线票务、网络购物、交通出行等多个领域，特别是OTA在线差旅平台较为突出。"大数据杀熟"几乎都是发生在B2C，消费者与商家信息绝对的不对称，消费者完全处于无知状态，科技公司通过技术和垄断，让消费者买到原本可以低价购买的产品或服务，对消费者来说，其感受到的是一种无奈的、被欺骗的损失。大数据时代的"熟"，实际上是之前用户与平台之间通过服务建立起的信任，是平台的忠实客户，但是却被某些平台所利用，成为其追求利益最大化，实施差别定价的工具。此外，也因为互联网行业很多头部企业具有天然的垄断性，使得某些平台更加肆无忌惮地出手。

第五节　大数据时代电子商务发展的建议

电子商务经过多年发展，已从快速发展阶段进入稳步发展阶段。后续大数据时代电子商务的发展应该是向着个性化、多样化方向，企业利用大数据实现千人千面的精准营销，提供更加精准的服务。

一、千方百计打破数据孤岛增强企业分享能力

总体看，整个信息科技可以分为"数字化"和"互联化"两个趋势。大数据、云计算、区块链、互联网、工业4.0等其本质上都可以归纳为"数字化"，也就是把信息变成数字化后再进行分析；"互联化"就是互联互通，让小数据变成一个大数据，而不是孤岛系统小数据。长期以来，我们习惯于大规模生产，并通过规模化生产来成本降低，赚取利润，但

如果我们能了解到每个消费者的需求，并针对他们的需求来提供相应的服务，则消费者会更愿意去支付溢价。因此，相较于大量的标准化生产而言，未来差异化产品可能会更获利，这时商业模式很可能不是生产大量的标准化产品，而是通过差异化、个性化服务来打动消费者，而不是纯粹的卖产品。在这样的时代，各类企业都要以平台思维搭建产业生态圈，让出自己的中间位置，让上下游直接对接，让产业链上所有环节都能够如网络般直接相连，形成一个并联模式，要确保你的角色不是透过信息屏蔽来赚钱，而是靠持续性的"增值服务"来赚钱。以菜鸟网络为例。当前我国物流业机会和威胁并存，其中的机会是指我国现有包裹数量巨大，一般是美国的两倍多，且市场还在不断扩大；挑战则是我国劳动力的红利在逐步下降，劳动成本在不断增加。受其影响，未来不可能继续像现在这样将每一个包裹都送达到网民家里。这就需要一个理想的行业解决方案，菜鸟提供的行业解决方案是：利用"数字化"来连接数万家物流公司。由于很多公司属于小而散的企业，它们的数据并没有数字化，在这样的情况下，数字化连接是一件挺难做的事。于是，菜鸟通过采用阿里带来的淘宝或天猫上的单量，把各个环节的信息系统打通，从而高效的达成菜鸟全国 24 小时送达、全球 72 小时送达的普惠物流使命；并把所有的运力打通，还把所有的资源都拿来做实时分享和统配，看是否有可能达到更高的效率。

二、平台企业要加强自律

对于"大数据杀熟"现象，需要企业尤其是平台企业加强行业自律。这主要是由于数据通常掌握在平台手中，对于数据的处理方式外人不得而知，因此，杜绝"杀熟"现象的根本还要依靠企业的自觉，"杀熟"暴露出了大数据产业发展过程中的非对称以及不透明，平台根据大数据来杀熟，背后的技术来源是电商销售"千人千面"的技术，其源头在于平台根据搜集用户的个人资料、流量轨迹、购买习惯等行为信息通过平台大数据模型建立用户画像，然后根据这个画像来给用户推荐相应的产品、服务和相应定价。这需要平台正视大数据的价值，对其进行合理的管理与应用，才能更好地服务消费者。此外，为保障消费者的信息安全，电子商务平台上的商家要树立顾客第一的理念，本着诚信经营的原则，销售价值对等的产品，保证销售量以及信用程度同步提升。要加强网络安全建设，从信息安全的本质问题加强防火墙建设，设置网络节点，限制用户随意登陆，尽自己努力保护消费者信息，提升消费者对电子商务平台的信任度。

三、加快建设电子商务信用体系

大数据时代，政府要与企业合作共建电子商务信用信息共享和协同监督机制，形成政府主导、多方参与、标准统一的电子商务信用体系，建立公平竞争的市场环境。在制度上，要以信用中国为依托，建立起全国统一的信用信息采集、共享与使用机制，出台统一的信用评估指标。电子商务平台经营者要履行职责建立健全信用评价制度，公示信用评价规则，为消费者提供对平台内销售的商品或者提供的服务进行评价的途径。积极推动商务诚信信息共享，以及行业、企业和政府部门信用信息共享，支持依法设立的信用评价机构开展电子商务信用评价，向社会提供电子商务信用评价服务。

四、探索建立适应大数据时代的监管制度

大数据时代，政府的监管也要充分利用大数据、建立奖惩分明的监管制度。其中：对于"大数据杀熟"的行为，由于其涉及面比较广，需要工商、商务、交通运管、旅游、工信、网信办等多部门协调共同监管。为此，首先要明确不同领域的监管部门，建立适合的监管机制，尤其是对于牵扯到多个监管部门、权责划分不清的领域，要建立协同监管机制。对于制售假冒伪劣产品，要利用大数据从生产源头建立起全产业链条的

监管制度，杜绝该类事情的再次发生，同时加大未能尽职履行监管职责的平台公司的惩罚力度，从源头堵住假冒伪劣产品的产生。对于未能较好履行监管职责的平台公司，也要加大对其的惩罚力度，使其真正负起责任自觉履行监管职责，努力杜绝各种违法行为的发生。要进一步优化通关、支付、物流、结汇等服务支撑体系，创新监管模式，在有效履行监管查验实物的前提下，依托电子口岸，探索无纸通关和无纸征税等便捷措施。要健全跨部门的日常协作配合机制，加快电子商务监管信息系统与平台建设，完善电子商务诚信体系，加强对我国电商平台及电商企业的规范与监管，打击电子商务中假冒伪劣以及违反知识产权行为，积极构建完善电子商务市场监管体系。总之，在大数据时代，监管是最好的选择，主动监管，打破垄断，利用大数据进行监管，才是解决问题的唯一出路。此外，还要积极推动相关法律法规的制定，要结合电子商务平台的特殊性，制定相关的法律法规，以此有效惩治网络诈骗犯，保护消费者的合法权益免受侵犯。

五、加强电子商务相关基础设施建设

　　未来电子商务的增长点在于更精细化的服务，在于农村网购和跨境电子商务。为此，有必要进一步加强相关基础设施建设。在国内，要大力推进有线宽带和移动网络的覆盖，加大区块链、人工智能、大数据等新技术在电子商务相关领域的推广与应用，营造安全便捷的网络环境；要完善物流配送、售后服务、冷链物流基础设施等传统物流基础设施，提升网络化水平和服务能力，为电子商务的发展创造更好的硬件环境；要加强城郊、广大山区和农村信息基础设施建设，提高网络利用率，改善信息基础设施地区发展不平衡的问题。在国外，要统筹各方资源尽量多建海外仓储基地，多在外贸出口主要流向国设立第三方仓储设施，以此提高配送效率、降低物流成本，并为当地消费者所接受。

附录一　新时期新经济形态：
面向大数据时代的数字经济发展调研报告

当前，我国数字经济蓬勃发展，新技术加快突破、新产业日渐兴起、新消费渐成主流、新制度保驾护航。总体看，数字经济在提升企业发展质量效益、提高区域产业影响力、加快新旧动能转换等方面发挥了积极作用，是高质量发展的重要驱动因素。但是，当前我国数字经济发展仍存在不充分不均衡问题，主要表现在核心技术与关键装备缺失、数字化投入总体不足且结构不合理、兼具数据技术和行业知识的复合型人才严重缺乏、数字安全问题突出、部分领域市场准入机制不健全等五大问题。针对这些问题，本报告提出了分步加快突破国外技术垄断、加大数字化技术设施投入、加强产业数字化人才保障体系建设、建立安全可靠的数据应用监管体系、营造公平有序的发展环境等对策建议。

数字经济是以数据为关键资源的经济形态，是继农业经济、工业经济之后的主要经济形态，是培育经济增长新动能的重要因素。为抓住机遇，促进数字经济全面发展，有必要了解当前中国数字经济的发展情况及其不足。为此，2018年4—11月，调研组赴北京、上海、广州、深圳、苏州、杭州、辽宁等地区围绕相关问题开展调研，并重点走访了腾讯、阿里巴巴、京东等典型企业进行参观座谈。其中，所调研的长三角、珠三角、环渤海地区城市处于我国东部地区发展前沿，其数字经济发展具有典型性、代表性和前瞻性。腾讯、阿里巴巴、京东等互联网企业处于数字经济一线最前沿，其技术产品和解决方案代表了数字经济未来发展方向。因此，从研究样本看，本调查具有很强的代表性和前瞻性。实地调研中，调研组成员与相关政府部门以及部分企业代表座谈6次，深度访谈互联网大企业9家。通过这些调研，了解了我国数字经济发展的现状与趋势，并根据调研材料以及已有文献，形成了本调研报告，希冀能为进一步完善我国数字经济发展的政策措施奠定基础。

一、数字经济持续蓬勃发展

技术支撑、产业渗透、消费拉动、制度保障等是数字经济发展的主要环节。当前数字经济相关新技术层出不穷，生产和消费领域的应用新模式、新产品越来越多，促进数字经济发展的新体制新机制正在加快探索。

（一）新技术加快突破

数字经济的数据采集汇聚、传输、分析等环节新技术日新月异，大数据融合发展态势日渐明显，5G基础设施及其相关应用加速成熟，各类相关场景应用越来越广泛。

数据采集汇聚环节，大数据技术加快与人工智能、区块链、物联网、社交网络等其他ICT技术多点融合。数字经济以数据为关键生产资源。随着数据量指数级跃升，大数据技术在数字经济越来越发挥关键作用。当前，我国阿里巴巴、京东、腾讯等互联网巨头不断推进大数据技术正在同人工智能、区块链、物联网、社交网络等新技术多点融合。例如，京东在苏州相城地区正在建设京东智谷物流项目。该项目可以使得京东物流平台上物流大数据与物流智能化结合起来，极大增强平台分析能力，提高货物分拨、配送的效率和精准度。又如，京东云下属的京东万象推进区块链技术与大数据技术融合，为交易的大数据提供溯源，推进了大数据交易。再如，腾讯公司依托网络游戏产生的海量大数据，开展人工智能算法训练。

　　数据传输环节，5G 等新一代信息基础设施技术加快落地部署。先进的信息基础设施为数字经济发展提供了强大的支撑。目前我国三大电信运营商在改造升级信息基础设施的同时，加速推进 5G 等新型信息基础设施技术的应用，目前都已经公布了自己的 5G 试点城市和示范项目。试点城市和示范项目多集中在北上广深、杭州、武汉、成都、天津、南京等东部数字经济发达地区。例如，青岛是山东联通的 5G 试点城市，一阶段组网后，峰值速率即达到 4G 网络十倍以上。北京将在北京城市副中心、2019 年北京世园会园区、北京新机场、2022 年冬奥会场馆等地，率先开展 5G 网络的商用示范。目前，北京已经在怀柔试验场对 5G 进行相应的试验工作。河南移动联合郑大一附院国家工程实验室等省内主要医疗机构，建设国内首批 5G 医疗应用示范项目，满足应急救援、远程医疗、院内信息化、院间协同等医疗无线应用场景需求，重点开展基于 5G 网络的移动急救、远程会诊、机器人超声、机器人查房、医疗无线专网、远程医疗教学等应用。

　　数据分析环节，智能芯片、生物识别、语音对话等人工智能技术加速走向场景应用。智能芯片技术方面，2018 年 5 月寒武纪发布了 Cambricon MLU100 云端智能芯片，这种新品平衡模式下的等效理论峰值速度达每秒 128 万亿次定点运算。华为 2018 年 10 月正式发布了两颗 AI 芯片，分别为华为昇腾 910 和昇腾 310，该类芯片可用于智能手机、智能穿戴、智能手表等领域。生物识别技术方面，人脸识别、指纹识别、虹膜识别、掌静脉识别、声纹识别以及步态识别等技术步入商业应用。如辽宁聚龙金融设备股份有限公司是一家为金融行业提供自动化和智能化产品的企业，其产品不但能够进行人脸识别，还能进行步态识别，为无人金融服务提供了技术支持。语音对话技术方面，科大讯飞、小 I 机器人等智能语音产品应用场景越来越广泛。例如，2018 "AI+" 产业融合峰会暨小 i 机器人新品发布会在上海举办，该会发布了 iBot Pro（iBot10 专业版）产品，其具有同时与多人互动交流的能力。

（二）新产业日渐兴起

我国产业发展正处在转型发展的关键时期，数字化、智能化、网络化等与数字经济密切相关的应用越来越多，相关部门组织实施的示范试点行动已经在全国生产领域掀起新一轮浪潮。

产业的设计、制造，服务等环节数字化创新发展成效显著。各地顺应制造业数字化趋势，积极推进个性化定制、网络协同制造、远程运维服务等新型制造。制造业数字经济创新发展不断加快。例如，上汽大通的汽车产品大力开展定制型制造。通过自建消费者沟通平台，其主要产品 D90 在设计环节即通过互联网与 60 多万粉丝完成了 5000 万次的互动，实现了汽车的定制化制造。又如，深圳市大力开展网络协同设计和制造，以工业设计中心为重点，鼓励工业设计资源网上共享，开展协同设计制造以及在线 3D 打印等。目前全市实现网络化协同的企业比例高达 50.7%。再如，苏州市积极推进制造企业"上云"，组织工业企业与华为、阿里云、电信等 9 家服务机构在云诊断、云解决方案、项目实施、运营维护等方面合作，使得苏州制造企业依托外部云计算资源开展远程服务。

众创、众包、众扶、众筹等新业态新模式大量涌现。利用数字技术，行业龙头大企业纷纷打造"双创"平台，汇聚集成产业链各方资源，加快推进行业整体的数字化改造。例如，国家电网构建"光伏云网"。该平台针对分布式光伏发电存在的融资难、选型难、结算难、运维难等难题，一是提供产业链互动服务，构建"互联网+"分布式光伏互动服务生态圈，探索系统集成创新、技术成果转化、商业模式创新服务新模式。二是提供能源大数据服务，以光伏电站运行数据、气象数据、补贴电费为主要数据源，利用大数据分析实现线上线下无缝对接和高效集成，并通过标准接口实现光伏产业链企业信息共享。通过为产业链中小微企业提供多层级服务，解决企业融资难、资产安全等难题，吸引了大量企业入驻。目前，入驻"光伏云网"平台的光伏上下游企业超过 200 家，占国内光伏产业链企业总数的 50% 以上。除此之外，中国宝武 Wesocool 平台、航天科工的航天云网等也都是该新模式的典型代表，

（三）新消费渐成主流

当前，数字技术在消费方式、消费满意度、消费参考信息上逐渐塑造数字经济消费模式。

消费方式上，移动支付电商实物类消费加快向传统消费渗透。移动互联网刺激下，网上零售继续保持快速发展、加速向传统零售渗透。今年前 8 个月，全国网上实物商品零售额 41993 亿元，增长 28.6%，增速比社会消费品零售总额高 19.3 个百分点；占社会消费品零售总额比重为 17.3%，比上年同期提高 3.5 个百分点。电商消费逐渐从传统线上选货线下配送向线上线下一体化智能零售消费转变。中粮我买网、盒马鲜生、沱沱工社、优菜网、本来生活网、优果网、易果网等一批有影响力的智能电商平台不断涌现。例如，天猫与苏宁合作，共同线上线下孵化推广品牌商品，已经将美的、华为、海尔、小米等一批国产商品销售额提高到百亿元，已经向 500 亿目标迈进。近期，智能零售消费发展内涵不断深化，消费商品正在从生鲜、日用百货等快销品扩展至家具、家电等大件耐用消费品。

消费满意度上，环境体验型个性化消费不断提高消费满意度。虚拟现实、增强现实等智能化技术应用为消费者带来虚实交融的沉浸式场景，使得数字经济消费从单纯的消费品体验扩大到购物环境的全方位体验和个性化定制。例如，阿里巴巴与百联集团合作，为消费者线上全方位、立体式再现上海当年"十里洋场"，使得消费者"穿越"到当年繁华的"十里洋场"、跟那个时代的人"擦肩而过"。阿里巴巴与百联集团合作的平台还使得消费者能够再线上虚拟试衣。除此之外，随着网络信息技术对线上线下消费的打通，服装消费、汽车消费、家装设计等个性化定制消费也越来越风靡。

消费参考信息上，线上口碑式评价逐渐成为消费者主要参考标准。

当前大众点评网、电商口碑评价把消费者口碑放在了主导地位。相比传统商家的打广告营销模式，线上口碑评价这一模式获得了更多消费群体的认可和喜爱。在影视作品和网络直播消费活动中，观众点评、微信评价以及类似豆瓣的专业网络评价社区等的评价对消费者最终选择尤其关键。我们通过对身边消费者微调研了解到：网络口碑对手机、消费电子产品、化妆品和母婴产品等商品消费影响概率都在 50% 以上。

（四）新制度保驾护航

制度变革是新的经济方式深入发展的重要保障，当前支持数字经济发展的整体制度环境比较宽松，地方加快出台支持和规范数字经济发展的新机制和新办法。

地方政府积极探索制定新监管制度。数字经济发展对传统监管制度提出了新挑战，为此各地纷纷就新零售、网约车、共享单车、互联网金融等数字经济增长点制订新的监管制度，确保数字经济健康发展。以上海市规范生鲜电子商务为例。上海市在 2017 年出台了《生鲜电子商务平台退换货服务要求》（以下简称《要求》），规范了生鲜电商平台退换货的服务要求和管理要求。《要求》对生鲜电商平台退换货范围、24 和 48 小时退换货服务、可导致退换货的商品问题、服务问题以及临近保质期判定规则等进行了明确界定，及时填补了国内该领域的标准空白。该市相关负责人称："大家不必担心，通过必要的平台监管制度可以把没实力、没资源、没有质量控制能力的平台挡在门外，让有实力、有资源、规范经营的平台健康发展。"

企业积极探索平台治理新规则。企业也会加快适应和调整，积极探索一些适用制度，例如京东万象的产生，可以利用数据溯源平台，破解数据交易中的产权纠纷问题。再例如，面对顺风车安全问题，滴滴要求司机每天出车前进行人脸识别，还增加了举报有奖。再以共享单车为例，为了吸引更多的人使用共享单车，消除人们对之前押金问题的质疑，摩拜等已经开始实现零押金用车。

专栏附 1-1　　　万象数据区块链确权破解数据交易难题

在数据交易过程中，会出现数据的非法倒卖、数据的知识产权纠纷等。在解决问题的过程中，由于数据交易信息不透明，甚至存在虚假信息，常常会导致各参与主体难以准确了解相关事项的状况。

京东万象利用的区块链技术开发了"数据溯源平台"，用户通过使用这个平台可以解决了数据交易的确权和溯源问题。用户购买京东万象平台上商家的数据，交易信息会通过加密方式存储在区块链中，信息不可修改、数据安全可信。同时，平台会反馈交易凭证。凭借该交易凭证，用户可登录数据交易溯源平台查看详细记录。一旦用户购买的某一笔数据存在法律纠纷，需要进行数据确权时，即可登录万象"数据溯源平台"进行确权。

二、数字经济在高质量发展中正在发挥积极作用

数字经济不断提高企业、产业和经济的发展质量，对未来我国高质量发展具有明显的带动作用。

（一）数字经济有效提升企业发展质量效益

新一代数字化企业以大数据、虚拟现实等理念和方法引领，由工业云、工业互联网、移动互联网等新型信息基础设施支撑，可突破传统企业信息化的单个企业封闭性限制，有效地利用企业外部计算、存储等能力，充分吸收企业内外部专业知识技能，极大地提升质量效益。

以深圳的华龙迅达公司为例，其工业云平台——木星云，可对制造企业运行数据进行无线实时采集。基于这些数据，可 3D 展现设备及生产全过程，能实现故障精确定位和设备生命周期预警功能。一旦出现故障，可组织全球工业专家对其维修进行指导，也可提供 3D 动画的形式直接指导维修步骤。目前，该解决方案已经成功应用至上海烟草机械有限责任公司等企业。又如，苏州协鑫切片厂与阿里云合作，采集硅片生产过程中上千个变量数据，并进行分析，找出与良品率密切相关的关键变量并进行控制，将良品率提高 1% 以上，每年节省数千万生产成本。

（二）数字经济提高区域产业影响力

数字化技术通过渗透至产业的研发、制造、销售和服务等环节，极大地拓展了产业在区域的辐射范围。如辽宁葫芦岛兴城的泳装市场利用跨境电子商务、在线个性化定制等数字手段销售商品。其产品在亚马逊、阿里巴巴、京东、唯品会、敦煌网等国内外主流互联网平台上销售至 140 多个国家和地区，已经占到 25% 以上的国际市场份额、近 40% 的国内市场。如，深圳制造企业不断通过信息系统对接方式采集用户数据，将用户引入到研发、制造和服务等各个环节，主动发现用户需求并展开针对性服务，开展服务型制造企业比例高达 45.5%，比全国平均水平高 22.3 个百分点，成为带动华南服务型制造发展新高地。

（三）数字经济提升产业创新能力

数字化技术便于企业联合产业链资源，突破了单个企业在领域、知识、资源等方面的局限，推动实现了开放式集成创新。围绕智能硬件领域，海尔公司打造线上线下一体化的开放创新平台，鼓励员工成为"创客"，形成了 2800 多个微创新中心，加快了产品研发进度。如近期推出的空气魔方是就基于这一平台，联络沟通 8 个国家的内外部专家和学者团队 128 人，分析筛出 81 万粉丝最关注的 122 个具体的产品痛点需求，共同研制出了这款产品。围绕大型客机产业链，中国商飞借助跨领域多主体全球化的协同创新网络，组织全国共 22 个省市 200 多家企业 20 多所高校参与项目研制，有效缩短了 C919 项目研制周期。

（四）数字经济不断加快新旧动能转换

数字经济衍生出的新业态新模式极大利用了社会存量经济资源，创造了大量灵活就业机会。数据显示，目前城镇每 100 个新增就业人员中，就有约 10 人是数字经济企业新雇用员工。以滴滴出行为例，在 2017 年，滴滴为全社会创造了超过 2100 万的灵活就业和收入机会。在房屋住宿领域，小猪、途家、住百家等几大平台带动直接和间接就业人数估计超过 200 万人。近期，数字经济新产品不断涌现。如，百度正利用 AI 技术研发无人驾驶汽车，京东开发出无人车进行物流配送。这些新产品有望成为新的经济增长点。

三、当前数字经济发展面临的问题

在技术支撑、产业融合、要素保障以及制度建设等方面，我国数字经济发展仍不充分不均衡。

（一）核心技术与关键装备缺失

目前数字经济所需的芯片、基础软件、整机、工业控制技术、网络传输系统等很多还主要依靠进口，深入发展可能会受到制约。调研中业内专家表示"在电子信息领域，我们很多材料全部依赖进口，EDA 设计工具也是短版，从芯片产业来看，很容易卡脖子"，类似情况还包括操作系统被外国垄断等。在我们深圳调研过程中，富士康相关负责人表示，近年来富士康也在探索发展生产自动化和智能化之路并开发相关产品，但不得不进口核心处理器和减速器、操控系统软件等智能装备核心产品。

（二）数字化投入总体不足且结构不合理

国际比较看，我国企业数字化投资总量偏低。以深圳为例，电子信息和数字经济是深圳的主导产业。但深圳企业数字化投入占销售收入比例仅为 0.25%，远低于发达国家 1%—2% 的水平。深圳市政府相关负责人认为"目前很多企业往往将主要资金和资源投入到信息系统建设，却没有安排足够的预算和人力用于咨询策划、升级维护、评估改进，无法充分释放数字化的综合效能"。再以金融业数字创新投入为例，调研中某资深专业人士表示"中国银行业的回报率比其他国家都高，但是国内很多金融机构在数字化创新方面投入不足，该领域每年只投入收入的 1%—3%。在银行业全面步入 4.0 数字化时代，传统银行数字化迫在眉睫"。

（三）兼具数据技术和行业知识的复合型人才严重缺乏

面对新技术、新装备、新模式，当前精通技术、管理、商业模式等多领域的复合型人才严重缺乏，软件、IT 国际化人才的培养仍需进一步加以加强。调研中发现，多数企业只有网络管理员，缺乏数据分析能力和智能管理能力的人才，难以推动企业数字化转型。苏州调研中数家企业反映，难以找到合适的电商软件开发人才，招聘的软件专业大学生工作 1—2 年后普遍具有离职倾向。

（四）数字安全问题突出

消费者信息安全问题突出。中国消费者协会表示"2018 年上半年，电子商务和社交平台非法收集数据成为投诉新热点。协会对 4400 多名受访者进行了调研，显示中国 85.2% 的 APP 用户曾遭遇数据泄露"。2018 年京东再次曝出信息泄露事件。京东商城某用户反映，他发现自己的京东账号近一周内突然增加多笔订单，而这些订单都非他本人消费。对此，京东回应这疑似个人信息泄露。工业信息安全问题亟待解决。当前工业企业的设备安全、网络安全、控制安全、数据安全等安全保障体系亟待健全。例如，在苏杭等地，一些中小企业之所以不愿意工业上云的一个重要原因就是担心商业泄密和技术泄密。某云计算评测中心苏州负责人介绍说"中小企业担心云端设计或者云存储确实有需求，但是担心自己的配方、工艺等会被大企业（建立云的龙头企业）所窃取"。

（五）部分领域市场准入机制不健全

数字经济相关的准入门槛要求过高，导致一些要从事数字经济新业务企业无法进入。交通出行领域，部分地方将对传统出租车的资质要求延伸到对网约车的管理等，而这其中一些政策看似并不合理，如要求户籍、轴距不小于多少、要求排气量不小于多少等等。又如网上远程诊疗领域长期处于市场准入的"灰色地带"。"好大夫"平台很早就在开展网上诊疗服务，可事实上，之前医师开展网上远程诊疗并不合法。2018 年，虽然《互联网医院管理办法（试行）》《互联网诊疗管理办法（试行）》《远程医疗服务管理规范（试行）》等备受关注的互联网医疗诊疗方案法规正式出台，但还是要求，医生不得对首诊患者网上问诊。

专栏附 1-2　　　　　　　　　网约车市场准入不健全

中国是世界上第一个网约车合法化的国家，在推动网约车等数字经济发展方面走在了世界前列。但当前较多城市将对传统出租车的资质要求延伸到对网约车的管理，导致网约车的准入门槛要求过高，严重约束了网约车自身优势的发挥。

全国已有至少 23 个城市设立了网约车的准入门槛，对驾驶员户籍、资质、车牌、车辆轴距和排量等方面进行了严格规定。例如北京、上海要求网约车必须本地牌照、司机必须是本地户口，这对网约车发展造成严重冲击。滴滴上海区的数据显示，现今注册的 41 万余名驾驶员中，有上海本地户籍的仅不到 1 万名，而符合细则中其他车辆要求条件的更是少之又少。这种变相的数量管控，将在短时期内导致网约车数量的急剧下降、网约车车费的急剧上涨以及出行效率的大幅度降低。

北京、上海等大型城市的网约车"本市户籍、本地车辆"准入政策主要考虑到人口调控、功能疏散等城市发展战略，从而限制外来车辆，排斥外来劳动力，从而控制城市规模。这种准入政策一是未能充分利用网约车等共享经济弹性供应的优势，为市民提供充足价廉的交通出行服务。二是未拥有本地户籍的网约车司机大部分是 20—40 岁的青壮年。其经营一旦被禁止，他们会感到不平等感和被歧视感，会使得监管与经营之间的关系进一步恶化，产生网约车行业的灰色地带。

四、着力构建数字经济发展体系

当前，大数据产业规模仍仅仅占据数字经济规模较小的比例，大数据时代仍未完全到来。下一步，应着力构建数字经济发展体系，进一步夯实数字经济技术支撑、产业融合、安全保障、制度建设等基础，为迎接未来大数据时代全面到来做好积极准备。

（一）分步加快突破国外技术垄断

短期内，充分集成现有成熟技术，快速优化提升数字化平台支撑技术水平。建议充分利用各类开源平台服务、大数据处理等技术工具，培育发展平台基础架构技术。重点集成工业网关、嵌入式操作系统等成熟产品和解决方案，培育发展数据采集处理技术。依托开源开发工具，培育发展平台应用开发环境搭建技术。中长期，建议以龙头企业为核心组织开展核心技术攻关，突破芯片、基础软件等核心技术。同时，加快推进数据加密、访问控制、漏洞监测等关键技术研发与应用，以增强工业数字系统的安全防护能力。鼓励工业互联网技术方案创新。支持相关企业、高校、科研院合作，围绕重点领域和产业转型需求，打造与行业特点紧密结合的工业互联网整体解决方案。重点开展工业互联网核心关键技术、软硬件产品创新研发。

（二）加大数字化技术设施投入

一是鼓励建设"新四基"。围绕数字经济中数据采集、传送、汇聚和处理等环节，重点发展感知技术、工业互联网、工业云平台和工业软件等"新四基"技术基础设施。二是大力缩小信息基础设施区域和城乡的"数字鸿沟"。协调推进"宽带中国"建设，放宽市场准入，加快农村光缆线路、无线网络和有线电视网络等通信基础设施建设，提升通信网络覆盖范围和服务质量。加大对贫困县的政策和资金倾斜，为贫困地区农民群众提供用得上、用得起、用得好的信息基础设施。重点推进国家级高新区和经开区光纤网络、5G 和 Wi-Fi 网络全覆盖。三是鼓励发展第三方服务机构，加大对数字化设施后期维护的投入。

（三）加强产业数字化人才保障体系建设

加强产业数字化高端人才培养。与高校联合，设立产业数字化专业，培养产业大数据研发型人才。依托产业互联网平台、大型信息技术企业等，建设产业数字化人才培训基地。加强高技能人才保障。与职业技能学校联合，建立人才培养机制，重点培养工业机器人等方向的应用、管理方面人才。加大引进高端人才。吸引发达国家产业数字化应用海归人才，以及外籍的优秀人才。发展一批人才培养第三方机构，为传统行业企业提供数据架构师、大数据研发工程师和算法工程师等数据分析和数据管理人才。

（四）建立安全可靠的数据应用监管体系

一是以"分级分类保护"为原则，探索建立大数据时代的数据安全监管，重点加强数据共享开放、信息资源流动、数据跨境流动等场景下的有效审查和安全监管。鼓励开展风险评估，制定合理的风险防范策略。二是完善法律法规，围绕国家安全、市场安全和个人隐私安全的数据安全规则，加快制定个人大数据立法、大数据交易立法等相关法律法规。三是大力构建安全可信的网络与信息安全技术体系，重点推进数据加密、防泄露、信息保密等专用技术的研发及应用。四是创新监管模式。如可通过设立专项资金的形式，在具体的重点行业领域实施大数据安全保险制度，对于潜在的大数据泄密风险予以补偿。

（五）营造公平有序的发展环境

一是鼓励创新发展，围绕人们美好生活和高质量发展需求，对新产业、新业态、新模式的创新创业实施包容审慎的监管政策，加强对新业态的动态并行、分类监管研究。二是重点探索推进负面清单管理模式，保护各类市场主体依法平等进入，激发各类主体的发展动力。三是创新监管方式，建立以信用为核心的市场监管机制，积极运用大数据、云计算等技术手段提升政府监管能力，建立完善符合数字经济发展特点的竞争监管政策，探索建立多方协同的治理、重在事中事后的监管机制。四是要构建顶层架构和标准体系。广泛吸收数字经济发展新理念、新规律、新模式，形成产业数字化转型标准体系总体框架、重点领域与方向。研究制定标准化建设指南，有重点、分步骤的开展急用先行的关键标准研制。鼓励企业结合自身特色，将产业数字化转型实践中理念、要素、规律、方法和路径系统总结为标准。

附录二 以大数据为引擎推动宏观经济研究智能化发展

——对阿里巴巴总部的调研及启示

2019 年 7 月 31 日，中共中央政治局会议指出：我国宏观经济运行稳中有变，面临一些新问题新挑战，外部环境发生了明显变化。发展环境不确定性的增大迫切需要预先研判宏观经济形势、做好相关应急政策储备。传统依靠统计局数据研判宏观经济的方法具有一定滞后性。大数据方法能够突破此局限，是新时期提高宏观经济研判效率、积极应对内外部挑战的必要工具。阿里巴巴作为全球互联网公司市值第五名企业，汇聚了海量经济数据，在大数据应用宏观经济研究方面进行了有益的探索。为此，调研组赴杭州阿里巴巴总部，围绕"依托大数据工具开展宏观经济分析"这一主题，深入了解阿里巴巴利用大数据开展行业分析、景气判断、经济预测等相关情况，总结典型经验，为我国利用大数据开展宏观经济研究提供借鉴。

一、初期探索：前瞻性精准预判的优势初步显现

早在 2008 年初，阿里就成功应用大数据预测出了世界贸易拐点。根据常识，买家在采购商品前，会比较多家供应商的产品。这反映到阿里巴巴网站统计数据中，就是查询点击数量和购买点击数量会保持一个相对的数值。阿里巴巴综合各个维度的海量数据建立了"点击量—购买量"的用户行为模型。2008 年初，阿里巴巴平台上欧美买家的查询点

击数急剧下滑。根据该用户行为模型，阿里巴巴提前半年时间预测出了世界贸易的拐点。这成为阿里巴巴较早应用大数据研究宏观经济的成功案例，也显示了大数据在宏观经济分析应用中所具有的前瞻性精准预判优势。

二、基本逻辑：底层数据—指标集—经济模型

随着物联网、云计算、人工智能等新一代信息技术的发展，阿里巴巴逐渐采集、汇聚、分析整理和研究其平台内外的数据，形成了"数据—指标—模型"的大数据研究宏观经济的基本逻辑。

（一）汇聚阿里生态圈全域数据

阿里主要采集的数据（见附图1）包括：淘宝天猫、新零售、飞猪、

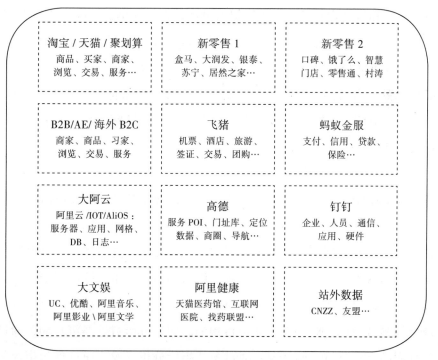

附图1　阿里巴巴经济数据集合

数据来源：阿里研究院

蚂蚁金服、大阿云、高德、钉钉、大文娱、阿里健康、站外数据等阿里生态经济圈的全域数据。具体包括电商、零售、生活、工具、商业基础设施、外部等6大类13小类72种数据，其中既包括基本画像、行为偏好、社会交往、财富状况等消费者数据，也包括商品/品牌、行业/地域、风险/价值等商业数据。数据采集方式为数据库接入、外部数据爬取、舆情数据，以及通过人脉、经验、内部管理层级等手工录入。之后进行数据清洗。数据清洗方法，一是根据统计局、省市县、贫困县、农产品等分类整理。二是对文本进行结构化。三是对舆情等数据进行情感分析。最后得到经济与社会数据、人脉关系数据。

（二）提取经济数据指标集合

基于汇聚起来的经济数据，阿里从新零售、消费升级、产业发展、区域经济、全球化、中小企业"双创"、平台经济治理、数据技术政策、技术普惠和社会责任等十个维度提取经济数据指标集合。这共涉及28类指标。总体上看，这些指标包括，一是区域经济发展指标，包括城镇化、淘宝村等方面指标。二是行业发展指标，包括产业带、小微企业活跃度、绿色产品、农产品、国产品牌、老字号等方面的指标。三是人的指标，包括消费升级、大学生、残疾人、妇女等方面的指标。四是国家关系指标，包括贸易、旅游、金融等方面的指标。

（三）构建模型开展经济研究

阿里在底层数据和指标集合的基础上，构建模型开展经济研究。模型的逻辑是通过 A（指标）变化看 B 的情况。一是分析就业、消费者福利、普惠金融等领域指标，得出阿里价值。二是分析消费品价格、信息化、创业等领域指标，为政府价格监测、供给侧结构改革、智能制造、双创等政策提供决策支撑。三是分析 AI/IOT/BC 技术趋势、平台治理、数据规范等领域指标，对未来发展进行预测。四是分析数据经济。如，通过母婴用品指标分析二胎情况、通过冬装指标分析气候、通过食盐指标分析人口分布、通过进口保健品指标分析供给侧改革、通过人流指标分析房地产和区域发展不平衡状况。

三、主要特点：围绕数据全生命周期开展"小核心、大协作"的数据能力整合

阿里巴巴充分利用了大数据时代颠覆性的数据算力，围绕阿里生态内外海量数据的采集、汇聚、分析和反馈等核心环节，以"小核心、大协作"的内外部资源配置模式，组织"内部少量数据分析团队＋规模庞大内部数据清洗团队和外部研究团队"，探索开展宏观经济分析，并对数据全生命周期进行安全保障。

（一）体现了及时、精准、低成本、高颗粒度和大样本等大数据独特优势

一是及时性。阿里互联网平台积累起来的数据存储在开放、即时的网络空间中。交易数据、价格数据、浏览痕迹、位置信息等一切信息在相关主体使用互联网起，即刻被记录在网络平台中。这些数据被特定算法提取出来并用于处理和分析经济问题，不存在时滞。二是精准性。阿里互联网平台按照实际电子商务交易情况记录数据信息，减少了办理人员人工登记的操作，提供了相对更加原始的数据信息，而非人工搜集并经过处理后的数据信息。这体现了分析精确性的特征。三是低成本。阿里平台大数据是用户使用过程中自动被记录下来的，不需人工调查和搜集。用于经济分析的数据是通过算法等技术手段提取出来加以整理获得的。这在很大程度上降低了数据获取成本。四是高颗粒度。阿里互联网平台汇聚了10万余种具体商品的交易数据，摆脱了传统经济研究集中在国家总量数据、行业总体数据等非细化数据的局限。这使得阿里可以开展更加细化、更加具体的经济研究。五是大样本量。阿里互联网平台生态中既有大企业，也有大量规模以下的小微企业。这使阿里拥有海量的样本数，可以相对获取总体或者接近全体的样本信息。

（二）内部以部门合作方式生成和分析物价等宏观经济指标

阿里以清晰的部门专业化分工开展大数据经济分析研究。阿里以"少

量经济分析人员 + 大量数据采集和清洗人员"为基本分工方式开展研究。一方面，经济分析人员配置较少。通常情况下，一项大数据经济分析任务仅配置约 3 名研究人员、全职工作 3—6 个月完成。另一方面，数据采集清洗人员规模庞大。阿里配置了常设的百人规模的团队负责数据采集和清洗工作。具体的工作内容庞杂而细碎。例如，a 为 b 购买商品，a 在北京下单和支付，b 在沈阳收货。当经济分析任务是研究区域消费购买力时，数据采集清洗团队要通过算法识别出该"支付和收货不同城"的交易类别，并将其归入 a 所在的北京地区数据集。

目前，阿里生产的常规指数包括网购价格指数、区域电商指数、云栖指数（用于测度云计算应用情况）。其中，主要用于宏观经济研究的为网购价格指数。总体上看，网购价格指数由两类指数构成。一是阿里巴巴网购核心商品价格指数（aSPI-core）。该指数是固定篮子价格指数，通过圈定阿里零售平台上近五百个基本分类下接近 10 万种核心商品作为"固定篮子"，每月追踪"固定篮子"内商品和服务实际网购成交价格变化，以刻画网购主流商品和服务的一般物价水平波动，从而从网络零售渠道反映宏观物价走势。二是阿里巴巴全网网购价格指数（aSPI）。该指数用以反映全网总体网购支出价格水平的变化。它不但包含了商品层面一般价格变动，还包含了新产品涌现所形成的消费结构变动信息。两组指数均由十大分类指数构成，分别是食品、烟酒及用品、衣着、家庭设备及维修服务、医疗保健和个人用品、交通和通信、娱乐教育文化用品及服务、居住、办公用品及服务及爱好收藏投资。十大分类指数下还包括了近五百个基本分类价格指数。

（三）对外以项目制开展宏观经济单个领域研究合作

阿里尚未系统地开展大数据宏观经济研究，而主要是通过合作方式开展宏观经济某一领域的研究。目前已经与清华大学、国务院发展研究中心、国家发改委等高端智库和政府部门合作开展研究。一是与清华大学合作开展京津冀"电商→区域一体化"促进指数研究。该研究采集阿里平台在京津冀地区销售大数据，度量电商对区域经济一体化的影响效果。指数体系分为区域差异性指数、专业化分工指数以及城市间互动指数等三个"横向"维度，另外还有区域层面和城市层面这两个指数的"纵向"维度。指数间通过几何加权平均方法进行合成，从而得到电子商务对区域一体化促进指数。二是与国务院发展研究中心合作开展重点城市价格监测，选取阿里平台在重点城市的重点产品消费情况，监测重点城市的消费发展。

三是与国家发改委的合作。采集阿里平台消费大数据，分析消费构成比例变化，用于对"十三五"规划中消费升级的评估。该研究分析中高端商品消费、信息消费、个性消费比例变动，判断消费促进美好生活情况；分析长江经济带、粤港澳等地区消费占比，判断消费的区域增长动力情况；分析盒马鲜生、天猫小店等消费占比，判断新业态消费发展情况。

（四）从数据全生命周期梳理出 14 个安全域设立 50 个安全管理过程

阿里大数据宏观经济分析涉及复杂的数据流程和庞大的数据量，并涉及阿里生态内外的多方数据主体。为此，阿里在数据产生、数据存储、数据使用、数据传输、数据共享、数据销毁等数据全生命周期共梳理出 14 个安全域。其中，数据产生环节包括数据权利管理、数据分类分级等 2 个安全域。数据存储环节包括存储介质安全、存数数据安全、数据可用性管理等 3 个安全域。数据使用环节包括身份认证与访问控制、加密管理、数据使用行为监控、数据使用过程安全等 4 个安全域。数据传输环节包括网络安全管理等 1 个安全域。数据共享环节包括数据共享基本原则、数据共享安全等 2 个安全域。数据销毁环节包括数据清理、数据介质的销毁等 2 个安全域。在每个安全域，阿里又细分出 50 个安全管理过程。在每个安全管理过程中，都制定了相关的规章、工作流程，并能够对安全管理的结果进行量化分析和可视化展示。目前，这些数据安全管理流程逐渐被阿里平台上的企业所使用，向这些企业赋能。

四、打造大数据时代的宏观经济研究新高地

抢抓大数据应用宏观经济研判带来的精准性、前瞻性、及时性等颠覆性创新的机遇，依托高端智库在学科种类、理论功底、人才储备和政策研究能力等方面优势，加强与互联网平台公司对接合作，建立新型宏观经济研究的体系框架，大力推进大数据应用宏观经济研判，打造大数据时代的宏观经济研究新高地。

（一）探索推进智库与互联网平台"经济分析＋数据采集清洗"模式合作

根据调研情况，一是阿里在数据可得的情况下，仍配置百人规模的团队开展数据采集和清洗，而具体经济研究分析人员数量较少。二是阿里与清华大学、国务院发展研究中心等高端智库合作的分工通常采取阿里的数据能力与高端智库的研究能力结合。建议发挥我国高端智库经济研究人员规模较大、专业齐全的优势，推进与互联网平台公司开展对接合作。通过研究需求导向，积极推进高端智库与互联网平台沟通，逐步解决当前大数据宏观经济分析中数据编码、分类、时间、空间等口径不一致问题，解决基础信息采集、分析、使用的困难。

（二）研究建立大数据宏观经济监控指标体系

由阿里网购消费品价格等宏观经济研究案例，大数据研究宏观经济正在发生三个转变：从依靠传统统计数据向依靠互联网非统计数据转变、从监测预测宏观经济总量向监测预测宏观经济先行指标转变、从中长期监测预测向实时监测预测转变。但也应看到，大数据应用宏观经济研究更多是对价格、消费等进行客观描述，较少采用结构性的方法来分析，缺乏经济理论支撑。因此，建议发挥智库的经济研究理论优势，围绕网络搜索、社交媒体、电子商务、终端定位和业务交易等大数据源，探索建立基于非传统数据的宏观经济监测预测体系，提升宏观经济形势分析以及重点行业、重点区域发展实时监测预测的大数据应用能力，以及中美贸易战等突发事件应急研究相应能力。

（三）着力解决数据使用中的安全隐患

互联网平台公司的大数据中，微观数据主体是多元的。一方面，基础数据和初步合成数据涉及生态圈中小企业、平台企业商业秘密，有较强的企业数据隐私性。另一方面，当众多微观数据运用大数据技术合称为宏观数据后，会涉及国家经济安全。因此，建议着力关注数据应用的安全问题。鉴于我国智库的信息化团队普遍规模较小，建议借鉴阿里等平台公司对数据全生命周期的安全管理模式，建立智库大数据使用规章、制度、流程，合理安全使用大数据。

附录三　面向大数据时代的
数字经济发展的文献研究综述

面向大数据时代的数字经济发展研究，顾名思义，应着重研究两方面问题。一是"大数据"，研究对象是大数据的时代影响，以及应该如何应对。二是"数字经济"，主要研究对象是数字经济自身的发展规律，以及如何推进其发展。本课题研究对象为两个问题的交叉部分。为明晰课题研究要旨，有必要从"大数据""数字经济"的概念和定义出发，分析其内涵外延、主要内容和作用范围，理清课题研究思路与主要方向。

一、关于大数据、数字经济的理论基础

（一）大数据的内涵及相关理论基础研究

1.关于大数据的概念、内涵等研究

随着计算机等硬件设备价格的持续降低、存储技术和数据处理方式的不断提高，物联网技术的发展，特别是"云计算"技术的迅猛发展，信息系统中产生了海量的交互数据。随着人们逐渐掌握了挖掘数据价值的思维和方法，大数据时代到来了。

但是，大数据发展至今，尚未有统一的定义。"大数据"一词最早提及于《第三次浪潮》一书中，阿尔文·托夫勒称其为"第三次浪潮的华彩乐章"。2011年，IBM、麦肯锡等机构相继通过报告形式对"大数据"进行了推广。麦肯锡在《大数据：下一个创新、竞争和生产力的前沿》报告中认为，"大数据"是容量大小超出一般数据软件所能采集、存

储和分析的数据集。Netapp 公司认为大数据应该包括三个要素，即分析（Analysis）、带宽（Bandwidth）和内容（Content）。美国国家科学基金会对于"大数据"的定义则是"分布式数据集"，该数据集是通过互联网交易、电子邮件、网络点击等形成的。徐晋（2014）认为随着现代科学技术推动社会各个主要行业的信息化，网络化、平台化，社会经济的不同领域都产生了大量的数据，这个数据我们从技术角度可以称为大数据，从经济学角度表现为存在价值关联的海量数据，其本质是市场的解构，也就是行业海量数据的关系从量变到质变的转变。根据国务院发布的《促进大数据发展行动纲要》（国发〔2015〕50 号），大数据是以容量大、类型多、存取速度快、应用价值高为主要特征的数据集合，正快速发展为对数量巨大、来源分散、格式多样的数据进行采集、存储和关联分析，从中发现新知识、创造新价值、提升新能力的新一代信息技术和服务业态。由此可见，大数据既是一种新技术又是一种新产业。

已有文献基本认为大数据主要具有如下特点：一是海量性，即"大数据"是由巨大数量的数据所组成，尤其是近几年互联网的高速发展，导致很多企业或公司都拥有海量的数据，原先的 TB 级数据一下子就容易达到 PB 级别，而且是常态。二是多样性，即"大数据"打破了原先结构化数据的界限，越来越多的数据偏向于非结构化数据，例如视频、音频、文本、图片、地理信息、点击流等等，这对于现行分析和处理数据的能力提出了更高的挑战。三是高速性，即"大数据"具有更快的流动性，主要以数据的实效性为特点。企业需要在很短的时间内高速地处理不断产生的巨量数据，并对其进行分析和利用，从而为企业在第一时间内有效地做出决策提供依据。四是价值性，即"大数据"具有价值所蕴含的特征——稀缺性、不确定性和多样性。"大数据"之所以具有价值性，是因为通过"大"而找到有用甚至是核心的信息，对于推动整个行业甚至是人类发展至关重要。

虽然对于"大数据"没有一个统一的定义，但也得到如下一些共识：

大数据是计算机通信技术以及互联网技术发展的必然结果。大数据时代的数据获取、存储、搜寻、分析等成本大幅下降，信息作为重要生产要素同土地、资本、劳动力、技术等一起参与到价值创造和分配。数据的价值创造主要体现在降低交易成本、提高市场透明度、提高决策机制科学化等方面。大数据时代将催生出新的产品、新的服务、新的商业模式和新的产业形态。

2. 关于大数据的理论基础研究

当前，从经济学角度对大数据的理论基础研究集中于大数据对经济学的影响和大数据经济学的建构。从当前多数文献对大数据对经济学的影响和对大数据经济学的认识看，并未形成统一认识。文献总体上认为大数据经济学的学科跨度很大，涉及范围广，是一门采用大数据思想对传统经济学研究和应用范围进行深化的新兴交叉学科，涵盖大数据数量经济学、大数据统计学、大数据市场经济学等。

斯坦福大学教授 Anand Rajaraman 发明了一个新词 Econinformatics 以指称大数据在经济学领域的应用，特别指应用大数据技术进行经济分析。徐晋（2014）认为，大数据经济学就是研究社会离散化之后的数据化表达方式、表达手段，以及离散化之后的数据关联，并研究数据对传统经济影响的新经济学科。宋圭武（2014）认为在大数据时代，经济学不同流派所坚持的结论会被更好证实或证伪，最终经济学会越来越趋于形成统一的流派——数据经济学派。大数据对传统经济理论的冲击主要体现在对传统经济学基本理论假设的修正以及各个分支的冲击上，具体可细分为信息经济学、交易费用经济学、宏观经济学、计量经济学等。黄贝拉等（2015）认为大数据的兴起会对传统的信息经济学、宏观经济学、交易成本经济学等带来冲击。俞立平（2015）认为大数据经济学是借助大数据研究经济现象、经济行为、经济问题的科学，也是研究大数据和传统经济学关系的一门学科，包括大数据计量经济学、大数据统计学以及大数据应用经济学等子学科，大数据经济学的尚处于萌芽期，暂时将其作为应用经济学下面的二级学科，待学科发展相对成熟后再作为经济学大类下面的一级学科。崔俊富等（2016）认为，大数据时代的经济学研究是数据驱动范式的。娄峰（2016）认为大数据经济学是在大数据的基础上产生的，在经济学研究和经济学应用中采用大数据逻辑思维来对传统经济学进行深化研究的新兴交叉性学科。从经济学的角度看，大数据具有全样本性，呈现混合结构，轻假设重发现、轻因果性重相关性。大数据革命主要实现了三个转变：使新世界呈现"从量变向质变转变"的特点，改变了对精度和准确度的理解，使我们不必执着于探究现象背后的因果关系。钟穗（2018）认为大数据可以提供足够的市场信息，从而使决策者的最优决策成为可能，这会对新古典一般均衡经济理论的发展有着深刻影响。

（二）数字经济内涵及相关理论研究

1. 数字经济的概念和内涵演变

数字经济（Digital Economy）的概念最早可追溯到 20 世纪 90 年代。1995 年，加拿大商业策略大师 Tapscott 出版了名为《数字经济》的著作，详细论述了互联网对经济社会的影响。Tapscott 被认为是最早提出"数字经济"概念的人，被中国媒体称为"数字经济之父"。此后尼古拉斯·尼葛洛庞帝的《数字化生存》、曼纽尔·卡斯特的《信息时代：经济、社会与文化》等著作问世，数字经济的理念迅速流行开来。1997 年 5 月，日本通产省提出了"数字经济"的概念，认为它包括四个特征：没有人员、物体和资金的物理移动的经济是可能的；合同签订、价值转移和资产积累可用电子手段完成；作为"数字经济"基础的信息技术将高速发展；电子商务将广泛拓展，数字信息将渗入人类生活的各个方面。很明显，日本政府将数字经济描述为广义的电子商务。

美国政府率先对数字经济的内涵进行探索。美国商务部先后出版了《浮现中的数字经济》（1998 年）、《新兴的数字经济》（1999 年）、《数字经济 2000》、《数字经济 2002》、《数字经济 2003》的数字经济报告。报告将数字经济定义为信息技术产业和电子商务（1998），并通过大量的统计调查、分析、研究和论证，甚至创造一些新的统计分析方法、新的术语，旨在理解、衡量、解释信息技术带来的美国和世界经济的新变革（罗伯特·夏比罗，《新兴的数字经济》前言，1999 年 6 月）。1999 年 10 月，美国统计局公布了 Measuring Electronic Business Definitions, Underlying Concepts, and Measurement Plans，进一步提出了数字经济的定义和主要概念，包括：网络网际、电子商务、电子化企业及网络交易。该报告建议将数字经济的内涵分为四大部分：（电子化企业的）基础建设、电子化企业、电子商务、计算机网络，并相应给出具体定义和界定。美国商务部（2004）认为，数字经济是一种相对独立的经济形态，是以信息与通信技术为基础进行的经济活动的总和，包括计算机、电子商务、数字交付服务、软件和通信服务等相关经济活动。

目前，各国对数字经济内涵的最新共识体现在《二十国集团数字经济发展与合作倡议》中。该倡议从广义层面指出：数字经济是指以使用数字化的知识和信息作为关键生产要素、以现代信息网络作为重要载体、以信息通信技术的有效使用作为效率提升和经济结构优化的重要推动力的一系列经济活动。基于这一内涵，有些分析也认为，数字经济是继农业经济和工业经济之后的第三种新经济形态，数字经济发展本身也存在信息数字化、业务数字化和数字转型三个阶段[①]。

随着数字经济形态演变，也出现了与数字经济相关的概念包括数据经济、知识经济、信息经济、网络经济、信息社会、智慧经济等。这些概念有相似之处，在部分政策文件中通用或等价。但在较为严格的学术文献中，它们之间仍然存在着一定的区别。例如，周宏仁（2017）认为，信息经济包括数字化的信息经济和非数字化的信息经济（如报纸、图书出版、图书馆等），而且，后者早在电子数字计算机发明、信息时代来临

---

① 也有研究认为，数字经济的三个发展阶段是数字化、网络化和智能化（李长江，2017）。

之前就已经存在，并将继续长期存在。数字化的信息经济就是数字经济，包括一切基于计算机的信息经济活动。数字经济又以可分为网络化（基于计算机网络进行）的数字经济和非网络化（不基于计算机网络进行）的数字经济。网络化的数字经济就是网络经济。还有一种观点认为，在数字经济中，信息在采集、传输、存储、处理等环节都有重大变化，同样引发生产方式的变革；而网络经济只强调了传输环节，Web 经济只强调了处理环节，而且 Web 技术也仅是众多的处理技术之一（李长江，2017）。显然，"数字经济"更严谨地定义了信息时代的、基于计算机和计算机网络的经济活动的主要特征和发展趋势。但不少学者也指出，上述概念有很大的相似性，而且往往是相辅相成、一脉相传，统一到数字经济表述上，有利于符合国际社会的共识、符合定义的历史沿革、符合技术经济演进的趋势（何枭吟，2005；李国杰，2016；鲁春丛，2017；中国信息通信研究院，2015，2016，2017）。

2. 关于数字经济的理论研究

总体看，对数字经济的理论研究与其发展历程及相应形态的理解密切相关，总体上呈现从狭义向广义发展、从个别产业向经济形态发展的趋势。在萌芽阶段（20 世纪 60—70 年代），半导体产业逐渐兴起，为数字经济提供了新的物理载体，"数字经济"由此萌芽发展。在起步阶段（20 世纪 70—80 年代），以半导体微电子产业和计算机产业为基础的现代信息技术逐渐发展起来，一方面带来了大规模数字化浪潮，另一方面也使得"信息"成为一种重要的生产要素。数字化信息成为重要的生产要素，数字经济更多被理解成为"信息产业"。在发展阶段（20 世纪 90 年代—21 世纪初），全球掀起"数字经济"浪潮，基础互联网建设成为各国提振经济的法宝。这一时期全球数字经济浪潮主要集中在互联网的基础建设，各国政府对数字经济的理解仍然局限在"电子商务"，其核心是"消费互联网"。但已经有部分学者指出，数字经济的内涵应该扩大，数字经济代表一场技术革命，是和前三次工业革命一样深刻改变我们工作生活的互联网革命（Miller，2001）。在裂变阶段（2008年以来），"数字经济"成为竞争高地，其内涵不断丰富，主体从消费互联网延伸到产业互联网，并随着产业的跨界融合，数字经济迎来了裂变式的发展阶段。相继涌现的物联网、云计算、大数据、人工智能、虚拟现实等新兴领域不断为其它产业和整个社会经济发展注入新的活力。以智能制造为核心的"工业4.0"和以"互联网+"为主要途径的产业互联网为传统产业的研发设计、生产制造、流通消费等环节提质增效带来了巨大的空间和机遇。这一时期，各国都逐步认同数字经济是一种基于数字化手段的全新经济形态。数字经济作为促进经济发展、增强国家竞争力和提高社会福利的重要手段，成为全球广泛共识。

二、大数据时代数字经济发展的关键因素和重要条件、主要评价方法

（一）大数据时代数字经济发展的关键因素和重要条件

1. 大数据是关键要素

2017年12月8日，在中央政治局就"实施国家大数据战略"进行集体学习的会议上，习近平总书记指出，"数据是新的生产要素，是基础性资源和战略性资源，也是重要生产力"，"要构建以数据为关键要素的数字经济"。这一判断明确指出数据是大数据时代数字经济发展的关键要素，从经济学的角度为大数据时代数据信息的重要性给出了明确定位，也指明了大数据时代数字经济发展方向。

美国政府发布的《大数据研究和发展计划》认为，大数据是"未来的新石油"，是"陆权、海权、空权之外的另一种国家核心资产"。数据甚至被认为已经超过石油的价值，成为数字经济中的"货币"。数据驱动型创新正在向经济社会、科技研发等各个领域扩展，成为国家创新发展的关键形式和重要方向。中国信息通信研究院的荣王青（2017）认为大数据在促进数字经济发展方面具有大价值，大数据是数字经济的关键生

产要素。随着信息通信技术的广泛运用，以及新模式、新业态的不断涌现，人类的社会生产生活方式正在发生深刻的变革，数字经济作为一种全新的社会经济形态，正逐渐成为全球经济增长重要的驱动力。历史证明，每一次人类社会重大的经济形态变革，必然产生新生产要素，形成先进生产力，如同农业时代以土地和劳动力、工业时代以资本为新的生产要素一样，数字经济作为继农业经济、工业经济之后的一种新兴经济社会发展形态，也将产生新的生产要素。如杨汝岱等（2018）认为，大数据作为一种全新的生产要素会直接影响经济增长及质量等。

也有文献认为，大数据能使数据信息价值更好发挥，进而促进数字经济发展。信息（数据）能用来消除不确定性、降低成本并创造价值，大数据时代来临之前，由于数据数量、存储方式、分析手段等的限制，数据还不能聚合产生突变创造价值，其作为一种生产要素在参与价值创造中发挥的作用并不大。但限于技术手段进入大数据时代后，信息数据化使之成为具有很强积累性的一种生产要素，通过对大量数据的交叉聚合进行系统分析，能使其成为重要生产要素参与价值创造。

有研究认为，大数据开启了信息化的第三次浪潮，大数据应用需求将驱动信息技术体系重构，对数字经济发展产生重大推动作用。PC 机的广泛应用带来信息化的第一次浪潮，大约一直到 20 世纪 90 年代中期，是以单机应用为主要特征的数字化阶段。从 20 世纪 90 年代中期到现在，信息化的第二次浪潮是以互联网应用为主要特征的网络化阶段。现在我们正在进入新的阶段，即以数据的深度挖掘和融合应用为主要特征的智慧化。信息技术的发展始终围绕能力、应用和成本三大目标。1946—1995 年，面向能力和成本的技术创新是信息技术发展的主线，揭示能力和成本规律的"摩尔定律"和"香农定律"分别主导计算机和通信技术的发展。1995 年前后，互联网的商用价值开始显现，信息技术从能力主导向应用主导变迁，揭示应用和成本规律的"贝尔定律"和"梅特卡夫定律"占据主导地位。在这一阶段，技术发展与应用需求"双轮驱动"，相互促进，迭代发展，带来了 20 多年的持续高速发展。

总体看，主要文献基本都认为大数据时代的数字经济以新一代信息技术为基础，以海量数据的互联和应用为核心，将数据资源融入产业创新和升级各个环节的新经济形态，大数据是数字经济的关键要素。一方面，信息技术与经济社会的交汇融合，特别是物联网产业的发展引发数据迅猛增长，大数据已成为社会基础性战略资源，蕴藏着巨大潜力和能量。另一方面，数据资源与产业的交汇融合促使社会生产力发生新的飞跃，大数据成为驱动整个社会运行和经济发展的新兴生产要素，在生产过程中与劳动力、土地、资本等其他生产要素协同创造社会价值。相比其他生产要素，数据资源具有的可复制、可共享、无限增长和供给的禀赋，打破了自然资源有限供给对增长的制约，为持续增长和永续发展提供了基础与可能，成为数字经济发展的关键生产要素和重要资源。

2. 大数据的搜集、存储、共享等的技术、法律和体制支撑是发展的重要条件

当前，大数据技术的广泛应用为个人数据保护等方面带来了新挑战，主要体现在数据搜集、存储、共享等环节存在着一些技术、法律和体制的争议和障碍，当前的研究对此关注的较多。据此反过来看，对大数据的搜集、存储、共享等的技术、法律和体制支撑等，成为大数据时代数字经济发展的重要条件。

中国信息通信研究院技术与标准研究所副所长何宝宏（2017）认为，当前大数据应用存在的问题主要包括：数据收集环节存在是否合法、正当、知情等问题，数据转移流通环节存在未经同意、是否做好了匿名化相关的处理等问题。在安全方面主要涉及数据泄漏、毁损或丢失等问题，包括跨境流动等都需要政策、标准以及行业的自律。他认为，随着 2017 年《网络安全法》正式实施，有必要对流程公约扩展成大数据的公约，做出必要的升级和调整。尤其是数据流通、合规性、全属应用等方面出现了一些新的标准，制定国内大数据行业自律公约正当其时。此外，梅

宏（2017）认为我国大数据产业发展当前存在着一些明显的短板主要有：中国企业在现有大数据国际产业地图中极少出现，国际影响力不足；从事大数据应用的企业较多，掌握共性关键技术企业少。由于核心技术受制于人，我国信息技术长期存在"空心化、低端化"的问题。

正是基于对大数据时代数据搜集、存储、共享等环节存在着一些技术、法律和体制的争议和障碍的认识，一些文献认为大数据时代数字经济发展的重要条件主要体现在以下几个方面：

一是"云网端"等成为大数据时代数字经济发展重要数字基础设施。在工业经济时代，经济活动架构在以铁路、公路和机场为代表的物理基础设施之上。数字技术出现后，网络和云计算成为必要的信息基础设施。随着数字经济的发展，数字基础设施的概念更广泛，既包括了信息基础设施，也包括了对物理基础设施的数字化改造。其中，前者主要指宽带、无线网络等，后者如安装了传感器的自来水总管、数字化停车系统、数字化交通系统等增加了数字化组件的传统实体基础设施。

二是大数据开放共享的统一平台是大数据时代数字经济发展的重要的基础设施。从大数据共享研究和实践进展看，国内已经出现企业间的数据相互开放，但由于不同企业间数据源不同且涉及商业机密，当前仍缺乏统一数据源的共享平台。由此导致大数据的采集、存储、应用仍停留在多数据源的初级阶段，多数据源因不具有统一模式而导致数据质量参差不齐、难以共享，使得大数据存储对企业还是很大的成本，制约数据后台还很难从成本中心转向利润中心，BAT 也如此。

三是具备"大数据技能"的人力资本成为大数据时代数字经济发展的主体。在数字经济时代，完全不具备任何数字技能的人将成为新时代的"文盲"。对生产者而言，掌握数据分析、数字营销等数字技能将是对用人的基本要求。对消费者而言，若不具备基本的数字素养，将无法正确地运用信息和数字化产品和服务。为此，联合国将数字素养看作是数字时代的基本人权，是与听、说、读、写同等重要的基本能力。

四是与时俱进的技术、法律和体制等支撑成为大数据时代数字经济发展的根本保障。大数据技术和应用在发展扩散，使得大数据相关产业和数字经济领域也不断发生新变化，由此不断地对大数据时代数字经济发展所需的技术、法律和体制等支撑提出新要求。不断突破相应的技术瓶颈制约、完善数据产权的法律界定、促进数字经济发展的体制机制、加强对负面效应的监管等，都成为大数据时代数字经济持续更好发展的根本保障。

（二）大数据时代数字经济发展水平的主要评价方法

我们认为，大数据时代数字经济发展的主要评价方法与前大数据时代数字经济发展主要评价方法并无根本区别，重点还是在于对数字经济发展的评价，而不是突出大数据对数字经济发展的影响的评价。当前，对数字经济发展的主要评价方法集中于如何测度其发展规模和水平。从已有大量研究文献看，知识经济、信息经济、网络经济和数字经济之间有高度的相似性，如果从对知识经济测度的研究算起，对知识经济、信息经济、网络经济和数字经济的测度的讨论已经有 50 多年历史了。由于各国情况的不同且随时间不断变化，导致不同国家、不同国际组织在不同时期测度数字经济的指标体系也在不断调整。数字经济发展水平的评价方法主要有指数化方法、数字化水平方法等。

1. 国外形成了对数字经济发展水平的评价方法

世界经济论坛的网络就绪度指数（NRI）世界经济论坛（WEF）自2001 年起每年定期测评各国的信息通讯技术发展能力，并发布报告披露网络准备指标（NRI）的结果。2010 年有 133 个国家参加评比，测评体系分为三大测度构成（环境、准备、使用），九大分项指标（市场环境、政治法规环境、基础建设环境、个人准备、企业准备、政府准备、个人使用、企业使用、政府使用），每个分项指标再划分为若干细项指标。WEF 为应对信息通信技术带给社会的快速转变，从 2010 年起对往年的测评体系结构进行了微小调整。世界经济论坛的网络就绪度指数（NRI）

依托于六个基本原则：一是高质量的监管和商业环境有利于充分发挥 ICT 的潜力；二是 ICT 就绪度（包括可支付能力、技术和基础设施），是 ICT 产业发展的前提条件；三是 ICT 的发展需要全社会的努力，包括政府、商业社会和全体民众；四是 ICT 不是一个独立的行业，会对经济和社会产生影响；五是环境、就绪度和使用等诸多驱动因素彼此互动、演进并互相加强，形成一个虚拟的循环；六是网络就绪度框架应当提供明确的政策指引。在此基础上，世界经济论坛提出了网络就绪度指数的概念，该指数包括四个类别，分为十个子类，包括 53 个具体指标。

数字经济和社会指数（DESI）。欧盟非常注重数字经济的发展与统计，欧盟委员会为此编制了数字经济和社会指数（Digital Economy and Society Index，简称 DESI）并发布了《Digital Economy & Society in the EU》报告。《欧盟数字经济和社会》报告分为四个部分，包括数字经济和企业的概况、电子商务、互联网安全和云服务及数字单一市场，它描述了欧盟成员国数字经济的发展情况及面临的挑战。数字经济和社会指数（DESI）是刻画欧盟数字经济进程和数字经济发展程度的合成指数，该指数由欧盟根据各国宽带接入、人力资本、互联网应用、数字技术应用和数字化公共服务程度等 5 个主要方面的 30 项二级指标计算得出，每个二级指标有不同的权重。

埃森哲数字化密度指数。埃森哲推出的这项指数和相关分析用于指明，企业与政府如何加强合作才能创造条件，帮助企业取得更大的数字化成效，同时在国家层面上推动由数字技术驱动的经济增长。指数包括四大要素：一是数字化市场培育。这是指企业在多大程度上利用数字技术为客户提供产品或服务，吸引新客户，并与其他企业合作。二是数字化企业运营。这是指企业在多大程度上将数字技术融入其战略和组织的核心，对其运营（包括研发、供应链等）进行转型，以及利用云计算、数据分析和客户关系管理等技术。三是数字化资源配置。这是指企业是否能够借助数字技术获取生产要素（如土地、资金、人才、工厂和资产），从而提高其生产效率并降低成本。四是数字化支持环境。这是指一国的政策和监管环境在多大程度上推动数字化商业模式普及，同时保持社会公信力。埃森哲根据上述四个因素选取了 50 多个指标（指标未公开）构建出数字化密度指数，并且测算了 17 个领先经济体的数字化密度。

英国经济学人智库（EIU）测度电子化和数字经济的指标体系。 英国经济学人智库（EIU）自 2000 年起与 IBM 商业价值研究院合作，以全球主要经济体为测评对象，每年发布"电子化准备测评报告"（e-Readiness Rankings），针对全球主要经济体的电子化准备表现进行评比排名。电子化准备定义为"一国信息通信科技基础建设的品质以及民众、企业与政府有效应用信息通讯科技的能力"，认为一国导入信息通讯科技活动越多，越能提高整体经济环境的透明度与效率。

新加坡新经济指数。 在新经济的浪潮推动下，新加坡贸易与工业部门发表了新加坡新经济指数。在指标的选取上新加坡政府制定了两个原则，一是指标必须涵盖新经济的特征，特别是取得、创造、使用与扩散知识的能力；二是指标必须同时涵盖有形与无形资产两部分。新加坡政府选定了包括企业环境、信息科技、创新系统、人力资源发展等四大方面具有代表性的指标共 11 个。

APEC 知识经济状态指数。 亚太经合组织经济委员会设计完成的 APEC 知识经济状态指数，其特点是提供各细项指标的明确定义、说明指标体系在推动知识经济发展进程中的重要性、详细注明原始数据的来源、满足知识获取、知识创造、知识扩散、知识使用的分类。该指标体系对指标的选取主要受制于数据的可获得性，特别是取样国家的可比资料。

2. 国内也形成了多种对新经济、经济数字化的评价方法

腾讯研究院（2016）构建了"互联网 +"指数，主要是为实体经济投射到数字中国的生产生活总值，简称数字 GDP，它直观反映农业、工业、餐饮、旅游、交通运输、零售电商、金融等各个行业在移动端的数据产出和表现。赛迪的数字经济发展指数（2016、2017）将数字经济可以划

分为基础型数字经济、资源型数字经济、技术型数字经济、融合型数字经济和服务型数字经济。基础型数字经济和资源型数字经济主要指物理基础设施和数据资源利用，是数字技术实现的物理载体和信息载体，是数字经济的基础；技术型数字经济是数字经济发展和升级的主线，是数字经济发展的核心驱动力；融合型数字经济和服务型数字经济重点体现在数字技术在生产和生活领域的各类应用。

2016 年，北京大学、财新智库莫尼塔和大数据公司 BBD 联合打造了中国新经济指数（New EconomyIndex，简称 NEI），用来估算新经济在整个经济中的重要性，即当中国经济每发生一块钱的产出时，有多少来自新经济。NEI 指标体系共有高端劳动力投入、优质资本投入与科技和创新三大类一级指标（分别代表了新经济发展的劳动力投入、资本投入、科技与创新投入）和 11 个二级指标。

2017 年，由贵州省大数据产业发展应用研究院、财新智库、BBD 联署推出发布了中国数字经济指数（CDEI），该指数用大数据度量数字经济对整个社会效率提升的能力，包括数字经济的生产能力，数字经济对其他行业的溢出能力，以及全社会对于数字经济的利用能力三个部分。CDEI 从网络大数据、传统统计数据和各类商业统计数据中获取数字经济指数的各项数据。在横向上，通过各省的数字经济指数进行比较，观察每个地区的数字经济对实体经济的拉动情况；在纵向上，通过对不同时间段的中国数字经济指数进行比较，判断数字经济对整体经济拉动能力随时间的变化趋势。

三、大数据促进数字经济各环节发展和对策研究

（一）大数据产权相关研究

大数据的产权界定直接影响数字经济发展和经济效率，相关问题探讨也成为研究热点。当前，对大数据产权相关问题的研究主要集中于：对个人信息数据和匿名数据的权属问题的讨论，大数据开发采集的相关

法律问题和数据隐私的法律保护等。2015年,《数据权、数据主权的确立与大数据保护的基本原则》一文中正式提出数据财产权的概念。数据隐私的法律保护主要涉及数据隐私权,数据隐私权主要是指数据主体以电子、光学、磁或者类似手段生成、发送、接收或者储存的信息享有的隐私权。

有文献研究了数据产权的界定和划分问题。黄立芳(2014)从数据产权的角度将大数据分为公有数据和专有数据两部分,前者任何人都可以无偿进行收集和使用,而后者是经过处理所得到新的数据属于一种智力创造成果,数据开发主体拥有所有权。黄雷(2014)认为大数据时代知识产权保护面临新挑战,应完善知识产权方面的法律法规及条例,提前进行监测,采取全方位的安全措施。王宁江(2015)认为数据产权界定主要涉及人类对大自然的认知数据、国家机关在依法履职中掌握的数据、平台掌握的涉及个体的交易或行为数据和两两之间的交易数据。宋志红(2015)指出国家对其本国的数据具有数据主权,数据业者对其收集整理后的数据有知识产权,公民对其个人数据享有控制权(个人数据权)。王融(2015)指出以个人数据为交易对象时个人数据的所有权归数据主体本人,企业对数据做匿名化处理后的数据拥有有限的所有权。王忠(2015a)认为经过二次加工后的数据产权应属于二次数据供给者。王忠(2015b)认为随着数据交易机制的完善,数据质量评价指标的完善和更可操作性以及充分的市场竞争等带来的数据交易费用降低,同时数据作为新的生产要素对生产发挥的效用日益增加,才有必要分析数据交易中的产权问题。杜振华等(2016)认为数据产权制度是建立数据市场交易秩序的前提,加速数据的流通和应用,可推动数据产业生态系统的崛起。邹沛东(2016)指出数据主权是国家对政权地域内的数据有管理、控制的权利;数据权又分个人信息类的人格权,分析处理后的数据由加工者拥有的知识产权,社会经济组织拥有的商业秘密权。蒋光祥(2017)认为数据产权归属的法律界定对经济效率影响越发凸显,亟待解决。吴俊熠（2017）综述相关文献后发现，当前国际上对数据产权的界定尚无统一说法。李国杰等（2017）认为企业平台上的数据如果未经过挖掘、分析，则应归属于数据交易双方，而不是平台方；如果企业平台对数据进行了挖掘和分析，则挖掘后的数据应属于平台。陈永伟（2018）认为数据归属平台得到的综合分析效应可以抵消侵权风险带来的负作用，因此数据应归属平台而不是交易双方。

（二）大数据提升数字经济要素配置效率相关研究

大数据时代的到来改变了企业生存发展的环境，并通过多种机制影响价值创造、交换、分配等过程中的要素配置，对数字经济领域相关要素配置产生了直接影响。从主要文献看（如徐晋，2014；李杰，2015、2016；如维克托·迈尔·舍恩伯格等，2013；涂子沛，2015；毕马威中国大数据团队，2018等），大数据影响数字经济要素配置的主要作用机制包括：

一是提高市场透明度。在大数据时代，很多企业能更好地消除信息的不对称、提高市场的透明度，企业可以接近精确地了解到客户的心理特点、生活习惯、行为习惯、消费习惯，进而针对每个客户的多样性需求，为不同的客户提供符合其个性的产品和服务，并能够预测到客户的需求，甚至可以做到比客户更知道他们需求什么。二是降低了市场交易成本。大数据时代促使人们决策方式由感性驱动走向数据驱动，导致监督成本的下降和违约成本的上升，减少参与者的投机行为，降低了交易的不确定性和复杂性；异质性信息无法沟通的现象也将减少，市场被少数人操纵的情况也减少了。三是提高了决策科学化水平。大数据时代使数据思维将逐渐取代经验思维，从产品设计到大的战略调整，都将以数据作为决策依据，将管理进一步引向科学化。大数据的出现和使用，使人们通过对海量数据的近乎全样本的分析了解到更全面的信息，大大提高了决策科学化水平。

（三）大数据推动了数字经济生产组织的变革

有文献研究了大数据对数字经济产业组织形态的重大影响，尤其是促进数字化制造和新产品、新服务和新商业模式的兴起。赛迪智库装备工业研究所（2013）认为，数字化制造已成为全球制造业发展新趋势，我国数字化制造目前主要存在三个问题，即自主创新能力不足，核心软件与关键设备依赖进口，数字化制造技术体系不健全。基于此，应从四个方面做起：加强顶层设计，制定数字化制造总体规划；完善技术创新体系，增强自主创新能力；加快两化深度融合，以数字化改造提升传统制造业；创建公共服务平台，加快发展数字化制造服务业。荣王青（2017）认为，大数据在社会经济各领域的广泛应用会加快传统产业数字化、智能化，催生新的产品、服务和商业模式，进而会导致产业组织形态发生巨大变化。腾讯研究院（2018）认为，基于大数据应用的金融服务将向"智慧化"的方向演进。以用户需求和体验为立足点，"智慧金融"将使资金融通的基础性作用以更加灵活、快速、精准的方式服务于智能产业转型升级、智能生活提质增效，推动实体经济的高质量发展和社会民生的持续改善，智慧金融的发展将围绕定制化、综合性、可控性和协同性的特征向前推进。同时，大数据时代到来使得市场环境更加透明化，金融机构可以通过大数据的相关分析建立信用档案，而不是单纯地依靠抵押对资本的发放等问题进行决策，信息可以在一定程度上替代抵押品，释放了资本的活力，并改变金融市场的行业规则，创新金融机构的运营模式。

　　不少文献认为（如李杰，2015、2016；如维克托·迈尔·舍恩伯格等，2013；涂子沛，2015；毕马威中国大数据团队，2018 等），大数据会驱动传统产业向数字化和智能化方向转型升级，并通过推动不同产业之间的融合创新，也将不断促进数字经济生产组织变革提升，推动传统经济模式向形态更高级、分工更优化、结构更合理的数字经济模式演进。首先，大数据产业自身催生出如数据交易、数据租赁服务、分析预测服务、决策外包服务等新兴产业业态，同时推动可穿戴设备等智能终端产品的升级，促进电子信息产业提速发展。其次，大数据加速渗透和应用到社会经济的各个领域，通过与传统产业进行深度融合，提升传统产业生产效率和自主创新能力，深刻变革传统产业的生产方式和管理、营销模式。工业大数据贯穿于工业的设计、工艺、生产、管理、服务等各个环节，使工业系统具备描述、诊断、预测、决策、控制等智能化功能，推动工业走向智能化。电信、金融、交通等服务行业利用大数据探索客户细分、风险防控、信用评价等应用，加快业务创新和产业升级步伐。基于大数据的创新创业日趋活跃，大数据的共享开放成为促进"大众创业、万众创新"的新动力。利用大数据为农作物栽培、气候分析等农业生产决策提供有力依据，提高农业生产效率，推动农业向数据驱动的智慧生产方式转型。

（四）大数据促进了数字经济消费模式的升级

从大量文献看（如维克托·迈尔·舍恩伯格等，2013；涂子沛，2015；毕马威中国大数据团队，2018），不少研究认为大数据应用提升了人类生活的消费需求。随着信息技术和社会经济快速发展，大数据时代的稀缺资源是包括从文学作品到电子游戏的精神产品。大数据的广泛应用潜移默化地推动人类从物质化生存转向了虚拟化、数字化生存转变，数字化生存为人类提供了更多的自由和发展空间，也激发提升了人类个性化精神需求。

也有不少研究（如毕马威中国大数据团队，2018 等），认为大数据促进了数字经济消费模式的升级。例如，随着互联网的普及，网上购物成为一种快捷方便的购物新潮流。电商平台通过对大数据的分析和整理，分析出消费者的商业消费习惯和消费喜好，从而对客户群体进行细分，实现精准营销，设计并创造出合适的产品和服务以满足其需求。又如，众多互联网平台通过社交网络和团购等手段，为不同客户打造差异化、个性化、多样化的需求服务，助推了消费向个性体验化发展。

（五）大数据时代数字经济发展的主要举措研究

有文献从基础设施、核心技术、数据资源、信息消费、行业应用、引领标准、治理手段等不同角度提出了大数据时代数字经济发展相关举措，如梅宏（2018）、尚冰（2018）、熊群力（2018）、马云（2018）、李冠宇（2017）、费方域（2017）等。主要措施主要包括：加快构建新一代信息基础设施，从功能层和基础层进行整合，打造大数据时代的数字经济发展的信息基础设施；坚持创新驱动发展，增强自主创新技术核心能力；推进数据资源建设放在首要地位；壮大信息消费规模，创造美好数字生活；打通各行各业的"应用、平台、网络、行业终端"之间的数据通道和业务通道，连接数据和业务断点；加快研制重点国家标准。围绕大数据标准化的重大需求，开展数据资源分类、开放共享、交易、标识、统计、产品评价、数据能力、数据安全等基础通用标准以及工业大数据等重点应用领域相关国家标准的研制，同时建立验证检测平台。建立标准试验验证和符合性检测平台，重点开展数据开放共享、产品评价、数据能力成熟度、数据质量、数据安全等关键标准的试验验证和符合性检；以审慎原则开展反垄断，确保企业创新活力和数据开放共享。

此外，一些学者关于促进数字经济发展的举措也转化为各国政府发展数字经济的战略和规划。本世纪以来世界主要国家纷纷制定大数据和数字经济发展战略和举措，梳理各国发展数字经济的战略的重点和举措看主要有以下几类：一是加大对信息网络基础设施和数字技术创新投入。各国普遍注重提高国内宽带容量和速度，提高宽带覆盖面积进而更好连接较为偏远地区等，并加大对物联网、云计算、大数据和人工智能技术等领域的优先投资等。二是注重维护数字隐私和网络安全，积极有序推动数据开放共享。近年来，各国将加强网络安全作为保护数字隐私的有力手段；同时，为更好地推动数据开放，都注重推动政府以及公共部门的数据向民众开放，为民众和企业在行政审批、业务办理、公共服务、电子认证等方面提供一站式高效服务。三是更加注重推动大数据在更广泛产业和领域的应用和融合。如各国都很重视数字技术与医疗、教育等公共服务和农业、制造业等产业领域的融合。例如，重视对教育机构的数字化建设投入、大规模开放在线课程、推广和改善在线学习环境，加速远程医疗系统建设、提供在线健康和医疗保健预定、全面普及建设老年人等医疗电子档案、扩大远程医疗保险和福利范围，利用数字技术创造一个安全、经济和环境友好型的道路交通体系，利用物联网等先进数字技术推动生产领域的新变革等。

四、小结

总体看，当前研究从不同的角度探讨了数字经济、大数据存在的问题、发展模式、政策支持等，现有文献对大数据、数字经济的重要性、必要性、紧迫性研究较多，已经形成了一些非常有理论价值和实践意义的认识。主要表现为：一是数字经济关联广，波及范围大。数字经济发展对国家经济的发展带动性强，对一个国家的产业结构升级、经济高质量发展具有较大的促进作用。二是数字经济需要从战略的高度来认识其发展的重要性，数字经济发展属于信息化发展阶段国家的战略性经济形态，需要国家层面的顶层设计来推动发展。三是大数据、数字经济发展面临着许多体制机制方面的问题，急需突破。

从上述研究可以看出，面向大数据时代的数字经济发展的研究蕴含于大数据和数字经济产业的研究当中。尽管数字经济发展的研究具有多种不同视角，但产业视角的数字经济发展研究是较为系统、全面的，也是成果最多的。大量关于面向大数据时代的数字经济发展的研究，在概念及特征、关键因素和形成条件、规模界定和发展水平评价、培育方式与主要措施等方面，形成了相对完整的观点、思路和方法，为我们深入理解和研究面向大数据时代的数字经济发展提供了坚实的基础。

尽管对数字经济的概念认识相对一致，但对内容、特征、标志的理解还不尽相同。一个重要因素是数字经济是动态变化的，不同时期提出数字经济的背景、目的不同，提出的数字经济的具体领域也不同，由此归纳总结的特征和标准必然不同。这提醒我们，研究数字经济必须紧密结合当前大数据时代的实际背景，系统地将大数据与数字经济发展结合起来，着重研究大数据对数字经济发展的关键作用，并分析数字经济发展实践中潜在的制度、技术瓶颈和挑战等，针对我国如何发挥数据资源优势，提出提升数字经济发展水平的措施建议。

绝大多数文献研究了大数据对数字经济某一单领域发展的影响和对策，很少涉及多领域大数据对数字经济发展的影响和对策。现实中发展数字经济很多措施只有配套推进，才能有效发挥作用。不同的推进措施搭配方案，可能产生不同的数字经济发展效果。如果仅仅研究大数据对数字经济某单一领域发展的影响，不能从经验事实角度说明制度关联配套、混合互动对数字经济发展的影响，也无法用逻辑工具筛分出不同领域推进举措的交互影响对数字经济发展的影响，更不能明确提出协同推进相关领域的举措，形成制度有效互补的对策建议。因此，本研究从与数字经济发展有直接关系的数据产权设计、信息产业支撑、要素配置和产业组织优化、消费拉动等领域着手，研究大数据对数字经济发展的影响和对策。

在检索文献中，我们还发现关于数字经济的研究多集中在金融危机之后几年间。一个重要原因是金融危机之后，各国纷纷寻找新的经济增长点，以摆脱经济危机、促进经济发展。例如，近年来，世界许多国家纷纷提出了面向大数据的数字经济发展战略，寻找新的经济增长点。我国在进入经济"新常态"后也在积极培育经济增长新动能，实现经济发展的动力转换、效率提升。从这个角度看，现阶段研究面向大数据时代的数字经济发展既有迫切性，也有必然性。

参考文献

1. ［英］维克托·迈尔·舍恩伯格、肯尼思·库克耶:《大数据时代:生活、工作与思维的大变革》,盛杨燕等译,浙江人民出版社 2013 年版。

2. ［美］弗兰克·奥尔霍斯特:《大数据分析——点"数"成金》,王伟军等译,人民邮电出版社 2013 年版。

3. 毕马威中国大数据团队:《洞见数据价值——大数据挖掘要案纪实》,清华大学出版社 2018 年版。

4. 蔡跃洲、张钧南:《信息通信技术对中国经济增长的替代效应与渗透效应》,《经济研究》2015 年第 12 期。

5. 陈永伟:《数据产权应划归平台企业还是消费者》,《财经问题研究》2018 年第 2 期。

6. 崔俊富、邹一南、陈金伟:《大数据时代的经济学研究:数据驱动范式》,《广东财经大学学报》2016 年第 1 期。

7. 丁文联:《数据竞争的法律制度基础》,《财经问题研究》2018 年第 2 期。

8. 杜振华等:《数据产权制度的现实考量》,《重庆社会科学》2016 年第 8 期。

9. 费方域、闫自信:《大数据经济学视域下的竞争政策》,《财经问题研究》2018 第 2 期。

10. 国际数据公司:《大数据将引发金融行业重要变革》,《通讯世界》2013 年第 4 期。

11. 国家发展改革委:《我国在数字经济领域取得突出成就》,《中国经济导报》2017 年 10 月 14 日。

12. 何枭吟:《数字经济发展趋势及我国的战略抉择》,《现代经济探讨》2013 年第 4 期。

13. 黄贝拉等:《大数据经济学简评》,《农村经济与科技》2015 年第 11 期。

14. 黄立芳:《大数据时代呼唤数据产权》,《法制博览(中旬刊)》2014 年第 12 期。

15. 黄晓锦:《大数据时代数据分享与抓取的竞争法边界》,《财经问题研究》2018 年第 2 期。

16. 蒋光祥:《网络时代不容回避的数据产权归属之争》,《上海证券报》2017 年 11 月 14 日。

17. 姜桂兴:《全球开放数据运动蓬勃发展》,《学习时报》2015 年 3 月 30 日。

18. 荆林波、冯永晟:《信息通讯技术、生产率悖论与各国经济增长》,《经济学动态》2010 年第 6 期。

19. 李长江:《关于数字经济内涵的初步探讨》,《电子政务》2017 年第 9 期。

20. 李文莲、夏健明:《基于"大数据"的商业模式创新》,《中国工业经济》2013 年第 5 期。

21. 李勇坚:《后高速增长时代:中国数字经济发展战略的转型》,《中国发展观察》2017 年第 14 期。

22. 梅宏:《推进大数据应用 繁荣数字经济发展》,《中国信息化周报》2018 年 3 月 19 日。

23. 孟建、刘一川:《大数据时代:关于我国媒介生产变革的研究——基于传媒经济学视角》,《新闻传播》2013 年第 7 期。

24. 荣王青:《促进数字经济发展 大数据彰显大价值》,《人民邮电》

2017 年 5 月 17 日。

25. 宋圭武:《大数据时代背景下的经济学》,《发展》2014 年第 7 期。

26. 宋志红:《大数据对传统法治的挑战与立法回应》,《经济研究参考》2016 年第 10 期。

27. 孙洪磊、南婷:《政府垄断致公共数据束之高阁浪费严重》,《经济参考报》2015 年 2 月 25 日。

28. 王融:《关于大数据交易核心法律问题——数据所有权的探讨》,《大数据》2015 年第 2 期。

29. 王忠:《大数据时代个人数据交易许可机制研究》,《理论月刊》2015 年第 6 期。

30. 魏晓晨:《关于产权交易数据在大数据时代拓展用途的思索》,《产权导刊》2014 年第 8 期。

31. 邬贺铨:《大数据时代的机遇与挑战》,《求是》2013 年第 4 期。

32. 徐晋:《大数据经济学》,上海交通大学出版社 2014 年版。

33. 徐磐石:《大数据时代的商业模式创新》,《上海商业》2015 年第 8 期。

34. 杨汝岱:《大数据与经济增长》,《财经问题研究》2018 年第 2 期。

35. 于晓龙、王金照:《大数据的经济学涵义及价值创造机制》,《经济观察》2014 年 2 月 3 日。

36. 俞立平:《大数据与大数据经济学》,《中国软科学》2013 年第 7 期。

37. 赵国栋等:《大数据时代的历史机遇——产业变革与数据科学》,清华大学出版社 2013 年版。

38. 赵秋银等:《大数据时代的商业模式创新——以日本的优衣库为例》,《经济论坛》2015 年第 11 期。

39. 钟穗:《大数据经济学对一般均衡经济理论发展研究》,《信息系统工程》2018 年 3 月 20 日。

40. 邹沛东、曹红丽:《大数据权利属性浅析》,《法制与社会》2016

年第 9 期。

41. 吴俊熠：《数据产权界定：一个文献综述》,《现代商贸工业》2017 年第 20 期。

42. 吴伟光：《大数据技术下个人数据信息私权保护论批判》,《政治与法律》2016 年第 7 期。

43. 吴鼎铭：《"大数据"的传播政治经济学解读—以"数字劳工"理论为研究视角》,《互联网发展研究》2014 年第 12 期。

44. 闫德利、张健：《制造业是数字经济的主战场》,《21 世纪经济报道》2017 年 6 月 6 日。

45. 杨新铭：《数字经济：传统经济深度转型的经济学逻辑》,《深圳大学学报（人文社会科学版）》2017 年第 4 期。

46. 周宏仁：《做大做强数字经济 拓展经济发展新空间》,《时事报告：党委中心组学习》2017 年第 5 期。

47. 钟春平、刘诚、李勇坚：《中美比较视角下我国数字经济发展的对策建议》,《经济纵横》2017 年第 4 期。

48. 黄明刚：《互联网金融与中小企业融资模式创新研究》, 博士论文, 2016 年 5 月。

49. 孙国峰：《金融大数据应用的风险与监管》,《清华经济评论》2017 年第 9 期。

50. 吴晓光：《三话金融大数据安全》,《清华经济评论》2018 年第 3 期。

51. 麦肯锡：《麦肯锡大数据指南》, 王霞、庞昊、任鹏译, 机械工业出版社 2016 年版。

52.《破局小微企业金融》, 经济观察网, 2018 年。

53. T.H. 尤金娜、杨俊东：《从数字经济视角解读欧亚经济联盟与"一带一路"对接》,《东北亚学刊》2016 年第 5 期。

54. 艾瑞咨询：《大促"后影响"Q3 网购环比增速略降》, 2017 年第三季度。

55. 艾瑞咨询:《中国在线旅游平台用户洞察报告》,2018 年 6 月。

56. 曾彩霞、尤建新:《大数据垄断对相关市场竞争的挑战与规制:基于文献的研究》,《中国价格监管与反垄断》2017 年第 6 期。

57. 曾雄:《数据垄断相关问题的反垄断法分析思路》,《竞争政策研究》2017 年第 6 期。

58. 常华:《利用新技术革命 打造创新型社会》,《科技智囊》2018 年第 11 期。

59. 陈启任:《中国工业机器人产业正在兴起》,2014 年 11 月 16 日,见 http://finance.chinanews.com/cj/2014/11-16/6781612.shtml。

60. 陈璋、阚凤云,胡国良.《OECD 国家数字经济战略的经验和启示》,《现代管理科学》2017 年第 3 期。

61. 陈璋、阚凤云、胡国良:《OECD 国家数字经济战略的经验和启示》,《现代管理科学》2017 年第 3 期。

62. 程永波:《江苏健康和信息消费服务业发展研究报告(2016)》,南京大学出版社 2017 年版。

63. 电子商务研究中心:《大数据成"双刃剑""杀熟"是否涉嫌违法存争议》。

64. 丁声一、谢思淼、刘晓光:《英国〈数字经济战略(2015-2018)〉述评及启示》,《电子政务》2016 年第 4 期。

65. 董红杰等:《信息消费对经济增长的促进作用研究》,郑州大学出版社 2017 年版。

66. 杜永红:《大数据时代互联网金融发展对策研究》,《价格理论与实践》2015 年第 7 期。

67. 冯俏彬:《新形势下的比较优势在新经济和数字经济》,2018 年 7 月 21 日,见 http://money.163.com/18/0721/19/DN8TBM0R00259BCQ.html。

68. 顾钊铨等:《大数据产业现状和挑战》,《信息技术与网络安全》2018 年第 4 期。

69. 郭震洲:《大数据改造金融业》,《清华金融评论》2017 年第 11 期。

70. 国家发改委经济研究所:《依托数字经济培育壮大新动能》,网信办内部报告。

71. 韩春霖:《反垄断审查中数据聚集的竞争影响评估——以微软并购领英案为例》,《财经问题研究》2018 年第 6 期。

72. 韩伟:《算法合谋反垄断初探——OECD〈算法与合谋〉报告介评(上)》,《竞争政策研究》2017 年第 5 期。

73. 韩伟:《算法合谋反垄断初探——OECD〈算法与合谋〉报告介评(下)》,《竞争政策研究》2017 年第 6 期。

74. 何飞、张兵:《互联网金融的发展:大数据驱动与模式衍变》,《财经科学》2016 年第 6 期。

75. 何培育:《基于互联网金融的大数据应用模式及价值研究》,《中国流通经济》第 5 期。

76. 洪枫、朱艺艺:《"机器换人"浙江样本调查》,《金华日报》2014 年 12 月 21 日。

77. 胡力龙:《互联网金融服务小微企业路径研究》,硕士论文,2017 年 6 月。

78. 胡嫚:《"小企鹅"亦步亦趋,是模仿还是创新?》,《中国知识产权报》2010 年 8 月 4 日。

79. 胡雯:《中国数字经济发展回顾与展望》,《网信军民融合》,2018 年第 6 期。

80. 黄明刚:《互联网金融与中小企业融资模式创新研究》,博士论文,2016 年 5 月。

81. 黄鑫、陈静、吉蕾蕾:《数字经济,中国经济发展新动能》,《经济日报》2017 年 12 月 5 日。

82. 黄益平:《数字金融发展的无穷可能》,《上海证券报》2017 年 8 月 10 日。

83. 嵇江夏:《我国分享经济制度分析——以在线教育市场为例》,《学术论坛》2017 年第 6 期。

84. 贾远琨:《网易指腾讯抄袭其新闻客户端设计》,《中国贸易报》2015 年 4 月 23 日。

85. 姜业庆:《小微企业融资难融资贵的魔咒或被打破》,《中国经济时报》2018 年 9 月 3 日。

86. 解梅娟、刘晓玲:《习近平网络强国战略思想与中国数字经济发展》,《长春市委党校学报》2017 年第 6 期。

87. 金江军:《澳大利亚数字经济战略及其启示》,《信息化建设》2012 年第 10 期。

88. 京东金融、中国信通院:《区块链金融应用白皮书》,2018 年 4 月。

89. 京东金融等:《数字金融反欺诈白皮书》,2018 年 5 月 31 日。

90. 寇佳丽:《数字经济:新要素,新增长》,《经济》2018 年第 12 期。

91. 来有为、王开前:《中国跨境电子商务发展形态、障碍性因素及其下一步》,《改革》2014 年第 5 期。

92. 蓝庆新、马蕊、刘昭洁:《日本数字经济发展经验借鉴及启示》,《东北亚学刊》2018 年第 6 期。

93. 雷葆华:《技术、市场、环境,3 个维度对比中美云计算产业》,2013 年 11 月 6 日,见 http : //www.199it.com/archives/168052.html。

94. 李伯虎:《新一代人工智能技术引领中国智能制造加速发展》,《中国电子报》2018 年 11 月 27 日。

95. 李博群:《我国电子商务发展现状及前景展望研究》,《调研世界》2015 年第 1 期。

96. 李国杰:《数字经济引领创新发展》,《人民日报》2016 年 12 月 16 日。

97. 李明杰、闫强:《大数据在信息消费中的应用分析》,《北京邮电大学学报(社会科学版)》2014 年 4 月。

98. 李文红、蒋则沈：《金融科技（FinTech）发展与监管：一个监管者的视角》，《金融监管研究》2017 年第 3 期。

99. 李勇坚：《后高速增长时代：中国数字经济发展战略的转型》，《中国发展观察》2017 年第 14 期。

100. 刘慧：《信息消费对产业转型升级的带动效应研究》，《经济科学出版社》2017 年版。

101. 刘娟、叶青青：《数字经济时代的四维思考》，《杭州科技》2018 年第 5 期。

102. 刘珏、闫强：《大数据驱动下的信息消费发展研究》，《市场周刊》，2014 年第 3 期。

103. 刘立峰：《发展数字经济，引领创新未来》，2017 年 12 月 4 日，见 http：//news.cyol.com/yuanchuang/2017–12/04/content_16745566.htm。

104. 刘世平：《大数据在地方金融监管中的应用》，《清华经济评论》2018 年第 4 期。

105. 刘志成：《新经济时代反价格垄断面临的挑战与对策》，《中国价格监管与反垄断》2014 年第 10 期。

106. 刘志成：《中国反垄断：经济理论与政策实践》，经济科学出版社 2015 年版。

107. 鲁春丛：《推动数字经济高质量发展》，《人民邮电》2018 年 11 月 19 日。

108. 陆江源：《经济结构的要素配置效率研究》，中国社会科学院研究生院博士论文，2018 年。

109. 陆颖：《大数据产业发展倒逼反垄断规制改革探讨》，《广西经济管理干部学院学报》2018 年第 1 期。

110. 陆颖：《大数据产业发展倒逼反垄断规制改革探讨》，《广西经济管理干部学院学报》2018 年第 1 期。

111. 马化腾：《数字经济：中国创新增长新动能》，中信出版集团

2017 年版。

112. 马化腾等：《数字经济：中国创新增长新动能》，中信出版社 2017 年版。

113. 马岩：《中国云计算产业发展迅速 但市场规模小仍待释放》，《中国建设信息化》2016 年第 13 期。

114. 麦肯锡：《2017 中国熟悉消费者研究——重新定义新零售时代的客户体验》，2017 年 6 月。

115. 倪鹏途、陆铭：《市场准入与"大众创业"：基于微观数据的经验研究》，《世界经济》2016 年第 4 期。

116. 聂林海：《我国电子商务发展的特点和趋势》，《中国流通经济》2014 年第 6 期。

117. 宁宣凤、吴涵：《浅析大数据时代下数据对竞争的影响》，《汕头大学学报（人文社会科学版）》2017 年第 33 期。

118. 牛瑞飞：《数字经济，一场无法逃避的变革》，《人民日报》2017 年 11 月 14 日。

119. 潘培雯：《浅论大数据时代数据分析对促进消费的影响和应用》，《当代经济》2017 年第 5 期。

120. 逄健、朱欣民：《国外数字经济发展趋势与数字经济国家发展战略》，《科技进步与对策》2013 年第 30 期。

121. 钱力：《中国数字经济模式成国际样本》，《科技日报》2017 年 11 月 27 日。

122. 钱燕、吴刘杰：《小微企业信贷融资机制的演化博弈分析》，《金融与经济》2019 年第 3 期。

123. 钱志清：《投资与数字经济——〈2017 年世界投资报告〉综述》，《国际经济合作》2017 年第 6 期。

124. 邱兆祥、向晓建：《充分发挥金融科技在服务实体经济发展中的作用》，《金融时报》2018 年 4 月 16 日。

125. 荣王青:《促进数字经济发展大数据彰显大价值》,《人民邮电》2017 年 5 月 17 日。

126. 商务部发布的历年中国电子商务报告。

127. 沈小玲:《我国城镇居民信息消费问题研究》,人民出版社 2014 年版。

128. 史佳颖:《APEC 数字经济合作:成效与评价》,《国际经济合作》2018 年第 10 期。

129. 孙晋、钟原:《大数据时代下数据构成必要设施的反垄断法分析》,《知识产权》2018 年第 5 期。

130. 孙蕾、王芳:《中国跨境电子商务发展现状及对策》,《中国流通经济》2015 年第 3 期。

131. 孙玉松:《人工智能产业到底需要什么样的人才》,《科技日报》2018 年 5 月 21 日。

132. 腾讯研究院:《AI 泡沫前,我们怎么办?——中美两国人工智能产业发展全面解读》,2017 年 8 月 3 日,见 http://www.tisi.org/4924。

133. 田丽:《各国数字经济概念比较研究》,《经济研究参考》2017 年第 40 期。

134. 田珍、葛顺奇:《全球价值链背景下的数字经济与投资政策》,《国际经济合作》2017 年第 6 期。

135. 涂子沛:《大数据——正在到来的数据革命》,广西师范大学出版社 2013 年版。

136. 王丹中等:《信息消费现状分析与对策研究》,高等教育出版社 2014 年版。

137. 王灏晨:《国外数字经济发展及对中国的启示》,《财经界(学术版)》2018 年第 4 期。

138. 王建伟:《我国信息消费成就回顾及展望》,《信息化建设》2016 年第 9 期。

139. 王丽、杨洪涛、王新明:《数字经济开启发展"大时代"》,2017 年 5 月 29 日,见 http://www.xinhuanet.com/yuqing/2017-05/29/c_129620775.htm。

140. 王敏:《德国云计算行动计划解读》,《信息化建设》2011 年第 6 期。

141. 王玉柱:《数字经济重塑全球经济格局——政策竞赛和规模经济驱动下的分化与整合》,《国际展望》2018 年第 10 期。

142. 王蕴:《大数据对扩大消费的影响分析》,《中国国情国力》2015 年第 6 期。

143. 文博:《制造业开始抢抓"机器人红利"》,《中外企业文化》2015 年第 6 期。

144. 武翰涛:《大数据时代信息消费行为的演变》,《经济研究导刊》2018 年第 13 期。

145. 夏祖军:《大数据主力信息消费》,《中国财经报》2014 年 2 月。

146. 小微金融服务集团研究院:《从"园丁式监管"走向"大数据监管"——对互联网金融生态体系特征与监管模式创新的思考》,《新金融评论》2014 年第 2 期。

147. 徐晨等:《数字经济:新经济 新治理 新发展》,经济日报出版社 2017 年版。

148. 徐清源、单志广、马潮江:《国内外数字经济测度指标体系研究综述》,《调研世界》2018 年第 11 期。

149. 许旭:《我国数字经济发展的新动向、新模式与新路径》,《中国经贸导刊(理论版)》2017 年第 29 期。

150. 亚力克·罗斯:《未来产业》,远见天下文化出版股份有限公司 2016 年版。

151. 闫德利、张健:《制造业是数字经济的主战场》,《21 世纪经济报道》2017 年 6 月 6 日。

152. 杨春立等:《2017 年信息消费在总消费中占比将明显提升》,《中国战略新兴产业》2018 年 3 月。

153. 于潇宇、陈硕：《全球数字经济发展的现状、经验及对我国的启示》,《现代管理科学》2018 年第 12 期。

154. 张耕：《发展数字经济需破四大认识误区》,《信息化建设》2018 年第 9 期。

155. 张景先：《数字经济发展的几个关键点》,《人民论坛》2018 年第 29 期。

156. 张丽丽：《科学数据共享治理：模式选择与情景分析》,《中国图书馆学报》2017 年第 43 期。

157. 张娜：《数字经济发展的动因及路径》,《北京日报》2018 年 11 月 26 日。

158. 张笑玎、于晓城：《金融科技助力商业银行服务实体经济的探索与实践》,《农村金融研究》2019 年第 1 期。

159. 张雪玲、焦月霞：《中国数字经济发展指数及其应用初探》,《浙江社会科学》2017 年第 4 期。

160. 赵星：《数字经济发展现状与发展趋势分析》,《四川行政学院学报》2016 年第 4 期。

161. 郑安琪：《英国数字经济战略与产业转型》,《世界电信》2016 年第 3 期。

162. 郑学党、赵宏亮：《国外数字经济战略的供给侧实施路径及对中国的启示》,《经济研究导刊》2017 年第 6 期。

163. 郑莹莹：《上海构筑"数字经济新生态"拉动产业发展》, 2017 年 6 月 28 日，见 http：//finance.chinanews.com/cj/2017/06-28/8264096.shtml。

164. 智研咨询发布：《2018—2024 年中国跨境电商零售行业市场行情动态及未来发展趋势报告》。

165. 中国互联网信息中心：《第 41 次中国互联网络发展状况统计报告》, 2018 年 1 月。

166. 中国赛迪：《2018 年中国大数据产业发展水平评估报告》, 2018 年。

167. 中国信通院：《大数据白皮书（2018）》，2018 年 4 月。

168. 中国信息通信研究院：《中国数字经济发展与就业白皮书（2018年）》，2018 年。

169. 周涛：《为数据而生——大数据创新实践》，北京联合出版公司2016 年版。

170. Alexandre B.Salvador, Ana A.Ikeda, Big Data Usage in the Marketing Information System, Journal of Data Analysis and Information Processing, 2014（02）.

171. Anthony G. Picciano, The Evolution of Big Data And Learning Analytics In American Higher Education, Journal of Asynchronous Learning Networks, 2013（03）。

172. French Competition Authority and German Federal Cartel Office : Competition Law and Data, 10th May, 2016.

173. OECD（2017），"Algorithms and Collusion : Competition Policy in the Digital Age", www.oecd.org/competition/ algorithms–collusion–competition–policy–in–the–digital–age.htm.

174. Palmer, M.2006. "Data Is the New Oil." http : //ana.blogs.com/maestros/2006/11/data_is_the_new.html.

175. Shahriar Akter, Samuel Fosso Wamba, Big Data Analytics In E–Commerce : A Systematic Review and Agenda for Future Research, Electron Markets, 2016（26）。

176. Stucke, Maurice E. and Grunes, Allen P. Big Data and Competition Policy（New York : Oxford University Press, 2016）.

177. The Networking And Information Technology Research and Development Program, The Federal Big Data Research and Development Strategic Plan, 2016 年 5 月。

178. E.Brynjolfsson&Kahin, B. *Understanding the Digital Economy: Data,*

Tools and Research. Massachusetts：MIT Press, 2000, pp.185–200.

179. R .Beresford, D. Kübler& Preibusch, S. *Unwillingness to Pay for Privacy:A Field Experiment*. IZA Discussion Papers, 2010, 117（1），pp.25–27.

180. G.Calabresi, &Melamed, A. *Property Rules, Liability Rules and Inalienability: One View of the Cathedral*. Harvard Law Review, 1972, 85（6），pp.1089–1128.

181. R .Coase, *The Problem of Social Cost*. Journal of Law and Economics, 1960, 3（4），pp.1–44.

182. Demsetz, H. *Toward a Theory of Property Rights*. The American Economic R eview.1967, 57（2），pp.347–359.

183. Doshi, P. *Data too Important to Share: Do Those Who Control the Data Control the Message*？ Bmj, 2016, 352：1027.

184. European Commission, *Monitoring the Digital Economy & Society, 2016–2021*, 2015.

185. Greenstein, S. *The Evolving Structure of Commercial Internet Markets*.

186. M.Hilbert&Lopez P. *The world's technological capacity to store, communicateand compute information*. Science, 2011, p.332.

187. L.Kimmel&Kestenbaum, J.*What's Up with What's App? A Transatlantic View on Privacy and Merger Enforcement in Digital Markets*. Antitrust Magazine, 2014, 29（1），pp.48–55.

188. A.Lambrecht&Tucker, E. *Can Big Data Protect a Firm From Competition?*, Competition Policy International, Inc., 2017.

189. J.Manyika, Chui, M.&Brown, B., et al. *Big Data*: *The Next Frontier for Innovation, Competition and Productivity*. McKinsey Global Institute, 2011.

190. McKinsey Global Institute, *China's Digital Transformation: The Internet's Impact on Productivity and Growth*, 2014.

191. OECD. *Data Driven Innovation for Growth and Well Being*. OECD STI

Polify Note, 2015.

192. OECD.*OECD Digital Economy Outlook*, 2017.

193. Pavolotsky, J. *Privacy in the Age of Big Data*. Business Lawyer, 2013, 69（1）, pp.217–225.

194. Pew Research Center. *Shared, Collaborative and On Demand: The New Digital Economy*, 2016.

195. World Bank Group. *Digital Dividend*, World Development Report 2016.

196. UNCTAD. World Investment Report, 2017.

197. Randal E. Bryant, Randy H. Katz, Edward D. Lazowska. *Big –Data Computing: Creating revolutionary break–throughs in commerce*, science and society.

198. http//cra.org/ccc/wp–content/uploads/sites/2/2015/05/Big_Data.pdf.

199. P.Schepp&Wambach. A. *On Big Data and Its Relevance for Market Power Assessment*. Journal of European Competition Law and Practice, 2016, 7（2）, pp.11–19.

200. Shapiro, C & H. Varian. *A Strategic Guide to the Network Economy*, Harvard Business School Press, 1999.

201. E.Stucke&Grunes, A. P. *Big Data and Competition Policy*. Oxford：Oxford University Press, 2016, pp.157–161, 170–199.

202. M.Stucke&Grunes, A. *DataOpolies*.SSRN Working Paper, 2017.

203. D.Tucker, Wellford, H. *Big Mistakes Regarding Big Data*. SSRN Working Paper, 2015.

责任编辑：高晓璐

图书在版编目（CIP）数据

面向大数据时代的数字经济发展举措研究/成卓 等著. —北京：人民出版社，
　2020.3
ISBN 978－7－01－021779－6

Ⅰ.①面…　Ⅱ.①成…　Ⅲ.①信息经济-经济发展-研究-中国　Ⅳ.①F492.3

中国版本图书馆 CIP 数据核字（2020）第 017571 号

面向大数据时代的数字经济发展举措研究
MIANXIANG DASHUJU SHIDAI DE SHUZI JINGJI FAZHAN JUCUO YANJIU

成　卓　刘国艳 等 著

人 民 出 版 社 出版发行
（100706　北京市东城区隆福寺街 99 号）

环球东方（北京）印务有限公司印刷　新华书店经销

2020 年 3 月第 1 版　2020 年 3 月北京第 1 次印刷
开本：710 毫米×1000 毫米 1/16　印张：17.75
字数：290 千字

ISBN 978－7－01－021779－6　定价：58.00 元

邮购地址 100706　北京市东城区隆福寺街 99 号
人民东方图书销售中心　电话（010）65250042　65289539